高校思想政治理论课教学改革创新研究

GAOXIAO SIXIANG ZHENGZHI LILUNKE
JIAOXUE GAIGE CHUANGXIN YANJIU

白显良 邹绍清 李强 吴艳东/等著

人民出版社

目　录

导　　论

　　思想政治理论课是巩固马克思主义在高校意识形态领域指导地位、坚持社会主义办学方向的重要阵地，是全面贯彻落实党的教育方针，培养中国特色社会主义事业合格建设者和可靠接班人，落实立德树人根本任务的主干渠道，是进行社会主义核心价值观教育、帮助大学生树立正确世界观、人生观、价值观的核心课程。办好思想政治理论课，事关意识形态工作大局，事关中国特色社会主义事业后继有人，事关实现中华民族伟大复兴的中国梦，必须始终摆在突出位置，持之以恒、常抓不懈。思想政治理论课建设与改革、思想政治理论课教育教学研究与探索，永远在路上，只有进行时，没有完成时。

一

　　任何时候推进思想政治理论课改革与建设，都需要科学研判思想政治理论课建设与改革面临的形势，准确把握思想政治理论课建设改革的时代要求，明确思想政治理论课建设的方向与路径。

　　第一，要深刻领会党中央对高校思想政治理论课建设提出的新要求。高等学校思想政治理论课承担着对大学生进行系统的马克思主义理论教育的任务，是对大学生进行思想政治教育的主渠道。充分发挥思想政治理论课的作用，用马克思主义及其中国化的最新理论成果武装当代大学生，是贯彻党的教育方针的具体体现，是社会主义大学的本质特征，是党和国家事业长远发展的根本保证。党的十八大以来，习近平总书记多次就思想政治理论课建设作出重要指示，明确指示要把思想政治理论课办好，同时提出要编好教材，建好队伍，抓好教学等具体要求。

2013 年全国宣传思想工作会议上,习近平总书记立足社会主义意识形态建设的高度论及马克思主义理论教育,指出高校要把马克思主义作为必修课,成为马克思主义学习、研究、宣传的重要阵地。思想政治理论课要旗帜鲜明地宣传党的路线、方针和政策,理直气壮地对大学生进行马克思主义理论教育,具有鲜明的科学性、政治性、政策性和意识形态性,是意识形态工作不可缺少的组成部分,理应得到高度重视和切实加强。2015 年,中共中央《关于进一步加强和改进新形势下高校宣传思想工作的意见》明确指出,要建设学生真心喜爱、终身受益的高校思想政治理论课,实施高校思想政治理论课建设创新计划,全面深化课程建设综合改革等。2016 年,习近平总书记在全国高校思想政治工作上,提出高校思想政治理论课建设要坚持在改进中加强。党中央对意识形态工作和高校思想政治理论课建设的高度重视和顶层设计,为我们深化思想政治理论课改革提供了重要的理论指南和政策保障,必须认真学习、深刻领会、贯彻落实。

第二,要充分认识意识形态领域复杂的斗争形势对思想政治理论课建设提出的新要求。意识形态工作,事关党的前途命运,事关国家长治久安,事关民族凝聚力和向心力。随着世界政治多极化、经济全球化的发展,各种思想文化交流、交融、交锋更加频繁,意识形态领域面临严峻的挑战,情况十分复杂。国际敌对势力加紧对我国实施西化、分化的政治图谋,与我们争夺青年的斗争更加尖锐复杂。受国际敌对势力西化、分化图谋的影响,西方社会思潮、价值观念、意识形态不断冲击我们的主流价值观,意识形态领域的斗争亦更加激烈,一些反对社会主义、取消共产党领导和否认中国共产党历史的杂音侵蚀着人们的思想,思想政治理论课教育教学遭到质疑,高校思想政治理论课建设面临严峻的挑战。在这种情况下,如何引导大学生正确认识当今世界错综复杂的形势,把握国际形势的发展变化和人类社会的发展趋势;如何引导大学生正确认识国情和社会主义建设的客观规律,增强在中国共产党领导下全面建成小康社会、加快推进社会主义现代化建设的自觉性和坚定性,增强道路自信、理论自信、制度自信、文化自信等问题成为思想政治理论课必须认真研究和解决的重大而紧迫的现实问题,这些都需要通过深化改革、强化思想政治理论课建设予以有效应对。只有将思想政治理论课建设好了,大学生的政治鉴别力和政治敏锐性提高了,正确的世界观、人生观、价值观确立了,他们才能在风浪和考验面前始终保持清醒的政治头脑,坚定正确的政治方向,成长为社会主义事业的合格建设者和可靠接班人。

第三,要科学应对改革进入深水区后一些社会问题对思想政治理论课建设提出的新要求。目前,我国的改革进入攻坚期和深水区,各种利益关系深刻调整和变动,改革触及更深层次的社会问题。社会上的一些问题未能得到及时有效的解决,对思想政治理论课的教学效果产生了巨大的影响和冲击,冲抵着高校思想政治理论课的正能量。比如,收入分配中出现的贫富差距问题,一些党员干部的腐败问题,因为利益关系引发的群体性事件等问题对大学生的思想产生了消极影响。社会上存在的诸多问题,归根结底是改革发展进程中的问题,需要客观理性、辩证务实地去看待和审视。思想政治理论课教学不能回避社会问题,而是要对社会问题作出科学的分析和解释,回答大学生心中的疑问和困惑。唯有如此,思想政治理论课所进行的马克思主义理论教育才能增强解释力,体现生命力,才能吸引大学生,令大学生信服。

第四,要主动适应大学生思想行为新特点对思想政治理论课建设提出的新要求。目前在校的大学生都已是90后,00后的大学生也已陆续进入大学校园,他们思想活跃,创新意识、成才意识、创业意识比较强,有着很多70后、80后大学生无法相比的优势。但是,随着人们思想活动的独立性、选择性、多变性、差异性的增强和网络时代的到来,当代大学生的情况也发生了新变化。在各种因素的综合影响下,一些大学生不同程度地存在政治信仰迷茫、理想信念模糊、价值取向扭曲、诚信意识淡薄、社会责任感缺乏、艰苦奋斗精神淡化、团结协作观念较差、心理素质欠佳等问题。这些问题的存在增加了高校思想政治理论课育人使命的艰巨性。大学生正值青春年华,风华正茂,世界观、人生观、价值观处于形成的关键阶段,该阶段的思想政治理论教育抓好了,大学生才不至于荒废青春,在人生征途中迷失方向。

第五,要积极作为回应高校思想政治理论课建设自身存在的困难与不足提出的新要求。思想政治理论课是体现社会主义大学本质和办学方向、与资本主义大学根本区别的课程,是社会主义大学教育不可缺少的重要组成部分。党中央提出要把思想政治理论课建设成为学生真心喜爱、终身受益的课程,与这一要求相比,高校的思想政治理论课建设普遍还存在不小差距,比如一些学校还存在对思想政治理论课程认识不到位、重视不够的情况,个别同志还有压课时、减学分的想法,全员育人的氛围尚未完全形成,课堂教学质量和水平还有待提高。思想政治理论课教师队伍存在数量普遍不足、教学任务繁重、科学研究不够、整体素质有待提高等问题,不能很好地适应新形势新任务的需要;学科建设普遍存在有一定影响力的教学科研骨干不多、中青年学术带头人和领军人才缺乏、对思想政治理论课支撑有待加强等问题;校内校外资源有效整合的力度不够,等等。这些问题的存在,对思想政治理论课建设和改革提出了紧迫的要求。

二

推进思想政治理论课改革与建设,要站在实现国家富强、民族振兴、人民幸福的中国梦和为中国特色社会主义事业培养合格建设者和接班人的战略高度,站在巩固社会主义意识形态前沿阵地的战略高度,强化政治意识、责任意识、阵地意识和底线意识,牢记"为谁培养人"、"培养什么人"和"怎么培养人"的根本要求,以习近平总书记关于建设思想政治理论课的重要批示和讲话精神为根本指引,以把思想政治理论课建设成为大学生真心喜爱、终身受益、毕生难忘的优秀课程为根本目标追求,不断深化认识、推进改革,努力开创思想政治理论课建设的新局面。

第一,统一思想,从战略高度深刻认识思想政治理论课教学的极端重要性。高校思想政治理论课的主要任务是对大学生进行系统的马克思主义理论教育,帮助他们树立正确的世界观、人生观和价值观,提高运用马克思主义的立场观点方法分析解决问题的能力;其根本目标是培养中国特色社会主义事业的合格建设者和可靠接班人。思想政治理论课教育教学关系到为谁培养人才的问题,对于大学生成长发展至关重要,对于高校人才培养不是可有可无,而是必不可少。与具有典型的知识性、技能性的普通专业课程教学不同,思想政治理论课教学具有鲜明的价值性、目的性,它对于学生的影响不仅在于教给学生多少知识,更重要的是要让学生明白多少道理,它的育人效果的呈现并非立竿见影,而是具有后发性和终身性,往往带给学生贯穿一生的影响。谋划思想政治理论课改革,我们必须从战略高度认识思想政治理论课教学的重要性,深刻认识其课程性质的特殊性,把握其育人的特殊规律,摒弃对思想政治理论课的认识偏见和认知误会,统一思想、凝聚共识,形成思想合力。

第二，用好教材，努力实现思想政治理论课教学中的"两个转化"。教材是教学的蓝本和依据，对于任何一门课程教学来讲，编好教材，实现学科知识体系向教材体系转化都是一项至关重要的工作。思想政治理论课教学也一样，教材至关重要。与普通课程相比，思想政治理论课的教材具有鲜明的独特性，被纳入了中央马克思主义理论研究和建设工程重点教材系列，党和国家组织了代表学科最高水平的教材编写团队编写教材，并依据教学实际需要不断地予以修订完善。至今为止，思想政治理论课教学所使用的中央马克思主义理论研究和建设工程的教材编写工作已超过 10 年时间，已形成了经过实践检验比较成熟的权威教材。我们开展思想政治理论课教学，最重要的是要开发利用好教材，努力实现教材体系向教学体系的转化和教学体系向学生认知价值体系的转化。实现"两个转化"，不能轻视教材、贬低教材，或者离开教材开展教学。实现"两个转化"，一方面要求教师要读懂读透教材，从教材的准确性、科学性、权威性等方面予以解读，深刻领会教材内容体系的精神实质和理论精髓，掌握教材所构建的学科知识体系；另一方面也要求教师按照教学的实际需要，遵照学生接受的内在规律，加强对教材内容的转化，努力用学生喜闻乐见的语言、形式呈现教学内容，可以基于教材编撰教学案例、教辅读物等，帮助学生把握教学内容。

第三，建好队伍，努力建设一支高素质的思想政治理论课教师队伍。教育大计，教师为本。习近平总书记在 2014 年教师节同北京师范大学师生代表座谈时曾指出，一个人遇到好老师是人生的幸运，一个学校拥有好老师是学校的光荣，一个民族源源不断地涌现出一批又一批好老师则是民族的希望。高校思想政治理论课建设更是如此，能否建设好思想政治理论课，关键在教师。抓教师队伍建设，首先要把好选配关，不断充实基础队伍。目前全国高校思想政治理论课教师队伍数量普遍不足，存在一定的缺口，需要不断引进和补充。选配思想政治理论课教师，要从政治条件、思想品德、职业道德、教学水平、科研能力和学历学位等方面严格把关，要选配优秀人才充实到思想政治理论课教师队伍中来。其次要做好培训培养工作，培育骨干人才和领军人物。要加强对青年教师的培养工作，要为新进思想政治理论课教师安排教学经验丰富、教学效果好的指导教师开展业务指导，不断提高新进教师的教学能力，要有计划有步骤地支持并鼓励思想政治理论课青年教师从名校名师攻读博士学位或进修提高，组织教师参加各种形式的新教材培训班、研修班。要在现有教师中着力培养教学效果好、科研能力强的骨干力量,使他们成为思想政治理论课建设的骨干人才,同时还要着力打造在全国马克思主义理论领域有重要影响的领军人才。建设思想政治理论课教师队伍,还要注重体制机制建设,完善责任制度、激励机制、奖惩机制等;要建设好学科和平台,为思想政治理论课教师干事提供平台,发展提供空间,学科发展提供依托。

第四,抓好教学,不断提升思想政治理论课教育教学水平和质量。推进思想政治理论课建设,抓好教学是目的。只有教学搞好了,学生才能受益,也才能认可和喜欢。一要抓好课堂教学,创新教学方法。要积极探索符合教育教学规律和学生学习特点的方式方法,做到因人施教、因材施教,使学生真学、真懂、真信、真用。课堂教学要立足教材,围绕党和国家工作大局和时代要求,直面重大理论和现实问题,直面学生困惑的疑难问题,坚持摆事实、讲道理,用真理的力量去教育学生、用真诚的情感去打动学生、用人格的魅力去感染学生,增强针对性和时代感。要积极探索富有实效的课堂教学方法和模式,广泛运用案例式、参与式、互动式、讨论式、研究式、体验式等教学方法,努力在课堂教学中把道理说透、把故事讲好,让学生听懂,学后真正受益。要善于运用生动的语言、鲜活的事例、新颖的形式,活跃课堂教学氛围,启发学生深入思考,增强教学实效性和感染力。二要强化实践教学,推进实践育人。要不断丰富社会实践的内容和形式,提高社会实践的质量和效果,通过组织学生参加社会调查、生产劳动、志愿服务、公益活动、科技发明和勤工助学等社会实践活动,提高学生思想政治素质和观察分析社会问题的能力,加强大学生对思想政治理论课教学内容的实践体验和实践感悟,提高大学生运用所学理论观察、分析、研究和解决现实问题的能力。要完善实践教学保障机制,从经费支持、课时分配、组织安排等方面加大力度,形成实践育人的长效机制。三要运用现代科技手段开展教学。现代科学技术,尤其是网络技术的发展,给思想政治理论课教学带来了诸多便利。要充分发挥现代信息技术在思想政治理论课教学中的重要作用,努力推进教学技术手段现代化,同时要引导大学生利用现代技术手段在课堂教学以外,多渠道、多途径地自主学习思想政治理论课教学内容。抓好教学,归根结底要提高教学质量,要以教学质量和学生学习效果的提升为根本追求。

第五,搞好改革,着力推进思想政治理论课建设体系创新。2015年,中央关于进一步加强和改进新形势下高校宣传思想工作的"59号文件",明确提出要实施高校思想政治理论课建设体系创新计划,全面深化课程建设综合改革,切实办好思想政治理论课。2018 年,教育部下发了新时代高校思想政治理论教学要求,为新时代思想政治理论课建设指明了方向。推进思想政治理论课建设,必须要全面深化改革,以改革为建设发展的根本动力,通过不断深化改革,切实推进思想政治理论课建设体系创新。尤其要抓好教材体系、人才体系、教学体系等核心要素建设,同时要抓好学科支撑体系、综合评价体系、条件保障体系建设等关键方面。具体来讲,一要切实提高专职教师整体素质,建设专兼结合、结构合理的思想政治理论课教学人才体系;二要积极培育和推广优秀教学方法,建设理念科学、形式多样、管理有效的思想政治理论课课堂教学体系;三要努力强化实践教学,建设与课堂教学相互促进的思想政治理论课第二课堂教学体系;四要努力建设马克思主义理论学科,形成以马克思主义理论学科为引领、相关学科为补充的思想政治理论课学科支撑体系;五要坚持管理与激励并重,建设导向明确、系统完善的思想政治理论课综合评价体系;六要切实加强统筹协调,建设有利于形成工作合力的思想政治理论课条件保障体系。

三

　　自高校思想政治理论课"05 方案"实施以来,西南大学思想政治理论课建设走过了不平凡的发展历程,实现了跨越式发展,取得了不菲的成绩。

　　第一,思想政治理论课教学科研机构不断完善。2005 年以来,为了加强思想政治理论课建设,西南大学不断完善思想政治理论课教学科研机构,经历了从"两课"教学部到思想政治理论课教学部,再到独立的马克思主义学院的发展历程。2005 年,西南大学组建之后,由原两校的思想政治理论课教学部合并组建成西南大学思想政治理论课教学部。2010 年 5 月 5 日,遵照教育部的要求,学校在思想政治理论课教学部的基础上组建了马克思主义学院,与政治与公共管理学院形成"统一领导、独立运行"的管理模式。经过两年多的建设发展,2012 年 7 月 1 日,马克思主义学院正式独立运行,成为直属学校领导、完全独立的二级学院,在领导班子、人员配备、经费投入、办公场地等方面独立建设和运转。至此,马克思主义学院成为完整意义上的思想政治理论课教学机构和马克思主义理论学科建设依托单位,肩负着全校思想政治理论课教学、马克思主义理论学科建设与研究、马克思主义理论专门人才培养等职能,在推进思想政治理论课建设,巩固马克思主义在意识形态领域指导地位方面发挥着越来越重要的作用。

第二,思想政治理论课教育教学方法不断改进。2005 年以来,西南大学不断深化思想政治理论课教学方法改革,课程的针对性和实效性明显增强,吸引力和感召力明显提升。在学校组织的督导检查、教师互评、网上评教和专门调研中,思想政治理论课教学方法、教学效果都得到充分肯定。比如,在近几年本科生网上评教中,本科学生对思想政治理论课及教师的满意率达到 90%。在抓好课堂教学的同时,学校积极推进教学方法改革,大胆探索实践教学、专题教学、网络教学等新的教学方法。在实践教学方面,形成了《高校思想政治理论课社会实践教学环节研究》等研究成果;在专题教学方面,先后推出了《思想政治理论课科学发展观教学案例》、《社会主义荣辱观教育读本》、《思想政治理论课学习精要》、《中国梦读本》等成果;在网络教学方面,建成了四门本科生思想政治理论必修课的网络教学平台,探索了"课堂·网络·实践"三位一体教学体系与教学模式,并获得教育部 2015 年高校思想政治理论课教学方法改革择优推广计划项目。这些成果的取得和应用,拓展了教学的广度和深度,极大地提升了教学质量和水平。

第三,思想政治理论课高水平教研成果不断涌现。2005 年以来,西南大学积极支持和鼓励思想政治理论课教师开展教育教学研究,以教研促教学,取得了丰硕的成果。共获准各级各类教改项目 100 余项,其中教育部、重庆市教改项目 30 余项;发表教研论文 100 余篇;20 余个教学案例、教案等入选教育部、重庆市优秀教学案例、精彩教案、精彩多媒体课件和精彩一课等。多项教学成果获得省部级以上奖励,其中"高校思想政治理论课改革与创新研究"、"高校思想政治理论课社会实践教学体系构建与运行模式探索"3 项成果分别于 2005 年、2009 年和 2014 年获得国家优秀教学成果二等奖,10 余项成果获得重庆市优秀教学成果一、二等奖。同时,还建成了"毛泽东思想概论"等国家级网络思想政治理论课精品课程和"中国化马克思主义理论概论"等重庆市精品课程。立足教学实际和教学研究撰写的有关大学生思想动态、社会主义核心价值观研究、社会转型时期的信仰问题、高校意识形态安全等 30 余项研究报告被上级部门采纳,其中《关注当代大学生对社会主义核心价值体系的认同问题》调研报告在 2011 年获时任中央政治局常委李长春、国务委员刘延东的重要批示。

　　第四,思想政治理论课师资队伍力量不断壮大。2005 年以来,西南大学高度重视思想政治理论课教师队伍建设,不断夯实队伍基础、锻炼骨干师资、培育领军人才,着力建设一支马克思主义信念坚定、品德优良、业务精湛、结构合理、专兼结合的教师队伍。一方面,通过"引进来,送出去"大力优化专任教师队伍结构;另一方面,通过严把"选聘关",抓好"培训关",大力提高兼职教师能力水平。思想政治理论课教学单位通过组织系部考核、开展集体备课、举行专题培训等多种方式,努力提升兼职教师队伍的教学能力和水平。经过长期努力,一批在全国和重庆市有影响的中青年教师脱颖而出,1 名教师入选教育部长江学者奖励计划青年学者,2 名教师入选教育部新世纪优秀人才支持计划,3 名教师入选全国思想政治教育学科中青年杰出人才支持计划,4 名教师入选全国高校优秀中青年思想政治理论课教师择优资助计划,5 名教师先后被评为全国思想政治理论课影响力年度提名人物、年度人物、标兵人物。近 10 名教师分别担任教育部高校思想政治理论课教学指导委员会副主任委员、马克思主义理论研究与建设工程重点教材编写骨干成员、全国高校思想政治理论课中青年学术带头人、重庆市高校思想政治理论课教学指导委员会主任委员、重庆市高校思想政治理论课教学专家组组长和副组长等。10 余名教师在学校、重庆市及全国教学比赛中获奖。

　　第五,马克思主义理论学科建设水平不断提升。马克思主义理论学科是思想政治理论课建设的主要支撑学科。2005 年以来,西南大学马克思主义理论学科建设取得了长足进展,学科建设水平不断迈上新台阶。2006 年,获准马克思主义基本原理和思想政治教育 2 个二级学科博士学位授权点、马克思主义理论一级学科硕士学位授权点和马克思主义理论博士后科研流动站。西南大学马克思主义理论研究中心成为重庆市首批人文社会科学重点研究基地之一;2007年,获批全国首批 21 个高校辅导员培训和研修基地之一;2014 年,学校获准建立了重庆市高校师生思想政治工作研究咨政中心。2012 年,在教育部组织的第三轮学科评估中,马克思主义理论学科位列全国同类学科前 20%。2017 年,在教育部组织的第四轮学科评估中,马克思主义理论学科名列全国同类学科前10%。2018 年,西南大学马克思主义理论学科获准一级学科博士学位授权点。

　　长期以来,西南大学一贯重视高校思想政治理论课教学改革与研究探索,始终坚持在改进中加强,在创新中提高,不断创新教学方式方法,丰富教学手段,提升教学质量。本书所呈现的,就是西南大学思想政治理论课教学团队在长期以来的实践探索中所作的一些理论思考,内容主要涉及教学本体、深化改革、教学内容、教学话语、方式方法、队伍建设、支撑保障等方面,不少内容都曾以单篇文章公开发表,收入本书时又依据需要进行了一定的改写,这些成果仅仅是我们开展思想政治理论课教育教学研究的一个开始。

专题一:原则遵循

专题提要

高校思想政治理论课，"对象是人，重点是思，方向是政，载体是课"，作为大学生思想政治教育的主渠道，承担着对大学生进行系统的马克思主义理论教育的任务，必须在教学中坚持正确的原则遵循，把握好思想政治理论课教学的方向性要求和思想性、政治性、理论性属性。

高校思想政治理论课教学，首要的是要坚持立德树人。立德树人，是中国特色社会主义教育事业的根本任务，是办好中国特色社会主义大学的立身之本，是培养德智体美全面发展的社会主义事业建设者和接班人的本质要求。高校思想政治理论课教学，必须坚持把立德树人作为中心环节，以提高大学生思想政治素质为根本价值取向。

高校思想政治理论课教学，要旗帜鲜明地坚持马克思主义。在高校思想政治理论课教学中坚持马克思主义，要把握住旗帜鲜明、理论自信，新鲜活泼、深入浅出，贴近实践、直面问题，精透管用、系统深入，言行一致、真情投入等原则要求，做到马克思主义理论教育入脑入心。用马克思主义指导思想政治理论课教学，最根本的在于要在思想政治理论课教学中坚持马克思主义的立场观点和方法，具体而明确地把握马克思主义立场、观点和方法的具体内容，避免形式化、口号化、标签化的实践倾向；要确立整体思维和整体视野，系统而全面地坚持马克思主义立场、观点和方法，避免单一化、片面化、割裂化的做法；还要解放思想，用马克思主义的批判革命精神对待马克思主义立场、观点和方法，避免教条化、本本化、经验化的做法。要真学、真懂、真信、真用马克思主义，把握马克思主义的精髓与活的灵魂，克服以教条主义、形式主义、主观主义、实用主义的态度对待马克思主义。

高校思想政治理论课教学，要不断提升教学亲和力。把思想政治理论课建设成为大学生真心喜欢、毕生受益、终生难忘的课程，必须坚持在改进中加强的总体要求，用好课堂教学这个主渠道，提升高校思想政治理论课教学的亲和力。思想政治理论课教学要富有亲和力，需要以对教学内容的透彻把握为前提，以对教学针对性的增强为关键，以教学话语表达接地气为基础，以教学中真情投入、言行一致为保障。提升高校思想政治理论课教学的亲和力，要抓住教师这个根本和关键，努力使教师的教学兼具理论魅力、实践魅力、话语魅力和人格魅力。

一、坚持把立德树人作为中心环节

习近平总书记在全国高校思想政治工作会议上立足全局和战略高度，就事关我国高等教育事业发展和高校思想政治工作的一系列重大理论和实践问题发表重要讲话，强调高校思想政治工作关系到高校培养什么样的人、如何培养人以及为谁培养人这些根本问题。"要坚持把立德树人作为中心环节，把思想政治工作贯穿教育教学全过程，实现全程育人、全方位育人，努力开创我国高等教育事业发展新局面。"①这对于办好中国特色社会主义大学，推进党和国家事业发展，具有重大而深远的意义。立德树人，是中国特色社会主义教育事业的根本任务，是办好中国特色社会主义大学的立身之本，是培养德智体美全面发展的社会主义事业建设者和接班人的本质要求。加强高校思想政治理论课建设，改进新形势下高校思想政治工作，必须坚持把立德树人作为中心环节，以提高大学生思想政治素质为根本价值取向，以加强师资队伍建设为关键所在，"因事而化、因时而进、因势而新"，不断提升高校思想政治理论课教学的质量和水平。

（一）立德树人，办好中国特色
社会主义大学的立身之本

立德树人，立德为先，树人为要。立德，即树立德业，《左传·襄公二十四年》指出："大上有立德，其次有立功，其次有立言，虽久不废，此之谓不朽。"将立德放在首位。树人，即培养人才，《管子·权修》中说："一年之计，莫如树谷；

---

① 《习近平谈治国理政》第 2 卷，外文出版社 2017 年版，第 376 页。

十年之计,莫如树木;终身之计,莫如树人。"意指培养人才乃长久之计。"德"不能自然萌生而需要"立","人"不能自发成才而需要"树"。"立德"以"树人"为旨归,"树人"以"立德"为条件,二者辩证统一、互为条件、互相统摄,共同构成中华民族人才培养的核心理念,贯穿融汇于绵亘几千年的中国教育思想,至今,仍具有重要的理论价值和实践意义。《大学》开宗明义就说:"大学之道,在明明德,在亲民,在止于至善。"大学之为大,就是在授业解惑中引人以大道、启人以大智,使人努力成为栋梁之材。高校的根本还是培养人才。

在人类漫长的历史进程中,人才始终是推动社会变革、文明进步、人民幸福、国家繁荣的重要力量。新中国成立以来特别是改革开放以来,党和国家高度重视人才工作,高校培养和造就了各个领域的大批高素质人才。进入新世纪新阶段,世界多极化、经济全球化、科技信息化趋势加快,人类已经进入全新的历史纪元,尤其是以 3D 打印技术、信息技术、互联网、物联网、云计算、大数据、新材料等为特征的第三次工业革命初见端倪,科技创新已然成为经济社会发展的主要驱动力。当今世界的综合国力竞争,说到底是人才的竞争。注重人才培养当属在激烈的国际竞争中赢得主动的重大战略选择。我国正处于全面建成小康社会的决胜阶段,顺利实现第一个百年目标并未雨绸缪为第二个百年目标强基筑底,需要一大批善于治党治国治军的执政骨干队伍、数以千万计的优秀经营管理人才和拔尖创新人才、数以亿计的各行各业专门人才和高素质劳动者。"推动经济社会又好又快发展,实现中华民族伟大复兴,科技是关键,人才是核心,教育是基础。"①人类社会需要通过教育不断培养社会需要的人才,需要通过教育来传授已知、更新旧知、开拓新知、探索未知,从而使人们能够更好地认识世界和改造世界、更好地创造人类的美好未来。大学是研究学问、探索真理的地方,是人才的摇篮、科技创新的沃土。"实现中华民族伟大复兴,教育的地位和作用不可忽视。我们对高等教育的需要比以往任何时候都更加迫切,对科学知识和卓越人才的渴求比以往任何时候都更加强烈。"②高校应加快建设世界一流大学和一流学科,不断提高高等教育发展质量,切实担负起培养大批创新人才的崇高使命。

才为德之资,德为才之帅。"办好我国高校,办出世界一流大学,必须牢牢

---

① 胡锦涛:《在庆祝清华大学建校 100 周年大会上的讲话》,人民出版社 2011 年版,第 6 页。
② 《习近平谈治国理政》第 2 卷,外文出版社 2017 年版,第 376 页。

抓住全面提高人才培养能力这个核心点,并以此来带动高校其他工作。"①高校要培养优秀人才,既要抓好知识教育,更要抓好道德人品教育。国无德不兴,人无德不立。德管方向、管结果,一个人只有明大德、崇公德、严私德,其才方能用得其所。没有崇高理想和良好品质,知识掌握再多也无法成为优秀人才。因此,高校应始终把"德"放在人才培养的首位,把思想政治工作贯穿于人才培养的全过程、各环节。如果在办学方向上走错了,在培养人的问题上走偏了,没有把德放在首位,那就像一株歪脖子树无论如何都长不成参天大树。高校是汇聚人才的高地,是培养人才的基地。"我国高等教育发展方向要同我国发展的现实目标和未来方向紧密联系在一起,为人民服务,为中国共产党治国理政服务,为巩固和发展中国特色社会主义制度服务,为改革开放和社会主义现代化建设服务。"②我国的高校是中国共产党领导下的中国特色社会主义高校,其最大的特色和优势在于始终坚持社会主义的办学方向,全面贯彻党的教育方针,遵循教育规律,以立德树人为根本,培养中国特色社会主义建设所需的各级各类人才。面对新形势新任务,办好中国特色社会主义高校,必须坚持以马克思主义为指导,以党的教育方针为根本遵循,加强和改进大学生思想政治教育,帮助大学生掌握科学的世界观和方法论,培育和践行社会主义核心价值观,引导大学生铸就理想信念、掌握丰富知识、锤炼高尚品格,为他们的一生成长奠定良好的思想基础;同时加强人文关怀和心理疏导,培育理性平和的健康心态,培育优良校风和学风,为学生成长营造好气候、好生态,促进高校发展风清气正、和谐健康。

(二)提高学生思想政治素质,坚持立德树人的根本价值取向

青年是民族的希望、祖国的未来,青年学生是国家宝贵的人才资源。他们的思想政治素质直接关系到中国特色社会主义事业的兴衰成败。"思想政治工作从根本上说是做人的工作,必须围绕学生、关照学生、服务学生,不断提高学生思

---

① 《习近平谈治国理政》第 2 卷,外文出版社 2017 年版,第 377 页。
② 《习近平谈治国理政》第 2 卷,外文出版社 2017 年版,第 376 页。

想水平、政治觉悟、道德品质、文化素养,让学生成为德才兼备、全面发展的人才。"①这是高校坚持立德树人的根本价值取向。

天下将兴,其积必有源。"青年的价值取向决定了未来整个社会的价值取向,而青年又处在价值观形成和确立的时期,抓好这一时期的价值观养成十分重要。"②青年大学生正处于立学、立志、立德的重要阶段。这一阶段确立的思想观念和道德品质,不仅直接影响大学生人生价值的实现,还决定整个社会发展的未来走向。"学如弓弩,才如箭镞。"当今世界飞速发展、瞬息万变,科技进步日新月异、知识更新节奏明显加快,新情况、新问题层出不穷,新信息、新事物应接不暇,大学生唯有把握时代发展脉搏,洞察社会发展规律,增强知识更新的紧迫感和使命感,如饥似渴地学习,既夯实知识基础、打牢专业根底,又拓宽视野、立足前沿,掌握先进理论和技能,才能不断增长学识、提升能力、练就过硬本领,才能在实现中华民族伟大复兴中国梦的生动实践中放飞青春梦想。"树人先立德。"修业必先修德。一个民族、一个国家的文明素养、道德水平很大程度上体现在青年一代的道德水准和精神风貌上。大学生是引领社会风气的重要社会力量,肩负着重要的道德使命,唯有不断加强自身道德修养、培养健全人格、注重道德实践,自觉弘扬和培育社会主义核心价值观,才能成长为可堪大用、能担重任的栋梁之材。"立德先立志。"立志即坚定理想信念。理想信念是人生发展的指路明灯,是人生目的的最高体现。缺乏理想信念或理想信念不坚定,就会精神上"缺钙",萎靡不振、迷茫不前。立志能明确大学生前进的方向,激发进步的动力,鼓舞拼搏的斗志。"志当存高远",大学生"立志"应将个人的理想志愿同国家、民族的前途命运紧密相连,树立中国特色社会主义的共同理想,确立走中国特色社会主义道路的人生信念,勇敢担负起时代赋予的重任,脚踏实地,不懈奋斗,在努力实现全面建成小康社会奋斗目标中绘就绚烂人生。事实证明,大学的立身之本在立德树人,特别是帮助学生树立正确的世界观和价值观、定位人生航向,提高学生的思想政治素质;高校只有立身端正、方向正确、坚持不懈,才能在正确的轨道上健康发展;高校的思想政治工作没有"暂停键",唯有成为常态化的系统工程,不断推进、不断深入,才能将立德树人的根本任务落实、落细、落小。

① 《习近平谈治国理政》第 2 卷,外文出版社 2017 年版,第 377 页。
② 《习近平谈治国理政》,外文出版社 2014 年版,第 172 页。

中国共产党历来重视培养人才的思想政治素质,始终将政治素质、道德品质作为"立人"之本、"兴国"之策,坚持立德树人、德育为先,把加强和改进高校思想政治工作放在首要地位,把培养德智体美全面发展的社会主义建设者和接班人作为教育的根本任务和价值追求。改革开放以来,为全面贯彻落实科教兴国战略、人才强国战略,高校思想政治工作坚持解放思想、实事求是、与时俱进,不断深化理论研究与实践探索、不断提升针对性和实效性,为党和国家事业发展培养了一大批具有高尚思想品质和良好道德修养、掌握现代化建设所需的丰富知识和扎实本领的优秀人才。总的来看,当前广大青年学生思想主流积极健康向上,坚决拥护党的领导和社会主义制度,坚决拥护以习近平同志为核心的党中央,对党和政府的工作普遍给予高度肯定,对实现中华民族伟大复兴的中国梦充满信心。然而,当今世界大发展、大调整、大变革,从宏阔视野来看,世界多极化、经济全球化、社会信息化深入发展,国与国之间既合作又竞争,形势复杂多变;国内改革开放步入全面深化改革的"深水区",经济发展进入稳步增长的新常态,重大战略机遇期内涵转变与新形势下风险挑战明显增多、同时并存,各种社会矛盾和社会问题相互交织、相互叠加、集中呈现。从思想理论领域来看,世界范围内各种思想文化交流、交融、交锋更加频繁,国际思想文化领域意识形态斗争更加尖锐复杂,各种社会思潮粉墨登场、各种思想观点频频出现。世情国情的深刻变化,使人们思想活动的独立性、选择性、多变性和差异性明显增强,思想意识多元、多样、多变特点更趋明显,我国文化安全和意识形态安全面临严峻挑战。高校作为意识形态工作的前沿阵地,是思想文化交汇交融、交锋较量的场所,是信息资讯、价值观念的诞生源和集散地,不可避免地出现种种错误思想和理论杂音,对大学生的思想观念、价值取向和行为方式产生深刻影响,少数大学生不同程度地存在理想信念模糊、价值取向多元、诚信意识淡薄、艰苦奋斗精神缺乏、社会责任感弱化等问题。

"面对世界的深刻复杂变化,面对信息时代各种思潮的相互激荡,面对纷繁多变、鱼龙混杂、泥沙俱下的社会现象,面对学业、情感、职业选择等多方面的考量,一时有些疑惑、彷徨、失落,是正常的人生经历。"[①]这就需要加强对"正处在人生成长的关键时期,知识体系搭建尚未完成,价值观塑造尚未成型,情感心理

---

① 《习近平谈治国理政》,外文出版社2014年版,第173页。

尚未成熟"的青年大学生进行思想政治素质的正确引导。这好比小麦的灌浆期,这个时候阳光水分跟不上,就会耽误一季庄稼。具体而言,要因事而化、因时而进、因势而新,不断创新高校思想政治工作方式方法,引导大学生正确认识世界和中国发展大势,看清发展大势,把握历史规律,才能坚定理想信念;正确认识中国特色和国际比较,不断增强在全方位对外开放、每时每刻都面对着中国和世界的互动、中国和世界的比较条件下,为中国特色社会主义共同理想而奋斗的信念与信心,进而更加认识到"月是故乡明"、"风景这边独好";正确认识时代责任和历史使命,自觉将个人的理想追求融入国家和民族的事业中,勇做走在时代前列的奋进者、开拓者,书写无愧于时代的青春之歌和精彩人生;正确认识远大抱负和脚踏实地,把远大抱负落实到实际行动中,让勤奋学习成为青春飞扬的动力,让增长本领成为青春搏击的能量。实践证明,无论过去、现在和将来,提高大学生思想政治素质都是高校思想政治工作的根本价值追求,亦成为坚持立德树人的根本价值取向。

(三)加强师资队伍建设,实现
立德树人目标的关键所在

立德树人,师德为范。教育大计,教师为本。"教师是立教之本、兴教之源;教师是人类灵魂的工程师,承担着神圣使命。"①高校教师的思想政治状况具有很强的示范性,对青年学生具有很大的影响力和感染力,在思想传播方面起着十分重要的作用。坚持把立德树人作为中心环节,加强和改进高校思想政治理论课教学,其关键在于加强高校师资队伍建设,培养造就一支师德高尚、业务精湛、结构合理、充满活力的高素质教师队伍。

传道者首先要明道、信道。"善之本在教,教之本在师。""师者,所以传道授业解惑也。"一是要"明道"。这里的"明道",一方面,要求高校教师明立德树人的责任之道,贯彻和落实党的教育方针,忠诚于党和人民的教育事业。"我们的教育是为人民服务、为中国特色社会主义服务、为改革开放和社会主义现代化建

————————

① 《习近平谈治国理政》第2卷,外文出版社2017年版,第379页。

设服务的,党和人民需要培养的是社会主义事业建设者和接班人。好老师的理想信念应该以这一要求为基准。"①高校教师应有这样的政治觉悟和责任担当,认识到自身职责的特殊性和重要性,不断增强为党的教育事业服务的责任感和使命感。另一方面,要求高校教师明立德树人的知识之道。理论的清醒和彻底,是信念坚定的基础和前提,是实践深入的导引和支撑。高校教师明知识之道,要注重马克思主义理论学习,学懂马克思主义及其中国化理论成果,领会贯穿其中的立场、观点和方法,不断提升马克思主义理论素养;理解和掌握党的路线方针政策,了解我们党和国家事业的来龙去脉、发展历程、辉煌成绩和根本优势,努力提高政治理论素养;深入了解基本国情和当今世界错综复杂的形势变化,明晰我国经济社会发展进入新常态的根本特质,认识深化改革发展仍处于战略机遇期的深刻内涵及面临的严峻挑战,砥砺奋发前行的勇气和信心。二是要"信道"。"笃行信道,自强不息。""为师者,必真信、必坚定,有底气、有信念地从事思想政治工作,做社会主义核心价值观的坚定信仰者,方能理直气壮地教育说服学生,以情感人。"②这要求高校教师要坚持以中国特色社会主义理论体系武装头脑,深化对党史国史、世情国情党情的理解与把握,坚定中国特色社会主义理想信念,不断强化中国特色社会主义的道路自信、理论自信、制度自信和文化自信,做共产主义远大理想和中国特色社会主义共同理想的坚定信仰者和忠实践行者,做学生理想、信念和道德的表率,成长成才的引路人和指导者。"高校教师要坚持教育者先受教育,努力成为先进思想文化的传播者、党执政的坚定支持者,更好担起学生健康成长指导者和引路人的责任。"③

梅贻琦先生说:"所谓大学者,非谓有大楼之谓也,有大师之谓也。"这样的大师,既是学问之师,又是品行之师。坚持把立德树人作为中心环节,加强和改进高校思想政治工作,教师队伍扮演着关键角色。教师要时刻铭记教书育人的使命,兢兢业业、甘于奉献、奋发有为,以人格魅力引导学生心灵,以学术造诣开启学生智慧之门。一是要做先进思想文化的传播者。教师要大力弘扬中华优秀

---

① 习近平:《做党和人民满意的好老师——同北京师范大学师生代表座谈时的讲话》,人民出版社2014年版,第5页。

② 《中国教育报》评论员:《传道者先要明道信道——五论学习贯彻习近平总书记高校思想政治工作会议讲话精神》,《中国教育报》2016年12月14日。

③ 《习近平谈治国理政》第2卷,外文出版社2017年版,第379页。

传统文化,弄清楚中华优秀传统文化的历史渊源、发展脉络和基本走向,独特创造、价值理念和鲜明特色,思想精华、道德精髓和精神内核;要大力弘扬革命文化,搞明白革命文化的创造发展历程、革命文化凝聚的敢于胜利精神,激发革命文化所蕴藏的精神力量;要大力弘扬社会主义先进文化,把握社会主义先进文化的价值理念,用社会主义先进文化的价值理念引领教书育人,充分理解文化在综合国力竞争中的地位和作用,培养维护国家文化安全、增强国家文化软实力、提升中华文化国际影响力的责任感。二是要做党执政的坚定支持者。教师要深入开展马克思主义及其中国化理论成果教育,加强党史国史和形势政策教育,善于将抽象、严谨、规范的政策话语、理论话语、文件话语转化成生动活泼、形式多样、契合大学生思想生活实际、为大学生喜闻乐见、便于理解和接受的教学话语,提升大学生思想政治教育实效,使大学生对中国特色社会主义理论真学、真信、真懂,做到入耳、入脑、入心;要强化底线意识,守好政治底线、法律底线、道德底线,拒绝错误思潮和理论杂音,遵守课堂教学纪律。三是要担起学生健康成长指导者和引路人的责任。做好老师,是每位教师应该常思深思的根本性问题,是每位教师毕生的职业理想和价值追求。做好老师,要有理想信念,要有道德情操,要有扎实知识,要有仁爱之心。教师要在立德树人实践中担负起责任,应以好老师的特质要求"用爱培育爱、激发爱、传播爱,通过真情、真心、真诚拉近同学生的距离,滋润学生的心田,使自己成为学生的好朋友和贴心人"①。应关注、关心、关爱每一个学生,尊重、欣赏、信任每一个学生,让每一个学生都能健康成长、茁壮成才,让每一个学生都享受成功的喜悦、生活的幸福。

加强教师队伍建设,引导广大教师以德立身、以德立学、以德施教,把思想政治工作落实到教学科研活动中,体现在教书育人过程中,应着力把握好如下几个方面。一是坚持教书和育人相统一。教师做的是传播知识、思想和真理的工作,是塑造灵魂、生命和人的工作。如果教师不担负起教书育人职责,是会出现误人子弟的情况,那就会动摇甚至颠覆高校思想政治工作。二是坚持言传和身教相统一。陶行知先生讲:"学高为师,身正为范。"兼具"学高"和"身正"的教师队伍是落实教书育人的根本。教师要意识到自己的责任所在,处处为人师表,用自

己的真才实学和人格魅力在传道、授业、解惑中启发学生、引导学生。三是坚持潜心问道和关注社会相统一。教师要有"衣带渐宽终不悔，为伊消得人憔悴"的境界，耐得住寂寞，坐得了冷板凳，潜心研究学问，专注教书育人；同时要以家国情怀关注社会现象，在实践中汲取养分、丰富思想。四是坚持学术自由和学术规范相统一。不能把探索性的学术问题等同于严肃的政治问题，也不能把严肃的政治问题当成一般的学术问题。只要是学术问题都可以研究，但研究成果真正使用要有个规范，课堂上怎么讲也要有个规范。教师要对国家、对社会、对学生负责。五是不断提升教师道德修养。"每一个阶级，甚至每一个行业，都各有各的道德。"①教师从事的是特殊的职业劳动，其职业道德修养是教师在教育劳动中应遵循的行为规范、道德观念和道德品质的总和。教师的道德、品质和人格直接关系到学生精神世界的形成，师生关系所凝结的情感、态度将直接影响学生的道德面貌。高尚的教师职业道德是教育道德本性的内在规定，是人民教师的首要品质。教书者必先强己，育人者必先律己。高校教师应自觉加强师德自律意识、不断提升职业道德修养，增强教书育人的责任感和使命感，以人格魅力和知识魅力教育感染学生；应以《高等学校教师职业道德规范》提出的"爱国守法、敬业爱生、教书育人、严谨治学、服务社会、为人师表"等道德规范为明确要求，以教育部《关于建立健全高校师德建设长效机制的意见》划出的"红七条"为行为遵循，带头培育和践行社会主义核心价值观，树立正确导向、澄清模糊认识、匡正失范行为，引领广大学生常修善德、常怀善念、常做善举，在激扬青春、开拓人生、奉献社会的进程中书写无愧于时代的壮丽篇章。

（本部分依据《坚持把立德树人作为中心环节》改写而成，原文刊于《国家教育行政学院学报》2017 年第 1 期，作者：黄蓉生、崔健）

---

① 《马克思恩格斯选集》第 4 卷，人民出版社 2012 年版，第 247 页。

二、旗帜鲜明坚持马克思主义

高校思想政治理论课承担着对大学生进行系统的马克思主义理论教育的任务,是对大学生进行思想政治教育的主渠道。在高校思想政治理论课教学中坚持马克思主义,用马克思主义的科学理论武装大学生,这是不言而喻的。现实中问题在于,一些高校思想政治理论课教师并未深刻认识自身的教学使命,在课堂教学中没有做到真正坚持马克思主义、以马克思主义科学理论武装人,出现坚持马克思主义不力,马克思主义理论教学实效不佳,甚至以非马克思主义的内容充斥课堂的情况。如何在教学中真正坚持马克思主义,这是事关高校思想政治理论课教学实效性、感染力、吸引力的一个根本问题。笔者以为,做到这一点,需要把握住以下几个方法性原则。

（一）旗帜鲜明、理论自信

高校思想政治理论课作为对大学生进行马克思主义理论教育的主渠道,旗帜鲜明地讲授马克思主义是其职责所在。作为大学生的必修课,与其他文化课程相比较,高校思想政治理论课重点关注和解决的是大学生的思想道德素质问题而非科学文化素质问题,意在通过对大学生进行全面系统的马克思主义理论教育,引导大学生深刻懂得历史和人民如何选择了马克思主义、如何选择了社会主义、如何选择了中国共产党的领导,为什么没有共产党就没有新中国、只有社会主义才能救中国、只有中国特色社会主义才能发展中国等深刻道理,增强坚持党的基本路线方针政策,推进中国特色社会主义事业发展的理论与实践自觉,努力成长为中国特色社会主义事业的合格建设者与可靠接班人。高校思想政治理论课教学的核心与灵魂就在于马克思主义理论教育,根本在于让大学生掌握马克思主义的基本原理,学会运用马克思主义的立场、观点和方法分析和解决社会现实问题。这要求高校思想政治理论课教学在任何时候都要以马克思主义理论教育为中心,坚持旗帜鲜明地高举马克思主义的伟大旗帜,用马克思主义的科学理论去占领大学生课堂这个重要的阵地。要知道,"思想文化阵地,马克思主义、无产阶级的思想不去占领,各种非马克思主义、非无产阶级的思想甚至反马克思主义的思想就会去占领"①。如果讲授马克思主义不够旗帜鲜明,对于坚持什么、反对什么不够明确,就意味着给各种非马克思主义、反马克思主义思想观点的传播以可乘之机。

然而在高校思想政治理论课教学实践中,讲授马克思主义不够旗帜鲜明的情况却客观存在,比如:一些教师在教学授课中有意无意淡化马克思主义理论教学的分量,对马克思主义理论的讲授跑马观花、蜻蜓点水、浅尝辄止,对一些鲜明的马克思主义观点认识不清、模棱两可、含糊其词,在马克思主义理论教学中羞羞答答、遮遮掩掩、犹抱琵琶半遮面;也有一些教师为迎合学生的心理与兴趣,增加自己课堂教学的吸引力与轰动性,轻描淡写讲马克思主义的基本原理、核心要义、精神实质、当代发展,浓墨重彩谈非马克思主义及与马克思主义关系不大的逸闻趣事、生活琐事、历史掌故、花边新闻,用一些与马克思主义核心要义关系不大的内容充斥课堂,使教学游离、偏离、远离课程内容体系本身;有一些教师没有搞清楚高校思想政治理论课的课程性质与定位,把教学的重点放在对知识性内容的讲解与讲授上,少于去分析和阐明各门课程教学内容体系与马克思主义理论之间的内在逻辑关联,没有充分凸显马克思主义理论教育的主体地位;还有一些教师对于作为一名思想政治理论课教师缺乏荣誉感,羞于承认自己思想政治理论课教师的工作身份和马克思主义学院的单位归属,不愿意把自己的身份与马克思主义搭上界、挂上钩。表现不一而足,归结起来都在于讲授马克思主义不够旗帜鲜明,对马克思主义缺乏理论自信。

实际上,不够旗帜鲜明与缺乏理论自信是一个问题的两个方面,彼此相互关联。一方面,因为缺乏理论自信,所以才不够旗帜鲜明。另一方面,长期含含糊糊、似是而非,旗帜不够鲜明,必然增加理论不自信的程度,使理论自信丧失得更

---

① 《江泽民文选》第3卷,人民出版社2006年版,第97页。

彻底。相比之下，理论自信更根本，解决了自信问题，才能解决旗帜鲜明的问题。强调对马克思主义要有理论自信，不是因为创立马克思主义的马克思和恩格斯是什么先哲圣人，也不是因为别的什么神秘的因素，而是因为马克思主义经得起实践的检验，被实践证明了是科学。毛泽东曾指出："我们说马克思主义是对的，决不是因为马克思这个人是什么'先哲'，而是因为他的理论，在我们的实践中，在我们的斗争中，证明了是对的。"①实际上，任何一个理论学说要让人们对它有信心，要让持有者对它确立理论自信，途径只有一个，那就是用无数的实践证明它是对的。正所谓"人的思维是否具有客观的真理性，这不是一个理论的问题，而是一个实践的问题"②。"真理只有一个，而究竟谁发现了真理，不依靠主观的夸张，而依靠客观的实践。"③中国共产党人对马克思主义的理论自信，就是源于党领导的革命、建设和改革的实践检验。高校思想政治理论课教师讲授马克思主义，必须对马克思主义要有理论自信，否则当遇到一些非马克思主义、反马克思主义观点的挑战时就没有底气，就做不到旗帜鲜明、毫不动摇，就会躲躲闪闪、犹豫彷徨，乃至妥协退让、随声附和。当然，确立对马克思主义的理论自信，前提是要懂得马克思主义。如果自身对马克思主义本身就知之不多、识之不透，是谈不上理论自信的。即便有自信，那也是盲目自信。这即是说，高校思想政治理论课教师讲授马克思主义，要做到旗帜鲜明、理论自信，根本在于深化对马克思主义的理解和把握，做到真正懂得马克思主义。千万不可"没有掌握好马克思主义的基本理论，听到社会上对马克思主义有一些非议，想用一点附加的东西、时髦的语言给马克思主义挣面子"④，增进理论自信，这种做法是极不可取的。

（二）新鲜活泼、深入浅出

马克思主义作为科学真理，它"并不玄奥"，"是很朴实的东西、很朴实的道

---

① 《毛泽东选集》第 1 卷，人民出版社 1991 年版，第 111 页。
② 《马克思恩格斯文集》第 1 卷，人民出版社 2009 年版，第 500 页。
③ 《毛泽东选集》第 2 卷，人民出版社 1991 年版，第 663 页。
④ 陈奎元：《信仰马克思主义，做坚定的马克思主义者》，《中国社会科学报》2011 年 4 月 28 日。

理"①。讲授马克思主义,无须板着面孔,呈现出僵硬冷酷的表情,更不必面目可憎,令人拒之于千里之外。在高校思想政治理论课教学中对大学生讲授马克思主义,更是如此。如果把马克思主义的形象和面孔搞得可憎可恶,那是一定不能赢得大学生的。大学生喜欢的是新鲜活动、深入浅出的马克思主义,绝不是僵化教条、晦涩难懂的马克思主义。

强调要新鲜活泼、深入浅出地讲授马克思主义,实际上涉及对待马克思主义的学风问题。如果抱着教条主义、本本主义的态度对待马克思主义,那马克思主义必然会是僵死的教条,而不可能是新鲜活泼的东西。提出新鲜活泼、深入浅出地讲授马克思主义,实际上就是要还马克思主义以本来面目,反对教条主义、本本主义地对待马克思主义。毛泽东1938年曾在讲到马克思主义必须和中国的实际相结合,按照中国的特点去应用它时曾指出:"洋八股必须废止,空洞抽象的调头必须少唱,教条主义必须休息,而代之以新鲜活泼的、为中国老百姓所喜闻乐见的中国作风和中国气派。"②毛泽东一贯反对本本主义,一再批评以教条主义的态度对待马克思主义,多次强调要用新鲜活泼、深入浅出、为群众喜欢的形式宣传马克思主义。他曾充分肯定和高度评价艾思奇的《大众哲学》阐发、宣传马克思主义的态度与方法,号召党内的马克思主义理论工作者向艾思奇学习。艾思奇写作的《大众哲学》贴近生活,贴近实际,运用像"一块招牌上的种种花样"、"卓别林和希特勒"、"天晓得"、"七十二变"、"牛角尖旅行记"、"笑里藏刀"等通俗化的语言,浅显易懂、清新活泼地讲述马克思主义哲学原理,把深刻的哲理融入在生动的故事里,用大众喜闻乐见的语言形式表现出来,一扫以往哲学晦涩难懂、艰深玄奥的面孔,令人耳目一新,犹如清风拂面,是新鲜活泼、深入浅出地讲授马克思主义的典范,值得今天的高校思想政治理论课教师好好学习。

然而在高校思想政治理论课教学中,一些教师在教学授课中简单化地直接把马克思主义从书本搬到课堂,照本宣科,教材怎么写,课堂就怎么讲,少于去思考教材体系与教学体系的关系,疏于去把理论与鲜活的实践联系起来,缺乏把教材体系转化为教学体系,不了解教学对象,想当然地开展教学;一些教师讲授马克思主义,从概念到概念、从原理到原理、从体系到体系、从文本到文本,把马克

① 《邓小平文选》第3卷,人民出版社1993年版,第382页。
② 《毛泽东选集》第2卷,人民出版社1991年版,第534页。

思主义讲得玄而又玄、晦涩难懂，学生听得如坠云里雾里、不知所云；还有一些教师在教学过程中旁征博引，希望全面系统深入地阐明马克思主义基本原理，原本是非常好的愿望和初衷，但客观上却往往把一个本身并不复杂也并不深奥的马克思主义原理讲得晦涩难懂，把原本一个谁都能明白的道理讲得难以理解和明白。在这些课堂里，马克思主义的面目不是可亲可近的，而是十分可憎的，学生一想到要学习马克思主义，要"出席"马克思主义理论教育的课堂，顿觉索然寡味、了无兴趣，从而使教学授课收效甚微，其最根本的就在于教学背离了新鲜活泼、深入浅出的原则。有人曾经讲，浅入深出是没学问，深入深出是假学问，深入浅出才是真学问。这在高校思想政治理论课教学中是有一定道理的。真正的马克思主义是一点都不玄奥的学问，只要掌握了就一定能深入浅出地加以表达和阐明。当然，如果教师本身对马克思主义的理解存在局限，不够精透，那就可能讲出多种多样的马克思主义，这是不足为怪的。正如毛泽东曾经所指出："我们历史上的马克思主义有很多种，有香的马克思主义，有臭的马克思主义，有活的马克思主义，有死的马克思主义，把这些马克思主义堆在一起就多得很。"但在思想政治理论课教学中，"我们所要的是香的马克思主义，不是臭的马克思主义；是活的马克思主义，不是死的马克思主义"①。作为高校思想政治理论课教师，一定要深刻地懂得，思想政治理论课讲授马克思主义，"要力求做到生动活泼"，为大学生喜闻乐见，"切忌形式主义、教条主义，切忌简单生硬"。要知道"不讲究方式、方法，不分对象、条件、场合，照本宣科，生搬硬套，老生常谈，空话套话连篇，绝对不会有成效"②。

（三）贴近实践、直面问题

在高校思想政治理论课教学中讲授马克思主义，其目的是要让大学生掌握马克思主义的世界观和方法论，学会运用马克思主义的立场观点和方法去分析和解决现实问题，而不是为了要教给大学生以马克思主义本身，更不是要用马克

① 《毛泽东文集》第 3 卷，人民出版社 1996 年版，第 331—332 页。
② 《江泽民文选》第 3 卷，人民出版社 2006 年版，第 93 页。

思主义来撑门面。即是说,高校思想政治理论课讲授马克思主义,要立足现实实践,确立问题取向,直面当代大学生能感知的重大时代课题和现实问题,不回避现实生活。马克思主义的科学真理性,也应该在解释和回答现实问题上得到体现。如果离开现实实践讲授马克思主义,不能运用马克思主义回答现实问题,或者在现实问题面前显得苍白无力,那马克思主义就没有说服力,就不能征服大学生。

思想政治理论课讲授马克思主义之所以要贴近实践、直面问题,根本在于理论与实践之间相互依存、互相推动,彼此辩证统一。理论教育也离不开鲜活的实践,脱离实践的教育同样也会是空洞盲目的,缺乏现实针对性,受教育者既难以理解接受,也难以认同践行。理论之所以有价值,就在于它趋向实践,能够回答实践提出的问题,能够指导实践的发展。离开对现实问题的回答,离开对实践发展的指导,再好的理论也毫无意义。正所谓"任何思想,如果不和客观的实际的事物相联系,如果没有客观存在的需要,如果不为人民群众所掌握,即使是最好的东西,即使是马克思列宁主义,也是不起作用的"①。思想政治理论课讲授马克思主义,要让大学生接受并信服马克思主义,必须让大学生认识到马克思主义的价值所在。马克思主义最根本的价值就在于,它对于人们的实践活动具有普遍的解释力和指导性。毛泽东曾指出:"马克思主义看重理论,正是,也仅仅是,因为它能够指导行动。如果有了正确的理论,只是把它空谈一阵,束之高阁,并不实行,那末,这种理论再好也是没有意义的。"②高校思想政治理论课讲授马克思主义,不能满足于对马克思主义进行一阵空谈,更不能讲过学过之后束之高阁,而是要联系实践来加以运用,要贴近实践、直面问题。

然而在现实中,一些教师的教学从概念到概念、从理论到理论,进行纯粹的逻辑演绎和学理分析,着力构建精致的理论框架、完善的理论体系,至于这些理论有什么用,如何加以运用,则不在考虑之列,在教学授课中很难看到现实生活的影子,也感觉不到强烈的现实关怀与问题意识;也有一些教师在教学授课中喜欢针砭时弊,努力把教学内容与现实实践联系起来,但一谈到现实问题,往往多有怨言、颇有微词,甚至满腹牢骚,简单化地分析和对待一些现实问题,感情用

---

① 《毛泽东选集》第 4 卷,人民出版社 1991 年版,第 1515 页。

② 《毛泽东选集》第 1 卷,人民出版社 1991 年版,第 292 页。

事,仅凭个人好恶妄加评说,缺乏运用马克思主义的立场、观点和方法作客观、全面、系统、辩证的分析;也有一些教师在贴近实践、联系实际的问题上作选择性的讲授,对自己比较熟悉了解的、有一定把握的实际问题就讲讲,对那些不够熟悉,也不够了解、缺乏研究的现实问题则采取回避态度,避免在教学中与学生就这些问题进行对话和探讨;还有一些教师根本就不敢直面学生提出的一些现实问题,尤其是一些敏感问题,也无力运用马克思主义的立场、观点和方法加以正确分析和回答,在学生困惑的一些问题上不能给学生以鲜明的马克思主义观点,绕开学生关注的现实问题进行教学。不管怎样对待现实的实践和学生提出的问题,有一点是非常明确的,那就是对学生关心、困惑的问题不加以明确的、有说服力的回答,问题终究是问题,就在那里,不会自动消失,正所谓"扫帚不到,灰尘照例不会自己跑掉"①。这样的教学不会有好的实效,也不可能受到学生的真心喜欢。要知道,教学离开对现实问题的关注与回答,"把马克思主义变成了一成不变和干巴巴的教条,变成了简单的说教,脱离了群众活生生的实践,那就不会有说服力,也就会丧失生命力"②。但也要注意,贴近实践、直面问题开展教学,一定要坚持运用马克思主义的立场、观点和方法分析问题,否则就会在学生中制造思想混乱,发生误导。根本还在于要真正懂得马克思主义。

(四)精透管用、系统深入

高校思想政治理论课作为大学生的必修课,仅仅是大学生众多必修课程中的一部分。对于不以马克思主义理论为学科专业的绝大多数大学生来讲,他们在大学期间不可能花大量的时间去学习马克思主义。他们对于马克思主义的学习和掌握,主要来自高校思想政治理论课的教学。这就要求高校思想政治理论课教学要充分利用有限的时间把博大精深的马克思主义讲好讲到位,讲到对学生有益。做到这一点,需要本着精透管用、系统深入的原则开展教学。

精透管用是邓小平提倡的学习马克思主义的基本原则,他曾明确指出:"学

---

① 《毛泽东选集》第 4 卷,人民出版社 1991 年版,第 1131 页。
② 《江泽民文选》第 3 卷,人民出版社 2006 年版,第 87 页。

马列要精,要管用的。长篇的东西是少数搞专业的人读的,群众怎么读? 要求都读大本子,那是形式主义的,办不到。我的入门老师是《共产党宣言》和《共产主义 ABC》。最近,有的外国人议论,马克思主义是打不倒的。打不倒,并不是因为大本子多,而是因为马克思主义的真理颠扑不破。"①在这里,邓小平强调"学马列要精,要管用的",提出了一个掌握马克思主义的基本准则。无疑,对广大的大学生讲授马克思主义,也要遵循这一原则,因为大学生们不可能都像搞专业的人那样去读马克思主义的大本子,需要"精的"、"管用的"马克思主义。这里之所以强调要精透,是因为"……理论只要彻底,就能说服人[adhominem]。所谓彻底,就是抓住事物的根本"②。不彻底的理论没有说服力,不能征服人。高校思想政治理论课教学只有把马克思主义讲精透了,才能抓住并征服大学生。之所以强调要管用,是因为马克思主义再好,如果不能解决现实问题,那就只是"花架子"和无用的"摆设"。毛泽东曾明确讲过:"如果一个人只知道背诵马克思主义的经济学或哲学,从第一章到第十章都背得烂熟了,但是完全不能应用,这样是不是就算得一个马克思主义的理论家呢? 这还是不能算理论家的。我们所要的理论家是什么样的人呢? 是要这样的理论家,他们能够依据马克思列宁主义的立场、观点和方法,正确地解释历史中和革命中所发生的实际问题,能够在中国的经济、政治、军事、文化种种问题上给予科学的解释,给予理论的说明。"③实际上就是强调学习马克思主义要重视应用,要能在实际问题的解决中"管用"。如何才能做到精透管用呢? 关键和根本在于要掌握马克思主义的精髓与活的灵魂,善于运用马克思主义的立场、观点和方法。这就要求高校思想政治理论课一定要多运用马克思主义的立场、观点和方法去分析现实问题,进行理论讲解,着眼于教给学生"管用的"马克思主义开展教学授课。然而,在现实中,一些教师授课重知识轻方法,把主要精力与时间用于讲授具体知识,而对马克思主义的世界观和方法论分析不够,强调不多,没有着眼于实际运用去讲解阐发马克思主义。学生学习了马克思主义,但却不善于运用它分析解决现实问题,根源就在于我们的一些授课没有把马克思主义讲透彻。理论上不彻底,实践上自然也就不能彻底。

① 《邓小平文选》第 3 卷,人民出版社 1993 年版,第 382 页。
② 《马克思恩格斯文集》第 1 卷,人民出版社 2009 年版,第 11 页。
③ 《毛泽东选集》第 3 卷,人民出版社 1991 年版,第 814 页。

强调高校思想政治理论课讲授马克思主义要系统深入,一方面是因为马克思主义本身是一个科学而严整的理论体系,"完备而严密",是"一块整钢",具有整体性,需要加以系统把握。列宁曾深刻指出:"马克思学说具有无限力量,就是因为它正确。它完备而严密,它给人们提供了决不同任何迷信、任何反动势力、任何为资产阶级压迫所做辩护相妥协的完整的世界观。"①"马克思主义的全部精神,它的整个体系,要求人们对每一个原理只是(α)历史地,(β)只是同其他原理联系起来,(λ)只是同具体的历史经验联系起来加以考察。"②不系统地把握,往往会导致对马克思主义的误解、偏离,乃至背叛。另一方面是因为思想政治理论课"05 方案"最为强调和突出的一点就是要整体地把握马克思主义,其中设立马克思主义基本原理概论课就是鲜明的体现。但在实际中,包括在马克思主义基本原理概论课教学中,一些教师由于受长期以来对马克思主义开展分门别类研究与教学的思维惯性和教学习惯影响,总以为基于自己所研究、所把握的马克思主义就是整体的马克思主义,实际上是以部分替代整体,犯了"盲人摸象"的错误。也有一些教师在教学授课中依据自己的理论专长进行选择性讲授,对自己熟悉和擅长的就多讲一些,对自己不熟悉、不擅长的就少讲一些,忽视学生整体性把握马克思主义的现实要求。整体性把握马克思主义,需要高校思想政治理论课教学要确立系统思维、整体视野,着力于讲清楚马克思主义的基本原理,回答好什么是马克思主义,如何坚持发展马克思主义等基本问题,各门课程在教学授课中要相互关照、彼此呼应,共同着眼于教授给学生系统完整的马克思主义,既要避免各自为战、支离破碎,也要避免"只见树木,不见森林",更要避免彼此撞车、相互冲突。

(五)言行一致、真情投入

所谓言行一致、真情投入,实际上就是要求高校思想政治理论课教师讲授马克思主义,要做到真懂真信、真行真用,要带着感情教学,投入真情授课,把所讲

---

① 《列宁专题文集·论马克思主义》,人民出版社 2009 年版,第 67 页。
② 《列宁全集》第 47 卷,人民出版社 1990 年版,第 464 页。

解传授的与所行为践履的一致起来，要求学生学习践行的，自己首先要做到做好。这意味着，在教学授课中，教师不能仅仅把马克思主义作为教学内容，而是要把马克思主义作为个人的理想信仰；不能仅仅把讲授马克思主义作为一份职业、一个岗位，而是要把用马克思主义科学理论武装大学生、开展好马克思主义理论教学作为一项事业来追求。

之所以提出和强调高校思想政治理论课教师讲授马克思主义要言行一致、真情投入，这是由高校思想政治理论课本身的特殊性所决定的。与一般的自然科学课程教学相比，高校思想政治理论课教学具有一定的特殊性，它所讲授的不完全是知识性的内容，而是包含了大量价值性的内容，要求授课教师的教学不仅要有理论魅力，还要有人格魅力。对于一般知识性的自然科学课程教学来讲，学生更关注课程本身的基本知识、基本理论及其内在学理与逻辑。一名教师只要能充分彰显课程本身的知识体系、理论逻辑，使教学具有理论魅力，教学就是成功的，就会受到学生的欢迎与喜欢。但对于高校思想政治理论课教学来讲，教学彰显理论魅力仅仅是赢得学生、征服学生的一个方面。另一方面还需要教学具有人格魅力，这是因为学生不仅要听老师讲些什么，还会看老师做些什么，如何践行。如果一个教师在讲台上讲马克思主义，在公开场合讲马克思主义，而在私下里，在别的场合，在实践中却奉行的是自由主义、反马克思主义，或别的什么主义，那无异于是对课程教学的莫大讽刺与自我否定。同理，如果一个老师自己对马克思主义本身就半信半疑、似是而非，那他是绝不可能以透彻的马克思主义真理去征服学生，也不可能以坚定的马克思主义信仰去感染学生。这即是说，讲授马克思主义需要真情投入，而绝不能说一套、做一套，言行不一，虚情假意。

在高校思想政治理论课教学的现实中，个别教师对于马克思主义并非真懂真信、真行真用，没有做到或者说没有完全做到言行一致、真情投入。比如，有的教师开展教学授课，仅仅是为了完成教学任务，挣得课时津贴，以致盲目追求授课数量之多，无视授课质量实效如何，这些教师无疑缺乏真情投入，没有用心用情去讲授马克思主义。也有一些教师讲授马克思主义平淡如水，没有感情的投入，更没有激情的倾注，教学授课令学生恹恹欲睡，缺乏吸引力和感染力。还有个别教师本身就谈不上基于真学、真懂、真信开展马克思主义教学，以致在学生面前公开承认自己对马克思主义是不信的，至于学生信不信则让学生自己去做主。有学者曾撰文批评过这种情况，指出："一些学界的人，也有一些政界的人，甚至包括一些所谓马克思主义理论工作者,对马克思主义的科学真理性持怀疑态度。例如,某高校一位政治课教师,为了迎合部分学生的模糊认识,往讲台上一站就跟学生们说:'这节课是讲马克思主义理论,但我要首先声明,我对这个理论是持异议的。'请问他本身对这个理论是持怀疑态度,又怎么能让学生们相信呢?"①无疑,如果一名高校思想政治理论课教师做不到对马克思主义的真懂真信、真行真用,缺乏真情投入,言行不一,教学效果和质量必然大打折扣。讲授马克思主义,必须实现情与理的相通,言与行的一致,既以理服人,也以情感人,还以行导人。唯有如此,教学才能高质高效。梁启超曾讲:"用情感来激发人,好像磁石吸铁一样,有多大分量的磁,便引多大分量的铁,丝毫容不得躲闪。"②这一论述对于我们认识马克思主义教学中的真情投入不无启发。笔者以为,只要教师在讲授马克思主义的问题上付诸智慧与情感,真情投入,真心付出,高校思想政治理论课课堂一定能成为吸引大学生的"磁石"。

(本部分依据《高校思想政治理论课加强马克思主义指导的几个原则》改写而成,原文刊于《思想理论教育导刊》2013年第5期,作者:白显良)

---

① 张国祚:《关于理论创新的几点思考》,《马克思主义研究》2012年第2期。
② 转引自金雅:《梁启超美学思想研究》,商务印书馆2005年版,第110页。

三、坚持马克思主义的立场、观点和方法

高校思想政治理论课是大学生思想政治教育的主渠道,本质上是对大学生开展马克思主义理论教育,是用马克思主义的科学理论武装大学生头脑。思想政治理论课教育教学必须坚持以马克思主义为指导,根本是坚持马克思主义的立场、观点和方法,这差不多是人所共知的一个常识性问题,问题恰恰也在于它为人们所共知,以至于人们更多是把它作为一个事实性的结论,而不是一个重要的理论命题加以对待,少于深入地去思考这一理论命题的深刻意蕴,疏于去回答在思想政治理论课教学中究竟应坚持什么样的马克思主义立场、观点和方法及如何坚持等根本性问题,以至坚持马克思主义立场、观点和方法的问题在思想政治理论课教学中往往更多地流于一句口号、一个套语或一个标签,随处见诸人们的表达之中,但又语焉不详、论及不多。

(一)坚持马克思主义的立场、 观点和方法问题的提出

在思想政治理论课教学中坚持马克思主义立场、观点和方法,本质上是一个如何坚持马克思主义的问题。之所以要提出并强调这个问题,是因为这是在思想政治理论课教学中坚持马克思主义的根本和灵魂所在。以马克思主义指导思想政治理论课教学,关键就在于要在思想政治理论课教学中坚持马克思主义的立场、观点和方法。要理解和把握这一点,有必要对如何坚持马克思主义的问题作些分析。

坚持马克思主义首先要解决对待马克思主义的态度问题。坚持以马克思主

义为指导,首先要科学对待马克思主义。能否在对待马克思主义的问题上采取科学态度,直接关系到能否真正坚持马克思主义。自马克思主义诞生以来,在对待马克思主义的态度问题上有多种情况。一是以本本主义、教条主义的态度对待马克思主义,把马克思主义作为教条、奉若神明。真正的马克思主义者历来反对这种态度,发表过不少精辟论述,无产阶级的革命、建设和改革实践也一再证明,教条主义地对待马克思主义是一定行不通的,只会是死路一条。1930年毛泽东曾专门写作了《反对本本主义》一文,批评中国革命中一些人对待马克思主义的教条主义态度,他说:"我们说马克思主义是对的,决不是因为马克思这个人是什么'先哲',而是因为他的理论,在我们的实践中,在我们的斗争中,证明了是对的。我们的斗争需要马克思主义。我们欢迎这个理论,丝毫不存什么'先哲'一类的形式的甚至神秘的念头在里面。读过马克思主义'本本'的许多人,成了革命叛徒,那些不识字的工人常常能够很好地掌握马克思主义。马克思主义的'本本'是要学习的,但是必须同我国的实际情况相结合。我们需要'本本',但是一定要纠正脱离实际情况的本本主义。"①后来他还说:"我们历史上的马克思主义有很多种,有香的马克思主义,有臭的马克思主义,有活的马克思主义,有死的马克思主义,把这些马克思主义堆在一起就多得很。我们所要的是香的马克思主义,不是臭的马克思主义;是活的马克思主义,不是死的马克思主义。"②无疑,坚持本本主义、教条主义的马克思主义肯定是"臭的"、"死的"。邓小平也深刻地指出:"一个党,一个国家,一个民族,如果一切从本本出发,思想僵化,迷信盛行,那它就不能前进,它的生机就停止了,就要亡党亡国。"③实践证明,以本本主义、教条主义态度对待马克思主义,只能窒息马克思主义鲜活的生机与活力,不是真正坚持马克思主义。二是以形而上学的态度对待马克思主义,孤立、静止、片面地看待马克思主义,对待马克思主义"只及一点不及其余",割裂马克思主义具体论断与理论体系、基本原理之间的内在关联,持这种态度的人往往把搬用马克思主义的只言片语当作是坚持马克思主义,用马克思主义的个别论断来剪裁生活、比照现实,甚至得出马克思主义过时的观点。实际上,"马克思主义者不是算命先生,未来的发展和变化,只应该也只能说出个大的方向,

---

① 《毛泽东选集》第1卷,人民出版社1991年版,第111—112页。
② 《毛泽东文集》第3卷,人民出版社1996年版,第331—332页。
③ 《邓小平文选》第2卷,人民出版社1994年版,第143页。

不应该也不可能机械地规定时日"①。马克思主义经典作家在具体情势下针对具体问题得出的个别结论不适合今天的情况,这是很正常的事情,因为时代发展了,条件变化了,但这并不意味着马克思主义就过时了、不灵了。真正需要坚持的不是马克思主义的个别论断,而是透过马克思主义的具体论述所反映出的基本原理和供开展进一步研究的出发点和方法论。邓小平说:"绝不能要求马克思为解决他去世之后上百年、几百年所产生的问题提供现成答案。列宁同样也不能承担为他去世以后五十年、一百年所产生的问题提供现成答案的任务。真正的马克思列宁主义者必须根据现在的情况,认识、继承和发展马克思列宁主义。"②三是以科学的态度对待马克思主义。如何对待马克思主义是贯穿马克思主义发展始终的一个问题,马克思主义创始人对此有明确的态度。恩格斯曾强调:"马克思的整个世界观不是教义,而是方法。它提供的不是现成的教条,而是进一步研究的出发点和供这种研究使用的方法。"③列宁也曾讲:"我们决不把马克思的理论看作某种一成不变的和神圣不可侵犯的东西;恰恰相反,我们深信:它只是给一种科学奠定了基础"④,要求人们正确对待马克思主义。实践证明,历来为马克思主义创始人及发展者所坚持的一切从实际出发,具体问题具体分析,实事求是,与时俱进,才是对待马克思主义的科学态度。这就要求人们"坚持马克思主义,绝不能采取教条主义、本本主义的态度,而应采取实事求是、与时俱进的科学态度,坚持一切从发展变化着的实际出发,把马克思主义看作是不断随着实践的发展而发展的科学"⑤,把握住马克思主义的精髓和实质,而不必拘泥于马克思主义文献中的具体论述。

坚持马克思主义关键是要坚持其立场、观点和方法。解决了对待马克思主义的态度问题,并不等于就已经实现了对马克思主义的坚持,而只是具备了坚持马克思主义的一个基本前提。有了科学态度,坚持马克思主义最为根本的还在于要真正懂得马克思主义,而懂得马克思主义不是要求通读过马克思主义的全部著作,精透于马克思主义的全部文献,最根本的是要掌握马克思主义的立场、

---

① 《毛泽东选集》第 1 卷,人民出版社 1991 年版,第 106 页。
② 《邓小平文选》第 3 卷,人民出版社 1993 年版,第 291 页。
③ 《马克思恩格斯选集》第 4 卷,人民出版社 1995 年版,第 742—743 页。
④ 《列宁选集》第 1 卷,人民出版社 1995 年版,第 274 页。
⑤ 《江泽民文选》第 3 卷,人民出版社 2006 年版,第 337 页。

观点和方法,学会运用马克思主义的基本原理去分析和解决具体问题。对于这个道理,邓小平曾经指出:"学马列要精,要管用的。长篇的东西是少数搞专业的人读的,群众怎么读? 要求都读大本子,那是形式主义的,办不到。我的入门老师是《共产党宣言》和《共产主义ABC》。最近,有的外国人议论,马克思主义是打不倒的。打不倒,并不是因为大本子多,而是因为马克思主义的真理颠扑不破。"①在这里,邓小平提出了一个掌握马克思主义的经典而精辟的论断,在一定意义上可以作为坚持马克思主义的基本实践准则,那就是"学马列要精,要管用的"。对于如何做到"学马列要精,要管用的",我们认为,根据邓小平的论述,要求人们要精读马克思主义代表性的经典文献,进行"解剖麻雀"的研阅学习工作,在阅读中要"下马看花",而不能蜻蜓点水、浮光掠影、跑马观花,以达到对马克思主义的深入理解,把握其精髓和灵魂;同时也要求马克思主义的研究者和学习者要善于领会马克思主义的世界观和方法论,尤其是要掌握马克思主义最根本的立场、观点和方法并努力在实践中加以运用。毛泽东曾强调学习马克思主义关键是要掌握马克思主义立场、观点和方法,他说:"如果一个人只知道背诵马克思主义的经济学或哲学,从第一章到第十章都背得烂熟了,但是完全不能应用,这样是不是就算得一个马克思主义的理论家呢? 这还是不能算理论家的。我们所要的理论家是什么样的人呢? 是要这样的理论家,他们能够依据马克思列宁主义的立场、观点和方法,正确地解释历史中和革命中所发生的实际问题,能够在中国的经济、政治、军事、文化种种问题上给予科学的解释,给予理论的说明。"②邓小平1978年在《在全军政治工作会议上的讲话》中还专门讲到毛泽东特别重视对马克思主义立场、观点和方法的把握,强调运用马克思主义的立场、观点和方法去分析问题。他说:"毛泽东同志历来坚持要用马列主义的立场、观点和方法来提出问题,分析问题,解决问题。他历来是按照不同时间、地点、条件讲问题的。毛泽东同志讲过:我写文章,不大引马克思、列宁怎么说,报纸老引我的话,引来引去,我就不舒服。应该学会用自己的话来写文章。当然不是说不要用人家的话,是说不要处处引用。主要的是要用马克思主义的立场、观点、方法来分析问题,解决问题。"③邓小平自己也是善于运用马克思主义立场、观点和方

---

① 《邓小平文选》第3卷,人民出版社1993年版,第382页。
② 《毛泽东选集》第3卷,人民出版社1991年版,第814页。
③ 《邓小平文选》第2卷,人民出版社1994年版,第118页。

法分析和解决问题的典范,联系现代化建设实际讲了诸如"计划不等于资本主义、市场不等于资本主义"等不少马克思主义创始人没有讲过的新话,实践证明这些话不仅是马克思主义的论断,而且还创造性地发展了马克思主义。对于广大人民群众,只要能懂得马克思主义的根本立场、观点和方法并能具体地加以运用,那么他们就能以马克思主义为指导推进实践工作,就能在事业发展中坚持马克思主义。

坚持马克思主义还有个运用其立场、观点、方法创新发展马克思主义的问题。坚持马克思主义,不是要固守马克思主义,而是要在坚持的基础上有所创新发展,用发展的观点看待马克思主义,在坚持中发展,在发展中坚持。如何才能实现创新马克思主义、发展马克思主义?根本的还在于能运用马克思主义的立场、观点和方法去分析和解决现实问题,把马克思主义的基本原理与现实实践结合起来,解决的现实问题越多,说明坚持马克思主义坚持得越好。历史经验表明:什么时候我们坚持马克思主义的立场、观点和方法,什么时候实践工作就得到推进,马克思主义就得到发展;什么时候我们背离马克思主义的立场、观点和方法,坚持马克思主义就会成为一句空话。这样的例子在马克思主义发展史上可以找出很多,比如马克思主义创始人没有为中国革命开出药方,其著作中没有关于中国革命的大量论述,要用马克思主义指导中国革命,就必须运用马克思主义的立场、观点和方法去具体分析中国的革命实际,得出符合中国实际的革命道路。在对待中国革命的问题上,王明曾以"百分之百的布尔什维克"自居,把马克思主义教条化,把共产国际决议和苏联经验神圣化,对马克思主义采取教条主义的态度,差一点断送了中国革命。而以毛泽东为代表的中国共产党人坚持把马克思主义基本原理和中国实际相结合,运用马克思主义的立场、观点和方法去分析和解决中国革命问题,不仅探索出正确的革命道路,而且推进了马克思主义的中国化发展。对于中国的建设也是如此,马克思主义的文献中并没有现成的结论,马克思主义创始人也没有专门而具体的论述,同样还是以邓小平为代表的中国共产党人创造性地运用马克思主义的立场、观点和方法去分析和解决中国的建设实际,开辟了中国特色社会主义建设道路,创立了中国特色社会主义理论体系,实现了马克思主义在当代中国的创新发展。可见,坚持马克思主义、发展马克思主义,最根本的是要把马克思主义基本原理与现实实践结合起来,关键是要学会运用马克思主义的立场、观点和方法去分析和解决实际问题。

（二）坚持马克思主义立场、观点、方法的具体内容

基于上述论述，不难得出，在高校思想政治理论课教育教学中坚持马克思主义，以马克思主义指导思想政治理论课教育教学，最为根本和关键的就在于要在思想政治理论课教育教学中坚持马克思主义的立场、观点和方法。现实中的问题在于，不少人对于马克思主义立场、观点和方法缺乏深入的理论反思，笼而统之地对待这一问题，并不明确在思想政治理论课教育教学中应该坚持的马克思主义立场、观点和方法的具体内容。由此，探讨在思想政治理论课教育教学中坚持马克思主义立场、观点和方法问题，有必要就坚持什么样的马克思主义立场、观点和方法作出探讨和回答。由于思想政治理论课的不同课程在坚持什么样的马克思主义立场、观点和方法及如何坚持的问题上也有所差异，需具体问题具体分析。本书这里从共性的意义上，从思想政治理论课教学作为思想政治教育典型实践的意义上，把它作为思想政治教育坚持马克思主义立场、观点和方法的问题予以探讨和分析。

坚持什么样的马克思主义立场？思想政治理论课教育教学本质上是思想政治教育实践，思想政治教育作为阶级性的实践，立场问题重大而根本，它集中体现了思想政治教育的价值取向与发展方向，规定着思想政治教育的实践特质和阶级属性。坚持什么样的立场，从根本上决定了一种思想政治教育代表谁的利益，为谁服务，追求什么，向往什么，会成为什么样的思想政治教育。不同阶级的思想政治教育，首要而根本的区别就在于其在实践中所秉持的立场的不同，具有不同的认识方法论和实践方法论。高校思想政治理论课教学在立场问题上旗帜鲜明，坚持马克思主义的根本立场。具体言之，这种马克思主义立场主要体现为四个方面。一是辩证唯物主义和历史唯物主义的哲学立场。哲学立场本质上体现的是人们的世界观和认识方法论，它是人类从事任何实践活动的认识前提，思想政治教育同任何别的实践活动一样也有自己的哲学立场。马克思主义指导下的思想政治教育坚持辩证唯物主义和历史唯物主义的哲学立场，把辩证唯物主义和历史唯物主义作为人们的世界观和认识方法论，用人们的社会存在来解释和说明人们的社会意识，坚持物质决定意识而不是相反的唯物主义观点，同时坚

持辩证法,用全面、联系、发展的观点看待人们的思想,并把唯物辩证法贯穿思想政治教育实践的始终。二是坚持服务无产阶级的阶级立场。阶级立场是人类在阶级社会从事实践活动所特有的问题,阶级立场问题本质上体现的是人们的社会实践活动为哪个阶级服务,反映哪个阶级的利益的问题。以马克思主义为指导的思想政治教育,旗帜鲜明地代表无产阶级的利益,以服务无产阶级为根本的阶级立场,始终站在服务无产阶级的立场上去观察、思考和研究问题。立足阶级立场分析当代中国的思想政治教育,要深刻认识到"对社会主义思想体系的任何轻视和任何脱离,都意味着资产阶级思想体系的加强"①。三是植根广大人民群众的政治立场。政治立场反映人们在实践活动中的政治立足点和出发点,是阶级立场的进一步发展和体现,集中体现在依靠谁、为了谁,以谁为主体等方面。思想政治教育的政治立场问题,实质上反映的是思想政治教育依靠谁,是谁的实践的问题。"党的思想政治工作本质上是群众工作,是宣传群众、教育群众、引导群众、提高群众的工作"②,无疑要求要以马克思主义为指导,坚持马克思主义的群众史观,坚持植根广大人民群众的政治立场。四是坚持共产主义理想追求的价值立场。价值立场反映人类社会实践的价值取向,集中体现人们的意义追求和价值尺度,表明人们追求什么、向往什么,以什么作为价值评判标准。以马克思主义为指导的思想政治教育,在价值立场上坚持实现共产主义远大理想、促进人的自由而全面的发展这个马克思主义的根本价值立场,体现为在实践中注重理想信念教育,既注重共产主义远大理想信念教育,也注重中国特色社会主义共同理想教育,并强调和突出远大理想与共同理想之间的辩证统一性,引导人们既要脚踏实地为实现共同理想努力奋斗,也要有仰望星空胸怀远大的理想和追求。

　　坚持什么样的马克思主义观点?马克思主义理论博大精深,马克思主义观点丰富而具体,联系思想政治教育的具体实际,我们以为,在思想政治教育中必须坚持以下马克思主义基本观点。一是指导思想一元化的观点。思想政治教育具有鲜明的意识形态属性,总是服务于一定的社会意识形态发展需要。而意识形态领域指导思想任何时候都是一元化的,这是国际范围的普遍惯例,包括在今

① 《列宁选集》第1卷,人民出版社1995年版,第327页。
② 《江泽民文选》第3卷,人民出版社2006年版,第95页。

天标榜自由民主的西方国家,他们在指导思想上也是一元化的,绝不允许马克思主义在他们的指导思想中占主导地位。正如有学者指出:"不搞多元化并不是我们的发明,一向标榜信仰自由的美国,在思想文化上就是反对多元化的,他们的主流文化、他们崇尚的美国精神是不容置疑的。"①当代中国的思想政治教育,根本上就是服务于中国共产党的社会主义意识形态建设与发展需要,要旗帜鲜明地坚持指导思想一元化的观点,毫不动摇地捍卫马克思主义在我国社会主义意识形态领域的指导地位。江泽民曾深刻指出:"如果在意识形态领域不能巩固马克思主义的指导地位,东一个主义,西一个主义,在指导思想上搞多元化,搞得五花八门,最终必然由思想混乱导致社会政治动荡。"②二是实事求是的观点。实事求是是马克思主义的精髓和灵魂,是对待一切实践的唯一科学的态度,思想政治教育坚持以马克思主义为指导,必须坚持做到实事求是。在思想政治教育上坚持实事求是的观点,就是要客观面对人们的思想实际和思想矛盾,从人们的思想实际中"求"出人们思想发展变化的规律性和思想政治教育的规律,并有针对性地开展教育,做到思想政治教育有的放矢。三是理论联系实际的观点。马克思主义具有实践特性,它本身是从实践中来的,是立足资本主义社会的现实,是对无产阶级和资产阶级的革命斗争进行理论总结和提炼而形成的。马克思主义的全部生命力,就在于它植根于各个时代的实践之中,并从每个时代的实践发展中汲取自身发展的营养。马克思主义不仅从实践中获得发展所需要的营养,而且其价值的实现也是在指导人民大众的生动实践中去体现的。基于马克思主义的实践特性,开展马克思主义的思想理论教育必须凸显和尊重其实践特性,坚持理论与实践的具体统一。在当代中国,思想政治教育担负的一个重要任务就是要以马克思主义的科学理论武装人,开展马克思主义理论的宣传、教育和武装工作,这既要求人们学习和掌握马克思主义理论,也要求人们联系实际,从实际出发,把理论学习与现实实践相统一起来,做到理论联系实际。四是与时俱进的观点。与时俱进是马克思主义最重要的理论品质,它贯穿马克思主义发展的始终。马克思、恩格斯作为马克思主义创始人,反复强调他们的学说不是一成不变的教条,而是方法,是行动的指南,且总是根据革命实践进程的发展和形势的变

---

① 陈奎元:《信仰马克思主义,做坚定的马克思主义者》,《中国社会科学报》2011 年 4 月 28 日。

② 《江泽民文选》第 3 卷,人民出版社 2006 年版,第 228 页。

化不断地修订自己的理论与学说。在思想政治教育中真正坚持马克思主义，要把握其最重要的理论品质，确立与时俱进的根本观点，注重用马克思主义的最新成果开展教育。五是"历史的、具体的"观点。"历史的、具体的"观点是马克思主义的一个基本观点，列宁曾提出一个著名论断："在分析任何一个问题时，马克思主义理论的绝对要求，就是要把问题提到一定的历史范围之内。"①毛泽东也说："离开中国特点来谈马克思主义，只是抽象的空洞的马克思主义"，提出要"使马克思主义在中国具体化，使之在其每一表现中带着必须有的中国的特性，即是说，按照中国的特点去应用它，成为全党亟待了解并亟需解决的问题"。②江泽民强调："离开本国实际和时代发展来谈马克思主义，没有意义。静止地孤立地研究马克思主义，把马克思主义同它在现实生活中的生动发展割裂开来、对立起来，没有出路。"③思想政治教育也应该坚持"历史的、具体的"观点，把思想问题放到具体的历史环境中去加以考察，在"当代中国"的现实境遇中推进思想政治教育实践发展和学科建设。六是以人为本的观点。"党的思想政治工作，从根本上说就是做人的工作，做群众的工作，涉及人们的思想、观念、意识等领域，也就是人们的精神生活"④，必须坚持马克思主义"以人为本"的观点。思想政治教育中坚持以人为本，就是人们要抱着以人为根本的态度、方式、方法来开展思想政治教育，就是要求思想政治教育任何时候都要从人本身出发，以人为出发点，始终为了人、满足人，最后落脚于人。需要特别说明的是，马克思主义是一个整体，是"一块整钢"，马克思主义的立场、观点、方法相互依存，彼此关联，不能截然分开，很难在完全独立的意义上单独论及，这里所提出的基本观点不是马克思主义观点的全部，而仅仅是出于重点强调和深化认识的需要，是从与马克思主义立场、方法相区分和相补充的意义上提出来的。比如唯物辩证的观点、阶级斗争的观点、群众的观点等都是思想政治教育中应该坚持的非常重要的马克思主义观点，因其在马克思主义立场、方法问题的论述中会涉及，故这里没有加以赘述。

　　坚持什么样的马克思主义方法？马克思主义是世界观，也是方法论，以马克

---

①　《列宁选集》第2卷，人民出版社1995年版，第375页。
②　《毛泽东选集》第2卷，人民出版社1991年版，第534页。
③　《江泽民文选》第2卷，人民出版社2006年版，第12页。
④　《江泽民文选》第3卷，人民出版社2006年版，第76页。

思主义指导思想政治教育,要坚持马克思主义的世界观,还要坚持马克思主义的方法论。马克思主义的根本方法是唯物辩证法,马克思主义对于思想政治教育的方法论意义,最根本的就在于它为思想政治教育提供唯物辩证法的方法论指导。在思想政治教育中坚持马克思主义方法,最根本的是坚持唯物辩证法这个马克思主义的总方法,同时还要坚持群众工作方法、矛盾分析法、阶级分析法等马克思主义的具体方法。对于群众工作方法、矛盾分析法,过去论述很多,为人们所熟知,这里需要特别强调的是对唯物辩证法和阶级分析法的理解。唯物辩证法是马克思主义区别于其他理论学说的根本方面,它是世界观也是方法论,内含着唯物主义和辩证法两个方面的高度统一。从方法论的意义上把握唯物辩证法,唯物主义的方面不难理解,强调一切从客观实际出发,而不是像唯心辩证法那样从理性原则、主观愿望、个人意愿出发分析和解决问题,问题的关键在于如何把握辩证法的方面。辩证法是马克思主义永葆生机与活力的灵魂所在,但在现实生活中,包括在思想政治教育实践中,客观存在着对辩证法理解的简单化倾向,以为凡是坚持一分为二,进行矛盾分析就是坚持辩证法。比如,人们在分析问题的时候总是习惯于从"一方面"、"另一方面"去阐述,在"积极"与"消极"的简单区分中去分析思想、事物的状态,也总是习惯于用"成绩是主要的,主流是好的","不过还存在不少的问题与不足"的模式去总结成绩、查找问题,等等。这种思维方法主导之下形成的报告和结论表面上非常全面,也比较辩证,似乎无懈可击,但这仅仅是形式上的"辩证法",根本没有触及辩证法的灵魂。1859 年恩格斯在评论马克思的《政治经济学批判》时曾针对如何研究经济学的问题有过这样一段论述:"自从黑格尔逝世之后,把一门科学在其固有的内部联系中来阐述的尝试,几乎未曾有过。官方的黑格尔学派从老师的辩证法中只学会搬弄最简单的技巧,拿来到处应用,而且常常笨拙得可笑。对他们来说,黑格尔的全部遗产不过是可以用来套在任何论题上的刻板公式,不过是可以用来在缺乏思想和实证知识的时候及时搪塞一下的语汇语录。"[①]在这里,恩格斯指出,套用"辩证"词句,讲"套话"、"空话",把辩证法变成"可以用来套在任何论题上的刻板公式"的做法不是在真正坚持辩证法,而是违背了辩证法,没有领会到辩证法的精髓。具体问题具体分析,从事物"其固有的内部联系中来阐述"才是辩证法

---

① 《马克思恩格斯选集》第 2 卷,人民出版社 2012 年版,第 10 页。

的根本要求,辩证法真正看重和强调的恰恰是在分析事物时要有具体的思想内容和实证知识,要具体问题具体分析。在思想政治教育中坚持马克思主义的辩证法,最根本的是要坚持具体问题具体分析这个马克思主义活的灵魂,在人们具体的社会存在中分析和把握人们的社会意识,把一切思想问题放到具体的历史条件中去对待和处理,而不在于搬用辩证词语,套用"万能公式"。对于阶级分析法,需要特别强调的是,在当前我国社会主义初级阶段,剥削阶级在国内作为一个阶级尽管已被消灭,但这并不意味着国际上不存在敌对阶级,也不意味着国内不存在敌对分子,更何况长期以来在阶级社会中所形成的文化传统、思想意识还将继续影响社会生活,加之国际上资产阶级的影响,阶级斗争还将在一定范围内长期存在。要认识到"只要阶级斗争还在一定范围内存在,我们就不能丢弃马克思主义的阶级和阶级分析的观点与方法。这种观点与方法始终是我们观察社会主义与各种敌对势力斗争的复杂政治现象的一把钥匙"①。思想理论阵地,阶级斗争客观存在,无产阶级思想不去占领,非无产阶级思想必然去占领;马克思主义不去占领,非马克思主义、反马克思主义必然去占领。对于思想理论战线,我们必须要有强烈的阵地意识和斗争意识,也必须要有正确运用阶级观点和阶级分析方法的自觉。

(三)坚持马克思主义立场、观点和方法应注意的几个问题

在思想政治教育中坚持马克思主义立场、观点和方法,要具体而明确地把握马克思主义立场、观点和方法的具体内容,避免形式化、口号化、标签化的实践倾向;要整体地对待马克思主义,确立整体视野和整体思维,系统而全面地坚持马克思主义的立场、观点和方法,避免单一化、片面化、割裂化的做法;还要解放思想,用马克思主义的革命批判精神对待马克思主义立场、观点和方法,避免教条化、本本化、经验化的做法。

明确具体内容,避免形式化、口号化、标签化的实践倾向。在思想政治教育

---

① 《江泽民文选》第3卷,人民出版社2006年版,第83页。

中坚持马克思主义立场、观点和方法的道理易于为人们所普遍理解和接受,但由于在实践中长期以来少于追问马克思主义立场、观点和方法的具体内容和实践要求,存在把坚持马克思主义立场、观点和方法形式化、口号化、标签化的做法。所谓形式化,就是在思想政治教育中做出坚持马克思主义立场、观点和方法的样子,给人以坚持马克思主义立场、观点和方法的假象,从形式上判断仿佛是在坚持马克思主义的立场、观点和方法。所谓口号化,就是把在思想政治教育中坚持马克思主义的立场、观点和方法仅仅当作一个空洞无物的口号加以对待,在任何需要的时候都高呼这样的口号但不做任何具体的事情,不去弄清楚马克思主义的立场、观点和方法到底意味着什么,也不去思考如何具体地坚持马克思主义的立场观点和方法。所谓标签化,就是把马克思主义立场、观点和方法当作一个可以随意粘贴的标签,并用这个标签去为具体的思想政治教育活动赋值,当思想政治教育需要这样的标签的时候,就直接赋予它以坚持马克思主义立场、观点和方法的内涵,至于其是否真的坚持了这一点则不在考虑之列。形式化、口号化、标签化地对待马克思主义立场、观点和方法的情况不是今天才有的,在马克思主义发展史上,一些假马克思主义者、反马克思主义者往往就运用这些手法迷惑大众,以马克思主义者自居,给人以坚持马克思主义的假象。1890 年 6 月 5 日恩格斯在致保·恩斯特的信中说:"……至于谈到您用唯物主义方法处理问题的尝试,那么,首先我必须说明:如果不把唯物主义方法当作研究历史的指南,而把它当作现成的公式,按照它来剪裁各种历史事实,那它就会转变为自己的对立物。"①同年 8 月 5 日恩格斯在致康·施米特的信中又说:"对德国的许多青年著作家来说,'唯物主义'这个词大体上只是一个套语,他们把这个套语当作标签贴到各种事物上去,再不作进一步的研究,就是说,他们一把这个标签贴上去,就以为问题已经解决了。但是我们的历史观首先是进行研究工作的指南,并不是按照黑格尔学派的方式构造体系的杠杆。"②在这些信件中,恩格斯批评了简单对待他们的唯物主义的一些做法,强调坚持他们所主张的唯物主义,必须重新研究全部历史,必须详细研究各种社会形态存在的条件,然后设法从这些条件中得出观点和结论。实际上,恩格斯这里所批评的就是对待马克思主义唯物主义观

---

① 《马克思恩格斯选集》第 4 卷,人民出版社 2012 年版,第 595 页。
② 《马克思恩格斯选集》第 4 卷,人民出版社 2012 年版,第 599 页。

点的形式化、标签化的一些做法。1917 年列宁在《给同志们的信》一文中也曾深刻地讲过:"马克思主义是非常深刻的和多方面的学说。因此,在那些背弃马克思主义的人提出的'理由'中,随时可以看到引自马克思著作的只言片语(特别是引证得不对头的时候),这是不足为奇怪的。"①近些年来国内的一些民主社会主义者、新自由主义者、历史虚无主义者,在撰文表达自己非马克思主义观点时,往往也随处可以看到对马克思主义经典作家文献的引用与摘录,做出一副忠实于马克思主义的假象。事实上,把马克思主义的立场、观点和方法作为一个标签加以粘贴,或者是作为一个公式加以套用,是不可能真正坚持马克思主义立场观点和方法的,与在详细占有客观事实材料的基础上运用马克思主义的立场、观点和方法去分析和解决问题有质的区别。

坚持整体视野,避免单一化、片面化、割裂化的实践做法。马克思主义是一个整体,用列宁的话说是"一块整钢",学习马克思主义、实践马克思主义、坚持马克思主义要有整体视野和整体思维。基于整体视野和整体思维在思想政治教育中坚持马克思主义立场观点和方法,尤其要注意以下几个方面的要求。一是要整体性地对待马克思主义,避免对马克思主义的割裂和肢解。马克思主义是一个严密的理论整体,马克思主义的立场、观点和方法体现在马克思主义的理论整体之中。正如列宁所说,马克思主义"它完备而严密,它给人们提供了决不同任何迷信、任何反动势力、任何为资产阶级压迫所作的辩护相妥协的完整的世界观"②。"马克思主义的全部精神,它的整个体系,要求人们对每一个原理只是(α)历史地,(β)只是同其他原理联系起来,(λ)只是同具体的历史经验联系起来加以考察。"③把握马克思主义,既要把握马克思主义的具体观点,也要把握马克思主义的根本立场与方法,既要把握马克思主义理论的具体内容,更要把握马克思主义的理论整体。现实中一些人在思想政治理论课教学中进行选择性的教学,忽略马克思主义哲学、政治经济学、科学社会主义的整体性,在党的意识形态建设中片面强调马克思主义中国化最新理论成果,无视马克思主义中国化理论成果与马克思主义之间一脉相承而又与时俱进的内在关联,等等,都有违马克思主义的整体性精神。二是要在学科、实践、事业的整体视野中坚持马克思主义的

① 《列宁全集》第 32 卷,人民出版社 1985 年版,第 407 页。
② 《列宁选集》第 2 卷,人民出版社 1995 年版,第 309 页。
③ 《列宁全集》第 47 卷,人民出版社 1990 年版,第 464 页。

立场、观点和方法。思想政治教育是学科、实践、事业"三位一体"的整体存在，在思想政治教育中坚持马克思主义立场、观点和方法必然要求要把马克思主义的立场、观点和方法体现在学科建设、实践开展、事业发展的方方面面，任何一个方面也不能有所偏废。在学科建设中坚持马克思主义立场、观点和方法，其中最为关键的在于把握思想政治教育的马克思主义学科属性，在马克思主义整体性学理视野中推进学科建设。在思想政治教育具体实践中坚持马克思主义立场、观点和方法，关键是要在任何时候都要坚持辩证唯物主义和历史唯物主义，要坚持马克思主义具体问题具体分析的活的灵魂。在党的事业发展中坚持马克思主义立场、观点和方法，根本在于要坚定不移地捍卫马克思主义在我国社会主义意识形态中的指导地位，坚持指导思想的一元化。实际上，在思想政治教育的学科建设、实践开展和事业发展中坚持马克思主义立场、观点和方法，本质上具有一致性，都在于以马克思主义为指导，坚持马克思主义的世界观和方法论。然而在现实中，人们缺乏在学科、实践、事业的整体视野中坚持马克思主义立场、观点和方法的理论自觉和行动自觉，往往存在顾此失彼的情况。三是要注意马克思主义立场、观点和方法的整体统一性。在本质上讲，马克思主义立场、观点和方法是不能截然分开的，三者密不可分，人们在以马克思主义的态度对待事物、把握事物的时候，必然有个立场、观点和方法的问题。立场是起点，方法是中介，观点是具体结论与内容。马克思主义的观点总是基于马克思主义的立场，运用马克思主义的方法分析事物、把握对象所得出的观点。马克思主义立场也只有和坚持马克思主义观点、运用马克思主义方法相结合起来才有意义。同理，马克思主义方法的运用离开马克思主义立场和观点的坚守，便不成其为马克思主义方法，而成为一般方法。片面地坚持马克思主义立场、观点和方法的任何一个方面，都不是真正坚持马克思主义，也不可能真正做到坚持马克思主义。

坚持解放思想，避免教条化、本本化、经验化的错误取向。马克思主义具有与时俱进的理论品格，在思想政治教育中坚持马克思主义立场、观点和方法，还有个方法论的问题，要求按照马克思主义的态度去坚持，要把握贯穿马克思主义立场、观点和方法中的马克思主义精髓与活的灵魂，千万不可教条主义地对待马克思主义立场、观点和方法。对于这一点，江泽民曾指出："一是必须坚持马克思主义的立场、观点、方法，坚持马克思主义基本原理。这一点，要坚定不移，不能含糊。二是一定要贯彻解放思想、实事求是的思想路线，坚持勇于追求真理和探索真理的革命精神。这一点,也要坚定不移,不能含糊。"①能否做到两个"坚定不移"、两个"不能含糊",是检验我们是不是真正的马克思主义者的试金石,也是在思想政治教育中能否真正坚持马克思主义立场、观点和方法的基本要求。这就是说,在思想政治教育中坚持马克思主义立场、观点和方法,一要认识到马克思主义立场、观点和方法不是一成不变的,而是不断发展的。马克思主义不断发展和创新,在思想政治教育中坚持马克思主义立场、观点和方法,要求运用马克思主义基本原理不断去分析和解决思想政治教育的实际问题,提出新思想、新观点、新方法,赋予马克思主义以新的时代内涵和时代内容。邓小平曾强调:"不以新的思想、观点去继承、发展马克思主义,不是真正的马克思主义者。"②要充分认识到,坚持马克思主义立场、观点和方法,在不同的时代条件、不同的实践境遇中有不同的具体要求和时代内涵,不能以形而上学的态度对待,更不能僵化固守或凭经验对待,而是要像马克思和恩格斯所说的那样"随时随地都要以当时的历史条件为转移"③。二要坚持解放思想、实事求是、与时俱进、求真务实的思维方法论。"马克思主义是深深植根于实践并在实践中不断发展的科学。"④"马克思主义是最讲科学精神、创新精神的。坚持马克思主义,最重要的就是要坚持马克思主义的科学原理和科学精神、创新精神。"⑤在思想政治教育中坚持马克思主义的立场、观点和方法,要解放思想,实事求是,与时俱进,坚持马克思主义的科学精神和创新精神,始终做到"自觉地把思想认识从那些不合时宜的观念、做法和体制中解放出来,从对马克思主义的错误的和教条式的理解中解放出来,从主观主义和形而上学的桎梏中解放出来"⑥,使思想和行动更符合客观实际。三要把坚持马克思主义与发展、创新马克思主义有机统一起来。在思想政治教育中坚持马克思主义立场、观点和方法,本质上就是要坚持马克思主义的真精神,在实践中坚持,在坚持中发展,在发展中创新。坚持、发展、创新之间辩证统一,没有坚持,不能实现创新与发展;没有发展创新,坚持便会成为僵化保守、固守教条。只有把坚持与发展创新统一起来,才能真正坚持马克思主义。这

---

① 《江泽民文选》第3卷,人民出版社2006年版,第335页。
② 《邓小平文选》第3卷,人民出版社1993年版,第292页。
③ 《马克思恩格斯选集》第1卷,人民出版社2012年版,第376页。
④ 《江泽民文选》第1卷,人民出版社2006年版,第246页。
⑤ 《江泽民文选》第3卷,人民出版社2006年版,第37页。
⑥ 《江泽民文选》第3卷,人民出版社2006年版,第284页。

即是说,在思想政治教育中坚持马克思主义立场、观点和方法,既要运用马克思主义来分析和解决现实问题,但又不能苛求马克思主义成为灵丹妙药,包医百病,对什么问题都能给出现成的答案。马克思主义任何时候给予的只能是研究和解决问题的出发点和方法论,而并不给出解决问题的答案本身。

（本部分依据《在思想政治教育中坚持马克思主义的立场观点和方法》改写而成,原文刊于《思想理论教育》2014 年第 2 期,作者:白显良）

四、克服对待马克思主义的错误倾向

习近平总书记在哲学社会科学工作座谈会上的讲话中提出,坚持以马克思主义为指导,是当代中国哲学社会科学区别于其他哲学社会科学的根本标志,必须旗帜鲜明加以坚持。如何坚持以马克思主义为指导,既要"解决好真懂真信的问题",也要"解决好为什么人的问题",还要"坚持问题导向","落实到怎么用上来"。要做到这几个方面,有一个前提性的问题特别重要,那就是要以科学的态度对待马克思主义。以什么样的态度对待马克思主义,既涉及能否真懂真信马克思主义,也涉及为什么目的去学习研究和应用马克思主义,更关系到怎么用马克思主义和能否真正坚持以马克思主义为指导这个根本问题。习近平总书记在讲话中特别强调要以科学的态度对待马克思主义,克服对待马克思主义的一些错误倾向。领会习近平总书记讲话精神,联系历史与现实实际,笔者以为在高校思想政治理论课教学中坚持以马克思主义为指导,要特别注重克服教条主义、实用主义、形式主义、主观主义等几种错误倾向。

(一)克服以教条主义的态度对待
马克思主义的错误倾向

以教条主义的态度对待马克思主义,就是把马克思主义本身当教条对待,拘泥于马克思主义经典作家在特定条件下的具体论述,固守马克思主义的个别论断,把马克思主义当作解决一切问题的"灵丹妙药"。这种对待马克思主义的态度,要害与实质是没有处理好马克思主义基本原理和经典作家具体论述论断之间的关系,背离了马克思主义理论联系实际的基本原则。以这种态度对待马克思主义,有违马克思主义与时俱进的理论品质,必然窒息马克思主义的生机与活力。

以教条主义的态度对待马克思主义,不是今天才有的,在国际共产主义运动史上一直存在着以教条主义态度对待马克思主义的问题,马克思、恩格斯在世的时候就曾反复告诫人们,他们的学说不是教条,而是行动的指南。党的历史上,同样也不乏对待马克思主义的教条主义做法,对党和国家的革命事业造成了重大损失。对此,毛泽东曾多次予以批评,1930 年他曾写了一篇题为《反对本本主义》的文章,专门批判教条主义,提出了"没有调查,没有发言权"的著名论断,倡导开展调查研究,从实际出发去研究和解决问题,反对教条、本本地对待马克思主义。后来立足总结革命经验教训,适应中国革命发展的需要,毛泽东又旗帜鲜明地提出了"马克思主义中国化"的命题,强调要立足中国特点来谈马克思主义,而不能脱离中国实际抽象空洞地谈马克思主义。马克思主义中国化,本质上就是"使马克思主义在中国具体化,使之在其每一表现中带着必须有的中国的特性,即是说,按照中国的特点去应用它";强调"洋八股必须废止,空洞抽象的调头必须少唱,教条主义必须休息,而代之以新鲜活泼的、为中国老百姓喜闻乐见的中国作风和中国气派"。① 换言之,就是要结合中国实际来谈马克思主义,不能把马克思主义当教条对待。1956 年 8 月 24 日在同音乐工作者的谈话中,毛泽东还专门提到教条主义在历史上的危害,旗帜鲜明地提出要反对教条主义。他指出,奉行教条主义,"在政治上我们是吃过亏的。什么都学习俄国,当成教条,结果是大失败,把白区搞掉几乎百分之百,根据地和红军搞掉百分之九十,使革命的胜利推迟了好些年。这就是因为不从实际出发,从教条出发的原故。教条主义者没有把马克思列宁主义的基本原理同中国革命实际相结合"②。邓小平也坚决反对教条主义,他曾对教条主义作出过一句话的概括:"什么叫教条主义呢? 教条主义就是脱离自己的现实"③,精辟地道出了教条主义的实质。

以教条主义的态度对待马克思主义,在今天仍然存在,仍有必要引起高度重视。比如,今天总有一些人遇到具体问题,不是开动脑筋立足实际去寻求问题解决的答案,而是希望在马克思主义经典著作中去寻求答案,希望马克思主义能够为今天人们所遇到的全部问题提供现成答案,把马克思主义者当作算命先生对

---

① 《毛泽东选集》第 2 卷,人民出版社 1991 年版,第 534 页。

② 《毛泽东文集》第 7 卷,人民出版社 1999 年版,第 79 页。

③ 《邓小平文选》第 1 卷,人民出版社 1994 年版,第 267 页。

待。又比如,在推进中国特色社会主义事业发展的历史进程中,一些人不是立足中国特色社会主义事业前无古人的开创性及中国处于并将长期处于社会主义初级阶段的复杂性去思考问题,而总是固守马克思主义经典作家在一两百年前关于社会主义的原则构想和具体设想,在什么是社会主义、怎样建设社会主义的问题上解放不了思想,以至于僵化保守、故步自封。习近平总书记讲,对待马克思主义不能采取教条主义的态度,指出:"如果不顾历史条件和现实情况变化,拘泥于马克思主义经典作家在特定历史条件下、针对具体情况做出的某些个别论断和具体行动纲领,我们就会因为思想脱离实际而不能顺利前进,甚至发生失误。什么都用马克思主义经典作家的语录来说话,马克思主义经典作家没有说过的就不能说,这不是马克思主义的态度。"①这就是说,如果用教条主义的态度对待马克思主义,思想就会脱离实际,理论就会僵化,也就无所谓创新,更无所谓发展。对待马克思主义的具体论述论断,科学的做法应该是透过具体论述把握其贯穿始终的基本原理,领会其世界观和方法论并具体灵活地加以运用,而不是固守教条。毛泽东曾深刻指出:"只会片面地引用马克思、恩格斯、列宁、斯大林的个别词句,而不会运用他们的立场、观点和方法,来具体地研究中国的现状和中国的历史,具体地分析中国革命问题和解决中国革命问题。这种对待马克思列宁主义的态度是非常有害的。"②当然,我们并不反对学习、引用马克思主义经典作家的具体论述和个别论断,而是强调要正确地予以运用,要坚持理论联系实际,把马克思主义的基本原理和具体实际相结合。简言之,"马克思主义的'本本'是要学习的,但是必须同我国的实际情况相结合。我们需要'本本',但是一定要纠正脱离实际情况的本本主义"③。

(二)克服以实用主义的态度对待
马克思主义的错误倾向

马克思主义是科学的世界观和方法论,对实践工作具有普遍的指导意义,运

---

① 习近平:《在哲学社会科学工作座谈会上的讲话》,人民出版社 2016 年版,第 13 页。
② 《毛泽东选集》第 3 卷,人民出版社 1991 年版,第 797 页。
③ 《毛泽东选集》第 1 卷,人民出版社 1991 年版,第 111 页。

用马克思主义的立场、观点和方法去分析和解决问题,就能得出正确的结论。在一定意义上,马克思主义对于实践来讲,具有"实用性"。但这只意味着马克思主义对于实践的指导意义,并不意味着可以用实用主义的态度对待马克思主义。所谓实用主义的态度,就是依据一定的实际需要"剪裁"、"搬用"、"评价"马克思主义,让马克思主义为我所取、合己所需。实用主义者,总是把是否能满足自己的需要作为自己如何对待马克思主义的出发点和根本标尺,至于自己所实践和坚持的是否是真正的马克思主义,则是另外一个问题。以实用主义的态度对待马克思主义,问题的实质是混淆了"应用"与"实用"的区别,用"实用"替代了"应用"。"应用"与"实用",尽管都要"用",但具体如何用则是截然不同的。毛泽东说过:"对于马克思主义的理论,要能够精通它、应用它,精通的目的全在于应用。"①一个人运用马克思主义的立场、观点和方法能说明问题,说明的东西越多、越普遍、越深刻,那就说明他对马克思主义掌握得越到位。正是在这样的意义上,毛泽东曾经指出:"要把马克思主义当作工具看待,没有什么神秘,因为它合用,别的工具不合用。"②应用理论,把理论与实际相结合,必然会带来实用价值,体现出理论的实用性,但不能颠倒过来,用"实用"去决定"应用",因为"实用"总是具体的,而"应用"则是普遍的。

以实用主义的态度对待马克思主义,实质上是用有限的现实去框定和限制理论的普遍应用、用局部的不实用否定理论的普遍适用性。在实用主义者眼里,马克思主义不是一个整体,不是科学的世界观和方法论,不是蕴含着科学的立场、观点和方法的"理论整钢",而是由一些具体的理论要件和论述论断所构成的。要知道,马克思主义作为科学体系是严整的,同时也具有多个层次。各个层次依据其反映范围的广度和具有的实践意义的不同,大体上可以分为基本原理和个别论断两类。基本原理的应用不是一成不变的,而是要随着具体条件的变化而变化,而个别论断的应用则具有特定的条件性,条件变化了,个别论断就会体现出"过时性"和"不适用性"。实用主义者往往为局部需要所支配,关注的更多是具体论断而不是基本原理,并且把基本原理和基本原理的应用相混淆,从而对马克思主义作出错误的价值评判。习近平总书记在哲学社会科学工作座谈会

---

① 《毛泽东选集》第 3 卷,人民出版社 1991 年版,第 815 页。
② 《毛泽东文集》第 8 卷,人民出版社 1999 年版,第 264 页。

上的讲话中提到有人说马克思主义政治经济学过时了,《资本论》过时了,无疑这些说法都是以实用主义评判看待马克思主义得出的武断结论。根据一己需要,基于局部实践、片面实际得出马克思主义过时,否定马克思主义的价值,这不是对待马克思主义的科学态度,同理,"根据需要找一大堆语录,什么事都说成马克思、恩格斯当年说过了,生硬'剪裁'活生生的实践发展和创新,这也不是马克思主义的态度"[1]。本质上,这些都是实用主义的态度,应该努力予以克服。

马克思主义作为科学的世界观和方法论,具有鲜明的实践品格,它既源于实践,也指导实践,在实践中得到检验和发展,不仅致力于科学"解释世界",而且致力于积极"改变世界"。理论联系实际,在实践中检验和发展真理,是马克思主义倡导的优良学风,本身就蕴含着对待马克思主义的科学态度。以马克思主义为指导,关键就是要结合实际运用马克思主义的基本原理,努力解决实际中存在的问题,用发展的观点对待马克思主义,在坚持中发展,在发展中坚持,让马克思主义符合实践之用。我们之所以学习马克思主义,坚持马克思主义,一个重要方面也在于马克思主义可以指导实践,可以在实践中得到应用,具有实践应用价值。能否为实践应用,是判断一个理论学说价值的重要依据。要知道,"任何思想,如果不和客观的实际的事物相联系,如果没有客观存在的需要,如果不为人民群众所掌握,即使是最好的东西……也是不起作用的"[2]。注重理论的实践应用性,强调马克思主义对于实践的意义和价值,但这并不意味着可以用实用主义的态度对待马克思主义。

(三)克服以形式主义的态度对待
马克思主义的错误倾向

马克思主义是科学,科学的东西来不得半点的马虎和含糊,必须以实事求是的态度对待,不能用形式主义的态度对待。所谓形式主义地对待马克思主义,本质上就是不在把马克思主义基本原理和具体实际相结合的"结合"、理论联系实

---

① 习近平:《在哲学社会科学工作座谈会上的讲话》,人民出版社 2016 年版,第 14 页。
② 《毛泽东选集》第 4 卷,人民出版社 1991 年版,第 1515 页。

际的"联系"上下功夫,而是抓住一些坚持马克思主义的非本质、非关键的方面,作一些表面文章,重形式轻内容。毛泽东当年写作《反对党八股》就是反对文风上的形式主义,倡导马克思主义的良好文风。形式主义的危害就在于它以形式遮蔽了内容,影响到人们把握马克思主义的精神实质。

对待马克思主义的形式主义态度有多种表现,归纳起来大致有以下几种情况。一是把马克思主义"符号化""标签化""口号化",即把坚持马克思主义,以马克思主义为指导作为"符号""标签""口号"来对待,不在深入把握马克思主义的科学内涵、基本原理和理论体系上下功夫。在这种情况下,坚持马克思主义只具有形式内涵,缺乏实质意义。二是对马克思主义的理解浅尝辄止、蜻蜓点水,表现为对马克思主义理解不深、理解不透、一知半解,在运用马克思主义立场、观点、方法上功力不足,办法不多,从而对马克思主义的坚持流于表面,止于现象,不能把握住马克思主义的精髓和灵魂。三是搬用马克思主义的论述论断装点门面,把马克思主义当作"装饰品"、"挡箭牌"对待。一些人把搬用马克思主义的个别论断、陈列马克思主义的经典文献、言必称坚持以马克思主义为指导等作为其坚持马克思主义的重要标志和根本标准。无疑,坚持以马克思主义为指导,与话语中是否有马克思主义经典作家的具体论述、书柜中是否有马克思主义经典文本、是否明确声称自己坚持以马克思主义为指导并无本质关联,有这些表征也并不意味着就一定是坚持马克思主义。现实中一些反马克思主义、非马克思主义者往往惯用这种手段和伎俩,做出一副忠实于马克思主义的样子迷惑大众,需高度警惕。

坚持马克思主义,最重要的还是要坚持理论联系实际,用马克思主义分析和解决重大社会现实问题,离开这个根本的方面我们就会被一些形式的东西所迷惑,就会上当。在革命战争年代,毛泽东强调:"必须将马克思主义的普遍真理和中国革命的具体实践完全地恰当地统一起来,就是说,和民族的特点相结合,经过一定的民族形式,才有用处,决不能主观公式地应用它。公式的马克思主义者,只是对于马克思主义和中国革命开玩笑,在中国革命队伍中是没有他们的位置的。"[①]在社会主义建设时期,邓小平曾对形式主义提出批评,强调会议不要太多,讲话不要太长,不要老是重复讲,要精简地讲管用的话。在对待马克思主义

---

① 《邓小平文选》第2卷,人民出版社1991年版,第707页。

的问题上,多次讲马克思主义并不玄奥,是很朴实的东西,很朴实的道理,倡导"学马列要精,要管用的"①。提出学习马克思主义贵在把握精神实质,而不在于是否读了马克思主义的大部头,指出:"长篇的东西是少数搞专业的人读的,群众怎么读? 要求都读大本子,那是形式主义,办不到。"②这实质上就是反对以形式主义的态度对待马克思主义。习近平总书记在哲学社会科学工作座谈会上指出,在实际工作中,在有的领域中马克思主义被边缘化、空泛化、标签化,在一些学科中"失语"、教材中"失踪"、论坛上"失声"。出现这些情况,并不是说在这些场合没有了马克思主义的字样,而在于用一些形式主义的东西替代了马克思主义的实质内容,这是十分危险和有害的,必须加以明确反对。

(四)克服以主观主义的态度对待 马克思主义的错误倾向

主观是相对于客观而言的,主观主义的态度是和实事求是的态度相对立的。在延安整风时期,毛泽东曾写作了《改造我们的学习》,对以主观主义的态度对待马克思主义的做法提出了批评。主观主义的态度,从根本上是和马克思主义的科学态度直接相对立的,无助于科学把握马克思主义,也无助于在实践中以马克思主义为指导,做到坚持和发展马克思主义。

何为主观主义的态度,毛泽东在《改造我们的学习》中作了精辟的概括和归纳,指出:"在这种态度下,就是对周围环境不作系统的周密的研究,单凭主观热情去工作,对于中国今天的面目若明若暗。在这种态度下,就是割断历史,只懂得希腊,不懂得中国,对于中国昨天和前天的面目漆黑一团。在这种态度下,就是抽象地无目的地去研究马克思列宁主义的理论。不是为了要解决中国革命的理论问题、策略问题而到马克思、恩格斯、列宁、斯大林那里去找立场,找观点,找方法,而是为了单纯地学理论而去学理论。不是有的放矢,而是无的放矢。"③可见,简单地说,主观主义的态度就是从主观出发,而不是从客观出发,是用主观替

---

① 《邓小平文选》第 3 卷,人民出版社 1993 年版,第 382 页。
② 《邓小平文选》第 3 卷,人民出版社 1993 年版,第 382 页。
③ 《毛泽东选集》第 3 卷,人民出版社 1991 年版,第 799 页。

代客观,而不是用主观去反映客观,为主观所支配和左右,对客观了解不够,根本上讲就是主观脱离客观、理论脱离实际。毛泽东曾为主观主义者画像,说他们是"墙上芦苇,头重脚轻根底浅;山间竹笋,嘴尖皮厚腹中空"。无疑,以主观主义的态度对待马克思主义的错误倾向,必然不会像马克思所倡导的那样详细地占有材料,从材料中得出结论、引出规律。正如毛泽东所指出:"马克思、恩格斯、列宁、斯大林教导我们认真地研究情况,从客观的真实的情况出发,而不是从主观的愿望出发;我们的许多同志却直接违反这一真理。"①正是立足于反对主观主义,毛泽东对马克思主义实事求是的精髓下过一个经典的定义,倡导实事求是的学风。

今天提出注意克服以主观主义的态度对待马克思主义的错误倾向,仍然有重大的现实意义和鲜明的实践针对性。现实中,"有的人马克思主义经典著作没读几本,一知半解就哇啦哇啦发表意见,这是一种不负责任的态度,也有悖于科学精神"②。也有一些人疏于马克思主义经典著作的学习,对马克思主义的学习和掌握望文生义、主观臆断,甚或妄加附议、自以为是;对现实实践和社会生活缺乏调查研究,一些情况的掌握含有主观推断和想当然猜测的成分,用主观替代客观,等等。这些情况的存在,对于科学把握马克思主义无疑是一个制约和挑战。克服以主观主义的态度对待马克思主义,就是倡导要"不凭主观想象,不凭一时的热情,不凭死的书本,而凭客观存在的实际,详细地占有材料,在马克思列宁主义一般原理的指导下,从这些材料中引出正确的结论"③。唯有如此,所得出的结论和作出的判断,才不是主观的臆断和想象,才符合客观实际,才有助于推动实践发展。

(本部分依据《克服对待马克思主义的几种错误倾向》改写而成,原文刊于《思想理论教育导刊》2016年6期,作者:白显良)

---

① 《毛泽东选集》第3卷,人民出版社1991年版,第797页。
② 习近平:《在哲学社会科学工作座谈会上的讲话》,人民出版社2016年版,第12页。
③ 《毛泽东选集》第3卷,人民出版社1991年版,第801页。

五、努力提升教学亲和力

2016 年 12 月 7 日习近平总书记在全国高校思想政治工作会议上指出,做好高校思想政治工作,"要用好课堂教学这个主渠道,思想政治理论课要坚持在改进中加强,提升思想政治教育亲和力和针对性,满足学生成长发展需求和期待,其他各门课都要守好一段渠、种好责任田,使各类课程与思想政治理论课同向同行,形成协同效应"①,提出了提升高校思想政治理论课教学亲和力的问题。在思想政治理论课教学中,教师教学的亲和何以成为一种力,教学的亲和力何以生成,这是提升思想政治理论课教学亲和力必须首先回答的问题。笔者以为,思想政治理论课教学要富有亲和力,需要以对教学内容的透彻把握为前提,以对教学针对性的增强为关键,以教学话语表达接地气为基础,以教学中教师的真情投入、言行一致为保障,这几个方面蕴含着教学亲和力生成的内在逻辑。从某种意义上讲,思想政治理论课教学亲和力,内蕴着教学的理论魅力、实践魅力、话语魅力和人格魅力,是几者的辩证统一。

(一)透彻把握教学内容是提升教学亲和力的前提

高校思想政治理论课是大学生思想政治教育的主渠道,本质上是对大学生进行马克思主义理论教育,用马克思主义的科学理论武装大学生,引领大学生人生发展的正确方向,让大学生明白人生、社会发展的大道和大智,以努力成为中国特色社会主义事业的合格建设者和可靠接班人。在高校思想政治理论课教学

---

① 《习近平谈治国理政》第 2 卷,外文出版社 2017 年版,第 378 页。

中,教师与学生的交往与大学生一般的日常生活交往不一样,是以课堂为载体、以教学为中介、以理论为内容的精神交往。教师在思想政治理论课堂中的教学要具有亲和性,生成亲和力,不是单靠教师态度取向上的谦恭亲和就能实现的,最根本的是离不开对理论的透彻把握、精彩演绎。思想政治理论课教学亲和力蕴含着理论魅力,探讨思想政治理论课教学亲和力,其中一个方面就是要回答什么样的教学富有理论魅力。

高校思想政治理论课教学以马克思主义理论教育为主体,与马克思主义理论的这种紧密关联,内在规定着思想政治理论课教学必须要把马克思主义理论教育放在首位、置于核心,努力追求课堂教学的理论魅力,用理论的彻底性、透彻性、科学性去征服学生、赢得学生,让学生产生亲和感,使教学富有亲和力。思想政治理论课离开对理论魅力的追求所产生的"亲和"在某种程度上不是真正的"亲和",顶多只能算是"迎合"。在思想政治理论课教学中,以"迎合"替代"亲和"的现象客观存在。如有一些教师为迎合学生的心理与兴趣,增加自己课堂教学的吸引力与轰动性,轻描淡写讲马克思主义的基本原理、核心要义、精神实质、当代发展,浓墨重彩谈非马克思主义及与马克思主义关系不大的逸闻趣事、生活琐事、历史掌故、花边新闻,用与马克思主义核心要义关系不大的一些内容充斥课堂,使教学游离、偏离、远离课程内容体系①,从而使思想政治理论课教学对马克思主义理论的讲授跑马观花、蜻蜓点水、浅尝辄止,有意无意淡化马克思主义理论教学的分量。这样的思想政治理论课教学就算是受学生欢迎,为学生所欢呼、点赞和认可,也算不上是真正有亲和力的教学。这无非是以学生感兴趣的东西简单迎合了学生的需要,并且这种迎合是暂时而短暂的,对学生的影响是肤浅而表面的。

富有亲和力的思想政治理论课教学一定蕴涵着理论的魅力,闪耀着真理的光芒,务必追求理论的彻底。马克思曾经指出:"……理论只要彻底,就能说服人[adhominem]。所谓彻底,就是抓住事物的根本。"②不彻底的理论是没有说服力,不能征服人的,也不可能让人产生亲和感。作为思想政治理论课教师,只有对所讲授的理论有透彻的把握,才可能在教学中做到深入浅出、贴近实践、贴

① 白显良:《高校思想政治理论课教学坚持马克思主义的原则要求》,《思想理论教育导刊》2013年第5期。

② 《马克思恩格斯文集》第1卷,人民出版社2009年版,第11页。

近实际,才能在解答学生的思想困惑中游刃有余,才可能运用马克思主义的基本原理及蕴含其中的立场和观点对现实问题作精到的分析、管用的解答。否则,就会让马克思主义理论晦涩难懂、深奥玄虚,或者是高高在上,成为远在天边的理论,给人以不食人间烟火之感,就不能让大学生产生理论的亲近感、教学的亲和力。古人讲,一个人只有亲其师才能信其道,其实在思想政治理论课教学中,这句话也可以反过来讲,学生只有在教学中逐步明白了教师所讲的道理,听懂了教师所讲的理论,感受到了教师理论讲授的魅力,接受其所传授之"道",信其道才会亲其师,才能对老师及其教学从内心里予以认可,才可能形成对教学的亲和,教学也才有亲和力。离开对理论的透彻把握和精透讲解,思想政治理论课教学中的亲和难以成为一种力,不能解疑释惑,难以入脑入心。从这个意义上讲,思想政治理论课教师对教学内容作精透的把握,是让马克思主义理论教育由天上降到人间、由天边回到身边,生成思想政治理论课教学亲和力的根本前提。

(二)增强教学针对性是提升教学亲和力的关键

高校思想政治理论课教学是对大学生开展思想政治教育,要想教学富有实效,必须要在教学中坚持三贴近,即贴近大学生、贴近实际、贴近实践,增强教学针对性。增强教学针对性,不仅对提升教学实效至关重要,而且是让大学生对教学产生亲和感,提升教学亲和力的一个关键方面。道理很简单,如果教学没有针对性,大学生感受不到教学与他所关心关注的问题之间的关系,感受不到与他所困惑不解的问题之间的关系,他便不会主动走近教学,也不会全身心参与教学,更不会亲近教学、认可教学。

在思想政治理论课教学中,缺乏针对性的现象普遍存在。比如,在教学中一些教师自说自话,缺乏对社会现实问题的关注,在台上讲得口干舌燥,学生在台下听得心烦意躁,一些学生把这种教学称之为是教师在讲台上"自导自演"、学生在下面"自娱自乐";也有一些教师照本宣科,不面对学生的思想实际,不去了解学生关心什么、困惑什么,不去调查学生希望从课堂上学到什么样的内容,从而简单化地搬用教材本本的内容无的放矢地开展教学;也有一些老师,学生想听的他不会讲或讲不好,他所讲的学生认为不能解决问题而不愿听、不想听,不去针对学生的求知需要去准备教学,等等。这些现象的存在,归根结底都是教学缺乏针对性的表现。要知道,思想政治理论课教学要让大学生接受马克思主义、信服马克思主义,进而信仰马克思主义,一个重要的方面就是要让马克思主义能够和大学生的实际、实践联系起来,解决理论联系实际的问题,跨越理论与实践之间的鸿沟,让大学生能感受到马克思主义是"管用的",是有价值的,对实践有指导意义。毛泽东曾经指出:"任何思想,如果不和客观的实际的事物相联系,如果没有客观存在的需要,如果不为人民群众所掌握,即使是最好的东西,即使是马克思列宁主义,也是不起作用的。"①"马克思主义看重理论,正是,也仅仅是,因为它能够指导行动。如果有了正确的理论,只是把它空谈一阵,束之高阁,并不实行,那末,这种理论再好也是没有意义的。"②无疑,高校思想政治理论课教学讲授马克思主义,不能满足于对马克思主义进行一阵空谈,更不能讲过学过之后束之高阁,而是要联系实践有针对性地解决现实问题。要深刻地懂得,离开对现实问题的关注与回答,"把马克思主义变成了一成不变和干巴巴的教条,变成了简单的说教,脱离了群众活生生的实践,那就不会有说服力,也就会丧失生命力"③。这样的思想政治理论课教学是不能赢得大学生的,不可能为大学生所喜欢和认可,更不可能有亲和力。要想大学生去亲和思想政治理论课教学,首先要求思想政治理论课教学本身有吸引力、亲和力。

思想政治理论课教学如何通过增强针对性来提升亲和力呢?笔者以为,这样几个方面最为重要。一是教师要走近学生、了解学生、关心学生,变教育"漫灌"为"滴灌"。思想政治理论课教师要多到学生中去开展调查研究,主动去接触学生,了解学生所思所想,明了学生的兴趣需求和困惑迷茫,增强教学的问题导向、现实指向和个体差异性。一名思想政治理论课教师如果不愿意走近大学生,不了解大学生的心理状态,与大学生保持着一定的距离生硬地开展教育,老是板着面孔说教,或者千人一面、千篇一律,用一个课件、一个教案包打天下,这样的教学脱离对象,缺乏针对性,是谈不上半点亲和感的,他所开展的教学必然是没有亲和力的。只有教师本身可亲可敬,愿意走近学生,坚持从学生中来、到

---

① 《毛泽东选集》第4卷,人民出版社1991年版,第1515页。
② 《毛泽东选集》第1卷,人民出版社1991年版,第292页。
③ 《江泽民文选》第3卷,人民出版社2006年版,第87页。

学生中去,关心学生的思想困惑、现实需求,知道学生的心理变化、兴趣爱好,了解学生的个体差异、群体差异,他才可能在教学授课中具体问题具体分析,有针对性、差异性地开展教学,才能变普遍性无差异的"漫灌"为具体有针对性的"滴灌",这样他所开展的教学才能润物无声、教化无痕,他所开展的教学才可能是有亲和力的。教师的亲和力,可以赢得学生的尊重和信任,可以获得学生的宽容和理解,可以赋予教学以亲和力。二是教师要走进实践,关乎现实,关怀时代,让教学由"天边"回到"身边"。思想政治理论课教师决不能闭守书斋、坐而论道,教学决不能远离生活、脱离实际,而是要联系所讲授的课程去感知现实生活和现实实践的发展,把握所讲授的理论在现实实践中的应用情况;也要把握所讲授的理论在社会生活中遭遇的诘难和挑战,从而增强教学的问题意识、实践视野、时代情怀;要坚持潜心问道与关注社会相统一,用所讲授的马克思主义理论去解释、引领、指导现实实践,同时用现实实践去注解、丰富和发展马克思主义,实现马克思主义与现实实践之间的息息相通,增强教学中理论的解释力和说服力。三是教师要关怀现实,关注前沿,把握动态,让教学由"不变"趋向"常新"。思想政治理论课教师必须增进教学的前沿性、敏锐性,用马克思主义中国化的最新理论成果去教育学生,引领学生在把握动态前沿中学习理论,学会坚守马克思主义最根本的价值立场和最宝贵的理论品质,运用马克思主义的唯物辩证法去解释现实,增进对最新问题、前沿问题的解释力,让思想政治理论课常教常新、与时俱进。只有做到这几个方面,思想政治理论课教师才能在教学中解疑释惑,教学才富有针对性,大学生学习理论才会觉得"解渴"、"管用",才会油然而生对思想政治理论课教学的亲和感,促成思想政治理论课教学亲和力的生成。

(三)教学话语接地气是提升教学亲和力的基础

大学生作为青年人,有其特有的话语风格、表达习惯和接受偏好,对大学生开展思想政治教育,必须注意话语风格,加强话语体系建设,用大学生喜闻乐见的接地气话语开展教育教学,力求做到生动活泼。要知道"不讲究方式、方法,不分对象、条件、场合,照本宣科,生搬硬套,老生常谈,空话套话连篇,绝对不会有成效"①。然而在思想政治理论课教学中，一些教师教学话语脱离学生实际，教材语言占据教学主导，简单做教材知识的"搬用工"，课堂教学从概念到概念、从原理到原理、从理论到理论，缺乏对教学内容进行话语转换，不善于将高大上的理论用接地气的话语予以阐明，不能把有意义的理论讲得有意思，致使思想政治理论课教学枯燥乏味、晦涩难懂、面目可憎，激发不起学生学习的热情和兴趣，这成为制约教学实效，影响教学亲和力的重要因素。

习近平总书记明确提出思想政治理论课教学要接地气，他借用一些一线教师的话说要"让马克思讲中国话，让大专家讲家常话，让基本原理变成基本道理，让根本方法变成管用方法"，这是对教学话语接地气通俗而深刻的表达，揭示了思想政治理论课教学亲和力生成的重要规律。所谓"让马克思讲中国话"，是强调思想政治理论课讲授马克思主义理论，要善于把马克思主义基本原理和中国实际联系、结合起来，用马克思主义基本原理去分析中国实际，用中国实际去印证马克思主义基本原理，而切不可离开中国实际、中国生活、中国故事去讲授马克思主义，不能言必称希腊。1938年毛泽东在提出马克思主义中国化的命题时曾强调，要立足中国特点来谈马克思主义，不能脱离中国实际抽象空洞地谈马克思主义。马克思主义中国化，本质上就是"使马克思主义在中国具体化，使之在其每一表现中带着必须有的中国的特性，即是说，按照中国的特点去应用它"。毛泽东强调："洋八股必须废止，空洞抽象的调头必须少唱，教条主义必须休息，而代之以新鲜活泼的、为中国老百姓喜闻乐见的中国作风和中国气派。"②从一定意义上讲，马克思主义中国化，就是要"让马克思讲中国话"。所谓"让大专家讲家常话"，是强调思想政治理论课教学不能是纯粹的理论论证、逻辑推演，不能晦涩难懂，给人以高深莫测、远在云端的感觉，而是要善于用通俗易懂的话语、贴近生活的事例去讲授理论，做到教学深入浅出、生动活泼。生活中老百姓讲"是大家常说家常"、"是才子夜读子夜"，这是很有道理的。艾思奇的《大众哲学》全以老百姓喜闻乐见、耳熟能详的故事讲述马克思主义哲学，就是大专家讲家常话的典范。所谓"让基本原理变成基本道理"，就是要求思想政治理论课讲授马克思主义要贴近实际，必须要让马克思主义富有解释力，能够联通现实生

---

① 《江泽民文选》第3卷，人民出版社2006年版，第93页。
② 《毛泽东选集》第2卷，人民出版社1991年版，第534页。

活,从书本中的基本原理变成生活中可应用的基本道理,不能让理论在现实面前变得很苍白,或不能对社会现实、社会现象给出合理的说明,以致基本原理违背生活道理,让学生感到困惑与不解,觉得所学的东西是"没用的"假东西。马克思主义基本原理只有变成学生可知可感的基本道理,学生才会觉得学习是必要且有意义的,才会亲近马克思主义理论学习,教学才会成为富有亲和力的"有用之学"。但另一方面也要注意不能用基本道理去替代基本原理,否则就矮化了思想政治理论课教学,让教学走不远。正如有学者所提醒的那样,"现在很多人总投学生个人偏好,讲一些个人主义比如精英主义的'小道理',不给同学指出太阳的光明,却津津乐道于月光的皎洁,这是走不远的"①。所谓"让根本方法变成管用方法",是强调思想政治理论课教学要注重从世界观、方法论的意义上讲授马克思主义,把对马克思主义的学习"落实到怎么用上来"②。毛泽东曾经说:"对于马克思主义的理论,要能够精通它、应用它,精通的目的全在于应用。"③邓小平也倡导"学马列要精,要管用的"④。这就是说,学习马克思主义,不是为了用马克思主义来装点门面,学习的目的全在于应用,管用才是硬道理、真功夫。

思想政治理论课教师如何才能做到这几个方面呢? 客观上需要注重话语体系建设,用大学生喜闻乐见的话语表达风格讲授思想政治理论课,尤其要注意这样几个方面。一是要向生活学习、向实践学习,学习掌握"生活话语",注重运用日常生活话语开展思想政治理论课教学,在教学中尽量使用众所周知、耳熟能详的日常生活话语进行表达,形成与教材语言有所区别的教学语言,推进教材语言向教学语言的转化。二是要向大学生学习,掌握大学生的"对象话语",并尽量用他们的话语风格开展教学。每一个时代的青年大学生因为其所生活的时代环境、现实条件、社会实践等的不同,都会形成独具特色、具有时代风格的话语表达。对每一个时代的大学生开展教育教学,如果不去学习他们的话语体系和话语风格,沟通对话起来就会产生隔膜感,甚至代沟,自然就很难形成亲和力。三是要立足当代,向时代学习,掌握"时代话语",学会用当代语言开展教育教学,实现语言表达的与时俱进和话语使用的当代化。如在当今网络时代,互联网生

① 张文木:《学生的局限性不是课没讲好的托辞》,《光明日报》2017 年 1 月 5 日。
② 习近平:《在哲学社会科学工作座谈会上的讲话》,人民出版社 2016 年版,第 13 页。
③ 《毛泽东选集》第 3 卷,人民出版社 1991 年版,第 815 页。
④ 《邓小平文选》第 3 卷,人民出版社 1993 年版,第 382 页。

活催生了大量的网络语言,如果一名思想政治理论课教师对网络语言一概不知,在学生眼里无疑是"老古董",必然影响亲和力。相反如果一名教师能够像华中科技大学的原校长李培根院士那样善于运用网络语言,无疑在学生的眼里这样的老师是跟得上时代潮流的,具有天然的亲和力。当然,无论是使用生活话语,还是使用对象话语或者是时代话语,一定要掌握一个度,在需要使用的情况下加以正确使用,万万不可为了使用而使用,否则会给人以哗众取宠之感。同时还要注意避免把理论教学庸俗化、低俗化的错误倾向,不能为了语言生动活泼而走向另一个极端,对语言鲜活的追求一定要以思想表达的准确、话语表达的规范为前提。

（四）教师真情投入言行一致是 提升教学亲和力的保障

思想政治理论课教学的亲和力源自教师的教学活动本身,提升思想政治理论教学的亲和力归根结底还在于提升教师为学教学的境界,其中一个重要的方面是要让教师本身具有亲和力,散发出人格魅力。从某种意义上讲,教师的人格魅力是教学亲和力生成的重要源头和根本保障,因为只有教师有人格魅力,学生才会"亲其师、信其道"。

习近平总书记指出:"教师做的是传播知识、传播思想、传播真理的工作,是塑造灵魂、塑造生命、塑造人的工作。""教师不能只做传授书本知识的教书匠,而要成为塑造学生品格、品行、品位的'大先生'。教师教给学生的知识,多年以后可能会过时,可能会遗忘,但教给学生为人处世的道理是学生一生的财富,会让他们终生难忘。"要求"教师要成为学生做人的镜子,以身作则、率先垂范,以高尚的人格魅力赢得学生敬仰,以模范的言行举止为学生树立榜样,把真善美的种子不断播撒到学生心中"[1]。这是从普遍的意义上要求教师要回归本位,真正做到学高为师、身正为范,既要做"经师",也要做"人师",要以高尚的人格魅力去感染学生。就思想政治理论课教学来讲,对教师的人格魅力要求还更高,内涵还更丰富,因为思想政治理论课教学和普通的知识性课程的教学不一样,它不限

---

[1] 侠客岛:《关于教育,这是习近平的最新思考》,《光明日报》2017 年 1 月 3 日。

于一般的知识性讲解，而是做人做事道理的深刻阐明。学生看待思想政治理论课教师，不仅看其在课堂上怎么讲，是否把知识讲明白，是否把道理讲透彻，还要看其在课外怎么做，在现实生活中怎么做，在实际生活中是一个什么样的人。一名思想政治理论课教师如果不能立德修身、率先垂范，没有一定的德行操守、人生境界，在大是大非、善恶曲直、义利得失等方面出了问题，给学生讲再多的道理都会成为空话，都会威信扫地、一文不值。这就要求思想政治理论课教师必须具备更高境界的人格魅力，在教学中既真情投入、倾情付出，真心实意地关爱学生的成长与发展，给学生以教育之"大爱"，体现出爱的魅力；同时在课内外都体现出对马克思主义的坚定信念和崇高信仰，表里如一、言行一致，用人格去演绎课堂，用魅力去注解理论，体现出信仰的魅力、德性的魅力。相反，如果一名教师讲的是一套，行的是一套，那他就成了没有人格的"双面人"，就不会为学生所亲和，就不存在人格的魅力和教学的亲和力。

一名思想政治理论课教师如何才能具有人格魅力，才能产生强大的亲和力呢？笔者以为这样几个方面至关重要。一是要在教学中投入真情。思想政治理论课教学是立德树人的工作，任何时候都不能把教学仅仅当作一份工作、一份职业来对待，更重要的是要作为事业来追求。既要在教学中投入对教学工作本身的挚爱之情，热爱教学；也要投入对学生的关爱之情，打心底里关爱学生的成长发展，以对学生人生发展、党和国家事业发展高度负责的责任感开展教学。要知道，教学活动是一个情理互动、心心相印、教学相长的过程，教师的任何情感付出都可以为学生所感知，都可以对学生产生影响和感染。二是要对教学内容做到真学真懂。一名思想政治理论课教师如果对教学内容一知半解、将信将疑，是做不到对教学工作的倾情投入，也不可能演绎出教学的精彩篇章与艺术魅力。2016 年 5 月 17 日，习近平总书记在全国哲学社会科学座谈会上说："马克思主义经典作家眼界广阔、知识丰富，马克思主义理论体系和知识体系博大精深……不下大气力、不下苦功夫是难以掌握真谛、融会贯通的"；"对马克思主义的学习和研究，不能采取浅尝辄止、蜻蜓点水的态度。有的人马克思主义经典著作没读几本，一知半解就哇啦哇啦发表意见，这是一种不负责任的态度，也有悖于科学精神"[①]。思想政治理论课教师讲授马克思主义，首要的是要真学真懂。三是要

---

① 习近平：《在哲学社会科学工作座谈会上的讲话》，人民出版社 2016 年版，第 11 页。

对马克思主义真信真行。思想政治理论课教师要做马克思主义的信仰者和践行者，言行一致、教行合一，切不可说一套、做一套，否则教学没有半点的说服力和感染力。有学者曾撰文批评说："某高校一位政治课教师，为了迎合部分学生的模糊认识，往讲台上一站就跟学生们说：'这节课是讲马克思主义理论，但我要首先声明，我对这个理论是持异议的。'请问他本身对这个理论是持怀疑态度，又怎么能让学生们相信呢?"[①]无疑，这样的教师不可能成为学生亲和的对象，他所开展的教学也不可能是有亲和力的教学。

（本部分依据《高校思想政治理论课教学亲和力的逻辑生成》改写而成，原文刊于《思想理论教育导刊》2017年第4期，作者：白显良）

---

① 张国祚：《关于理论创新的几点思考》，《马克思主义研究》2012年第2期。

专题二:深化改革

专题提要

高等学校思想政治理论课的教学改革是中国高等教育教学最具特色的问题,它不仅在高等学校课程教育教学中占据极其重要的地位,而且始终影响着中国的高等教育改革和发展。为深化高校思想政治理论课教学改革,在构建坚持思想政治理论课课堂教学主体地位的同时,协同推进网络教学、实践教学和文化育人的"1+3"立体化的思想政治理论课教学体系,是其中的有益尝试。

重视社会实践教学既是思想政治理论课教学素质化趋势、提升思想政治理论课教学实效性的必然要求,也是思想政治理论课教学的内在要求。为切实加强思想政治理论课社会实践教学工作,在思想上要准确把握高校思想政治理论课社会实践教学的科学内涵,明确高校思想政治理论课社会实践教学地位、作用和主要特点。而且,在社会实践教学的具体实施过程中,要坚持教学体系、考核体系和保障体系三者有机统一,遵循教师为主导、学生为主体、教学内容为基点、课外活动为平台、各方配合为条件、四者有机整合的旨在提高教学实效的"主导·整合·实效"的运行模式。

提高教学质量和水平是贯穿高校思想政治理论课教学始终的问题。当前,为增强大学生思想政治教育的针对性和实效性,需要着力于理想信念教育、培育践行社会主义核心价值观、思想政治理论课主渠道和日常思想政治教育主阵地;为提升大学生思想政治教学质量,要进一步深化对高校思想政治理论课课程定位的认识,明确高校思想政治理论课担负的进行马克思主义理论教育这一时代使命的具体要求,以课堂为主战场打好提高思想政治理论课质量和水平的攻坚战。

一、课堂·网络·实践·文化
"1+3"教学改革

办好思想政治理论课,不仅要编写好教材,建设好队伍,更要讲好课。讲好思想政治理论课,必须不断深化思想政治理论课教学改革,构建立体化思想政治理论课教学体系。在确保思想政治理论课课堂教学主体地位的基础上,推进网络教学、实践教学和文化育人的协同,亦即"1+3"教学改革。

(一)确保课堂教学主体地位

"1+3"教学改革中的"1",强调的是课堂教学。思想政治理论课是对大学生进行思想政治教育的主渠道,而课堂教学则是思想政治理论课教学的主体。要确保课堂教学的主体地位,必须不断强化课堂教学。

第一,推进思想政治理论课课堂教学体系改革。一是确保课堂教学的主体地位,课堂教学时数不少于总教学时数的 2/3;二是优化思想政治理论课专题教学,精心设计各门课程课堂教学专题;三是完善教学观摩制度,开展教师听课互评互学活动、思想政治理论课教学观摩活动;四是推进教学方法改革,鼓励思想政治理论课教师探索形式新颖、效果良好、受学生欢迎的优秀思想政治理论课教学方法。

第二,强化思想政治理论课集体备课。要有计划、有安排、有准备地开展思想政治理论课集体备课,把集体备课与教学研究、教学探讨结合起来,深化对教学内容的认识和掌握,推动教材体系向教学体系转化。

第三,组织教师编写思想政治理论课教学用书。在规范和严格使用国家统编教材的前提下,组织教师编写充分反映马克思主义中国化最新成果、教师好用、学生爱读的系列教学用书,构建"思想政治理论课教学疑难问题解析""思想政治理论课教学案例""思想政治理论课教学精要汇编"等面向教师和学生不同对象,辐射本专科生、研究生各个层次,体现思想性、科学性、可读性相统一的立体化教学资料体系。

第四,建设"思想政治理论课课堂教学资源共享平台"。加强思想政治理论课课堂教学资源建设,着力推进对思想政治理论课教材内容和表达方式的研究,推进思想政治理论课话语体系的转化,丰富和拓展高校思想政治理论课教学资源,共建共享优质教学资源,并定期维护与升级,进行资源更新。

"1+3"教学改革中的"3",指的是网络教学、实践教学和文化育人。这三个方面作为思想政治理论课教学的重要环节,服务和服从于思想政治理论课课堂教学,为提高思想政治理论课教学水平和增强思想政治理论课教学实效提供合力。

(二)完善思想政治理论课网络教学

高校思想政治理论课教学过程立体化体现为现实性与虚拟性的统一。传统的课堂教学具有现实性,而随着互联网和信息技术的发展,在坚持课堂教学主体地位的同时,需要把课堂向网络推进,通过数字化教学平台、网络资源、微博和微信、数字案例等建设高校思想政治理论课的网络课堂。

第一,积极构建思想政治理论课网络教学体系。推进网络研习平台、网络教学互动平台、网络育人平台建设,进一步完善思想政治理论课网络教学平台,实施教学资源整合和全方位课程体系管理工作,丰富思想政治理论课网络教学资源。

第二,搭建思想政治理论课网络研习平台。紧扣各门思想政治理论课教材内容,完善网络自主研习平台的内容构成,实现网络自主研习内容与课堂专题教学内容的衔接补充。着力于多媒体教案、多媒体课件、媒材、习题、阅读文献、知识点链接、在线互动交流等板块建设,推进网络自主研习平台的丰富与完善,增强网络自主研习平台建设的科学性与吸引力。

第三,拓展思想政治理论课网络教学互动平台。紧扣网络自主研习内容与课堂专题教学内容,进一步拓展和延伸教学活动,借助课程聊天室、时事热点专题讨论、学生学习成果心得交流等实现"多对多"的发散式交流。

第四,延展思想政治理论课网络育人平台。以网络自主研习内容为核心,统筹各种形式新媒体,建成集微信、微博、QQ 群、校园论坛(BBS)、腾讯空间等于一体的"无盲区"全覆盖的网络育人空间。

第五,加强对思想政治理论课网络教学的监管。依据网络教学的有关要求,明确教师职责,强化对学生学习的监管,提高网络学习实效。教师要按照网络教学时间安排,加强与学生的联系、交流,及时提供咨询、指导和释惑。

(三)优化思想政治理论课实践教学

实践活动教学能够把高校思想政治理论课的第一课堂与第二课堂、理论教学与实践教学相连接。当把思想政治理论课所传播的主流意识形态蕴含在实践活动中时,这些活动资源不仅具有价值导向性,即旗帜鲜明地提倡什么、允许什么、限制什么和反对什么,而且把这种价值导向渗透到大学生日常化、具体化和生活化的活动之中,成为价值导向和大学生自我教育相结合的有效形式。

第一,丰富思想政治理论课课堂实践教学内容。紧密结合思想政治理论课课堂教学各专题教学内容,进一步深化理论知识认知,开展如下实践教学活动。一是研读马列经典原著(1—2 篇或部);二是学习重要文献(1—2 本);三是观看视频(1—2 部);四是举行与党和国家最新精神或马克思主义中国化最新成果相关的创作大赛(每学期 1 次)。

第二,创新思想政治理论课校园实践教学形式。围绕思想政治理论课教学目的,以弘扬主旋律为主题,开展相关实践教学活动:一是微电影活动(包括MV、纪录片、宣传片等);二是微摄影活动(单张、组照);三是微文学活动(小说、诗歌、散文等);四是时事主题宣讲活动(相声、话剧、演讲等);五是宿舍园区主题活动(知识竞赛、辩论、游戏、晚会等)。

第三,拓展思想政治理论课社会实践教学活动。理论联系现实,走出校园,展开相关实践教学活动:一是参观学习:主要参观本地的革命传统、爱国主义教育基地、反腐倡廉教育基地以及建设成就展览；二是调查研究：结合种树、学农、学工、学商和学军等活动，通过深入农村、社区和工矿企业等基层，运用所学的马克思主义理论联系社会经济发展重点、热点、难点和疑点等实际问题进行调研，撰写有价值的调研报告；三是参加公益劳动：打扫卫生，美化街道，义务执勤，义务宣传等；四是志愿服务：大型赛会、应急救助、社区建设、环境保护、灾区重建等；五是学雷锋活动：开展扶老助残、帮困解难、关爱留守儿童等活动；六是人物采访：走进乡镇、企业、社区、机关、街道，采访受到社会关注的人物；七是发现之旅：深入乡村、企业、社区、机关、街道等，发现"最美"之人和"感动"之事。

第四，科学设计思想政治理论课实践教学内容和形式。思想政治理论课实践教学要注重实效，本着改革创新教学形式和载体，着力提升育人功能的目的和初衷开展实践教学，加强对实践教学的指导，明确教学要求和实施规范。要根据国内外形势的变化，灵活调整实践教学活动的内容、形式，以增强学生参与实践教学的热情和主动性。

（四）营造思想政治理论课文化育人氛围

文化育人氛围的营造要坚持以马克思主义理论为指导，以实现人与人、人与社会、人与自然和谐共生为目标。它不仅事关大学生的全面发展，而且体现了中国特色社会主义先进文化发展的未来趋势和总方向，也会为加快推进和实现"四个全面"战略布局提供重要保障。

第一，推进思想引领性的系列讲坛、讲堂建设。一是设立"光大讲堂"，推进听取专题讲座报告与思想政治理论课教学相结合，改革"形势政策"课传统教学方式，推进领导干部上讲台；二是办好马克思主义大讲堂，高举马克思主义伟大旗帜，形成以专家讲座、研究生论坛、学术沙龙、理论宣讲会等为形式和载体的马克思主义系列讲堂；三是办好"含弘讲坛"，邀请马克思主义理论学科专家学者做客"含弘讲坛"，交流马克思主义理论学科前沿问题的研究成果，营造浓厚的学习、研究、宣传马克思主义的校园文化氛围。

第二，强化以大学生为主体的理论学习宣讲活动。一是实施大学生理论社团支持计划，加大对大学生理论社团的支持力度和工作指导，明确其在马克思主义学习、宣传、教育方面的任务,并加强管理和指导;二是支持大学生开展思想政治理论课热点难点问题研讨,支持大学生围绕思想政治理论课热点难点问题,举办马克思主义理论学习夏令营、学习沙龙、学习研讨会及多媒体创作展示活动等。

第三,开展"文化育人主题创作竞赛活动"。由学校党委宣传部、学工部、团委和教务处牵头,马克思主义学院承办,围绕思想政治理论课教学的重点难点热点问题开展"文化育人主题创作竞赛活动",发挥不同专业学生的优势,开展形式丰富的文艺活动,营造良好文化育人氛围。

（本部分主要依据以下相关文章改写而成:①《思想政治理论课中大学生生态文化教育论析》,原文刊于《学校党建与思想教育》2017年第17期,作者:邹绍清、崔建西;②《高校思想政治理论课创新的三个着力点》,原文刊于《思想理论教育导刊》2016年第3期,作者:周琪)

二、社会实践教学体系构建与运行模式探索

　　高校思想政治理论课社会实践教学是思想政治理论课教学的有机组成部分和重要环节,要有效开展思想政治理论课社会实践教学,必须正确认识它的科学内涵、把握其准确定位、掌握其特点,在此基础上构建思想政治理论课社会实践教学体系,探索其有效运行模式。

（一）思想政治理论课社会实践教学的科学内涵

　　长期以来,人们对于什么是社会实践教学缺乏清晰科学的认识,不明确它与课堂理论教学、学生课外活动、一般社会实践活动等之间的区别与联系,不能有效划分彼此之间的边界,甚至简单地把社会实践教学等同于组织学生走出课堂开展课外活动,或者把案例教学、课堂互动等当作社会实践教学,或者把学生自主参加的一些校内外的实践活动也纳入社会实践教学等。出现这些情况,根本的原因在于对社会实践教学内涵的把握欠科学,不清楚其本质内涵。

　　高校思想政治理论课社会实践教学是按照培养目标和教学计划,围绕思想政治理论课教学内容开展的课外研习活动的总称,它是思想政治理论课教学的重要环节,是提升教学实效的必要手段。

　　从理论上讲,社会实践教学与课堂理论教学、学生课外活动、社会实践活动等既紧密联系,又有严格区分。首先,社会实践教学作为思想政治理论课教学不可或缺的一个环节,相对于课堂理论教学而言,具有突出的实践性。社会实践教

学以实践活动为教学载体与形式,要求学生向实践学习,以实践为师,在实践中去为学悟道;而课堂理论教学一般以教师讲授为主,重在传授思想、政治、道德方面的理论与知识,多在课堂上"论道"。在社会实践教学中,教师的角色定位不在于讲授理论、传道授业,而在于组织活动、指导实践;学生不在于被动地接受理论灌输,而在于主动地参与实践,从社会实践中觉悟理论、深化认识、升华情感、磨炼意志。其次,社会实践教学区别于一般性的学生课外活动和社会实践活动,具有课程性。

一方面,思想政治理论课社会实践教学以社会实践活动为载体,依托学生在校园内的课外活动和在校外的社会实践活动;另一方面,不是所有的社会实践活动和课外活动都构成思想政治理论课的社会实践教学环节,因为思想政治理论课社会实践教学是一种课程意义上的实践教学过程,具有一定的课程结构、相应的实施规范和考核办法,纳入了学校课程教学计划,具有明确的课程性。因此,只有被纳入课程计划的课外活动和社会实践活动才能成为思想政治理论课的社会实践教学环节。

从实践的角度讲,社会实践教学可以在社会生活中进行,也可以在校园内、课堂中进行,空间分布上具有广延性。长期以来,人们对于课堂中是否有社会实践教学环节存在不同意见。有人认为社会实践教学环节是课堂外的教学环节,不包括课堂内的;也有人把课堂中的案例教学、课堂讨论、专题报告、知识竞赛、读书比赛等与实践相关的教学形式与内容都归于社会实践教学。我们认为,课堂教学可以有社会实践教学环节,如开展角色、情景的模拟与观摩活动等,但不能把课堂中一切与实践有关联的教学形式都称之为实践教学。比如,案例教学是通过枚举现实社会生活中的例子进行教学,举例是为了说理,直接服务于理论讲授,其属性仍是理论教学。只有那些在课堂中相对独立于理论讲授形式之外呈现的实践活动方式才属于社会实践教学。

(二)思想政治理论课社会实践教学的地位和作用

在思想政治理论课中,虽然实践教学与课堂理论教学的教学方式、组织形式和教学手段等均存在着明显的区别,但实践教学与课堂理论教学在实现思想政治理论课教育教学目标上是一致的,它们是思想政治理论课的有机组成部分,相辅相成、相互促进、相得益彰,在思想政治理论课教育教学中均发挥着不可替代的作用,理应没有主辅之分。

实践教学的地位,是由思想政治理论课教育教学目的所决定的。思想政治理论课教育教学的目的是通过对大学生进行系统的马克思主义理论教育,引导学生树立正确的世界观、人生观和价值观,培养学生的社会责任感和使命感,使大学生成长为具有坚定的社会主义政治信念并努力为社会主义事业服务的合格建设者和接班人。要达到这一目的,思想政治理论课不仅要对学生进行理论知识的传授,更要注重对学生思想观念的塑造,促成其"教化"与"内化"、"知"与"行"相统一。而要塑造学生的思想观念,关键在于能否使受教育者运用课堂理论教学中掌握的马克思主义观点去分析、解答现实中的具体问题,逐步形成并不断巩固形成的理想信念,而这只有实践教学才能做到。

高校思想政治理论课社会实践教学作为高校思想政治理论课教学的重要环节,具有重要的作用。

第一,有利于增强大学生的认知、教育和成才功能,促成其思维模式的转变。

首先,它能增强大学生的认知、教育和成才功能。从高校思想政治理论课实践教学的教育功能来看,高校思想政治理论课社会实践教学还具有让大学生充分发挥思想教育、服务社会和培养能力三方面的功效,因此,要重视社会实践教学环节,贯彻"以大学生为本"的实践教学理念,设置多种形式的旨在培养和提高大学生的创新思维、动手能力和实践技能的实践教学内容,促进大学生的健康成长,为培养具有创新精神和实践能力的人才创造条件。

其次,高校思想政治理论课社会实践教学环节能促成大学生思维模式的转变。通过社会实践教学环节的开展,大学生带着理论问题走向社会,又带着实际问题回到课堂,以理论指导课堂,以实践丰富理论,这样就可以促进大学生思维模式的转变。

第二,有利于帮助大学生掌握科学的世界观和方法论,提高他们的政治觉悟和政治鉴别力。

高校思想政治理论课社会实践教学环节,在帮助大学生更好地认识社会发展的客观规律,认识人的活动,特别是人民群众的历史作用,掌握唯物辩证的思维方法,更好地思考人生的目的、意义和价值,从而树立起为人民服务的人生观和人民利益高于一切的价值观,确立为建设中国特色社会主义而奋斗的坚定信念等方面起着重要的作用。这种作用是高校其他的教学环节和其他的思想政治教育形式不能替代的。

高校思想政治理论课社会实践教学环节通过系统的马克思主义理论教育,帮助大学生从理论的高度正确认识中国的历史、现实、国际形势、国际关系以及中华民族的前途命运,深刻认识为什么社会主义初级阶段只能实行现在这样的路线、方针、政策,而不能实行别的路线、方针、政策;同时自觉意识到把中国建设成社会主义现代化强国是历史赋予当代大学生的使命,从而实现由一般政治认同到政治觉悟的升华。

高校思想政治理论课社会实践教学环节可以引导大学生分清马克思主义与反马克思主义,分清社会主义公有制为主体多种所有制经济共同发展与私有化,分清社会主义民主与资本主义民主,分清辩证唯物主义与唯心主义和形而上学,分清文明健康生活方式同剥削阶级腐朽生活方式的界限,等等,从而提高理论和政治鉴别力。同时,高校思想政治理论课社会实践教学环节还应注意引导大学生向实践学习、向劳动人民学习,使他们在社会实践中不断增强政治鉴别力。

第三,有利于培养大学生良好的思想道德和个性心理品质,提高大学生的综合素质。

社会实践活动可以促使个体的既有素质和赖以生存的社会环境成为个体发展的现实基础,使个体的个性发展和道德品质在二者的相互作用中获得发展。一般来说,个性是一个人在先天生理条件和后天环境作用下,通过人的身心活动或社会实践活动而形成不同于他人的心理特征和行为特征。大学生个性是在自主实践和广泛社会交往中形成的,大学生在社会实践中有充分展现个性的空间和时间。大学生可以在社会实践中设定多个目标、自主选择、自主学习、自主评价,得出多个结论。高校思想政治理论课社会实践教学环节的目的是把知识转化为信念,培养大学生一定的道德觉悟,大学生通过自己的亲身体验,构建一种自主探究合作的学习方式,而后对事物会形成一定的看法和价值观。这样大学生就能在实践活动中创设一个有利于沟通、交流和合作的学习情境,能互相交流认识、体验情感、分享彼此的成果,从而养成合作、分享、积极进取的良好个性心理品质。

（三）思想政治理论课社会实践教学的特点

第一，价值作用的独特性。高校思想政治理论课社会实践教学环节是理论与实践结合的教学过程，作为一种独立形态的教学过程，超越具有严密的知识体系的学科界限，强调以学生的经验、社会实际、社会需要为核心，以主题的形式对教学资源进行整合，有效地培养学生发现问题、分析问题、解决问题的能力，培养学生的探究精神、创新精神和实践能力。它要求大学生参与实际活动，综合运用所学知识，积极探索、主动体验，发挥主动性和创造性。但是高校思想政治理论课社会实践教学环节则强调学生参与现实生活，在亲身体验和身体力行中加深对所学理论的理解和把握，并逐步实现从思想、政治、道德认识到行为的转化。它在保证大学生获得系统基础知识及提高大学生认识水平方面，发挥着主导作用，对于培养大学生的创新精神和实践能力，对于丰富大学生的精神生活、扩展大学生的知识视野和促进大学生的全面发展，具有不可替代的独特价值。

第二，教育功效的特殊性。高校思想政治理论课社会实践教学环节与传统的高校思想政治理论课课堂理论教学环节平行存在，自成体系，在高校思想政治理论课教学体系中具有同等的重要性。在育人功能上，它们相互配合，共同发挥着各自的作用。传统的高校思想政治理论课课堂理论教学环节是实施高校思想政治理论课社会实践教学环节的必要基础，高校思想政治理论课社会实践教学环节反过来又促进传统的高校思想政治理论课课堂理论教学环节的发展。高校思想政治理论课社会实践教学环节与传统的高校思想政治理论课课堂理论教学环节有着密不可分的联系，二者共同构成完备的高校思想政治理论课教学体系。从这个层面讲，高校思想政治理论课社会实践教学环节对于培养学生发现问题、分析问题、解决问题的能力，培养学生的探究精神、创新精神、实践能力和社会责任感，起到了不可替代的作用，有效弥补了传统的高校思想政治理论课课堂理论教学环节发挥不了的特殊功效。

第三，教育方式的综合性。高校思想政治理论课社会实践教学环节是一种功能型综合教学过程。这里所说的功能型综合教学过程，主要是与结构型综合教学过程相区别，它是指把知识看作是促进综合经验增长的一种资源，注重学习主体在探究活动以及与环境的交互作用中,灵活地理解与运用知识。它不像结构型综合教学过程那样强调教学过程领域内知识结构的重组,而是要打破高校思想政治理论课社会实践教学环节的结构。在高校思想政治理论课社会实践教学环节的价值目标追求上,它并不仅仅是要求大学生具备较高的理论素养,更重要的是要求大学生能根据现实需求把各种知识有机地综合在一起,灵活地运用在具体的问题情境之中,以大学生的需求、社会生活为基础,强调发展学生的思想品德、实践能力、探究能力和社会责任感。它紧密结合生活实践,集教育性、科学性、知识性和时代性于一体,融观察、实践、学习于一炉,展开多方面的联系,高效地解决实际问题。

需要指出的是,高校思想政治理论课社会实践教学环节的综合性不是无序的综合,而是在系统性上的综合。高校思想政治理论课社会实践教学环节是思想政治理论课教学过程体系的一个有机组成部分,不能游离其外。高校思想政治理论课社会实践教学环节的系统性不仅指适应教学过程的组织形式的系统性,而且还包含适应大学生身心发展的系统性,即体现为社会实践教学环节适应学生身心发展,由简单到复杂、由感性认识到理性认识的规律。

(四)思想政治理论课社会实践教学的实施体系

思想政治理论课社会实践教学由教学体系、考核体系和保障体系构成,其中教学体系是主体、考核体系是关键、保障体系是条件,三者有机统一。

教学体系明确社会实践教学"教什么""学什么"及"怎么教""怎么学"的问题,通过制定和落实思想政治理论课各门课程的社会实践教学方案这个中间环节来体现。基于思想政治理论课"05方案"的课程设置,探索将教材体系转化为教学体系,形成与每门课程相对应的社会实践教学方案,内容包括各门课程社会实践教学的指导思想、实施原则、学时安排、实施形式、基本要求、教学计划、考核评估等。其中,学时安排依据1个学分4个社会实践教学学时的比例确定,把社会实践教学学时纳入学分范围,即学分的评定兼顾理论学习成绩与实践教学成绩;教学计划在内容安排上依据教材体系的相关内容,本着贴近实践、贴近学生、贴近实际的原则予以确定,各门课程彼此照应,侧重各不相同。此外,教学计划还必须明确课堂理论教学与社会实践教学的结合点，及社会实践教学的形式、要求等内容，发挥着社会实践教学指南的作用。

考核体系关注社会实践教学"如何考"的问题。社会实践教学的考核要本着过程考核与结果考核并重的原则予以开展，一方面要求教师在社会实践教学中进行过程监控，开展全程跟踪，把握学生参与社会实践教学的实践过程；另一方面要求学生以调研报告、心得体会、实践汇报、主题活动开展等多种形式反映接受社会实践教学的成效，教师据此进行考核，纳入成绩评定、学分获取考核范围。

保障体系关注社会实践教学如何落到实处，包括制度保障、经费保障、队伍保障、基地保障等几个方面。制度保障主要反映在制度建设、体制规范等方面的措施；经费保障主要涉及社会实践教学所需经费的筹措机制、来源渠道、数额大小等；队伍保障主要涉及开展社会实践教学所需要的专兼职教师队伍的构成情况；基地保障主要涉及开展社会实践教学的载体依托等。

（五）思想政治理论课社会实践教学的运行模式

社会实践教学应遵循"主导·整合·实效"的运行模式，即社会实践教学是在教师的主导下，以学生为主体，以教学内容为基点，以课外活动为平台，以各方配合为条件，四者有机整合的旨在提高教学实效的整体动态过程。这一模式规定了教师、学生在社会实践教学中的地位与作用，指明了社会实践教学所需的相关要素与条件，明确了社会实践教学中各要素的作用机理及归宿指向，为社会实践教学的有效开展指明了方向。

具体说来，高校思想政治理论课社会实践教学的运行可以分为以下几种方式。

第一，以思想教育为主的高校思想政治理论课实践教学环节。这种高校思想政治理论课实践教学环节主要形式包括组织大学生在高校思想政治理论课教师的带领下，根据高校思想政治理论课教育教学的相关基本要求，有针对性地参观有关革命传统教育基地，寻访老少边穷地区，调查国情、民情、乡情，跟踪调查优秀校友，考察社会主义改革开放的先进地区，等等。回校后，写出心得体会。

第二,以服务社会为主的高校思想政治理论课实践教学环节。这种高校思想政治理论课实践教学环节主要包括组织大学生在高校思想政治理论课教师的带领下,根据高校思想政治理论课教育教学需要,有组织地让大学生参与当地或贫困、边远山区的扫盲与文明教育活动,参加各种志愿者服务活动,参加法律咨询,参加抗灾救灾以及义务生产劳动,等等。

三是以培养能力为主的高校思想政治理论课社会实践教学环节。这种高校思想政治理论课实践教学环节主要形式包括让部分大学生特别是学生干部或在学校团委、学生处、相关院系进行短期挂职锻炼,充当"秘书""政治辅导员"等;或到相关部门的工作岗位见习;或协助学校有关部门或地方政府有关部门开展工、青、妇、团的工作;或紧紧围绕高校思想政治理论课相关的教学内容开展系列社会调查研究等,在教师的带领下进行科学研究。

(六)切实加强思想政治理论课社会实践教学工作

加强和改进思想政治理论课教学,一个重要方面是要加强社会实践教学环节。要以高度的责任感和使命感,以求真务实的态度,扎扎实实地搞好这项工作。

第一,要系统把握"05方案"几门课程的整体性。思想政治理论课课程体系是一个有机整体,存在严密的逻辑关联。开展社会实践教学,需要从整体上把握课程体系,把握各门课程的实践方位和内在关联。"05方案"是继"98方案"之后形成的一个改革方案,延续了"98方案"的优势,设置的4门课程方案将理论、历史与现实有机地统一于一体,强调如何进行马克思主义基本原理、中国社会现实和中国历史方面的教育,凝练了课程,突出了马克思主义的整体性。其共同的特点在于:充分体现马克思主义中国化的最新成果,充分体现中国特色社会主义实践的最新经验和马克思主义研究的最新进展;充分反映马克思主义的立场、观点和方法,充分反映人类社会发展规律、社会主义建设规律和人才成长规律,对大学生进行系统的马克思主义理论教育,突出思想政治教育的任务;充分展示鲜明的现实性、针对性和可读性,紧密结合大学生的思想实际,力求更加贴近生活、贴近实际、贴近大学生。显然,"98方案"和"05方案"都强调理论的实际应用,不过"05方案"更加突出理论与历史和现实的联系和映照,即更加强调联系实际,把理论和历史与现实实践结合起来理解和掌握,蕴含了深厚的实践教学的内在要求。我们要准确把握新课程方案的内在关联,充分认识实践教学在落实"05方案"中的重要性。

第二,要加强实践教学保障建设。加强和改进思想政治理论课社会实践教学环节,要确保开展实践教学的几个基本保障。一是政策保障。要把党和国家关于加强高校思想政治理论课社会实践教学环节的文件精神落实到学校教育教学的政策制定中去,纳入课程安排,制定教学大纲,规定学时学分,明确教学要求。二是组织保障。社会实践教学有别于课堂理论教学,牵涉课堂理论教学之外的诸多教学要素,需要多方面的配合与支持,必然要求有强有力的组织领导予以统筹协调,这就需要加强组织领导保障。三是经费保障。社会实践教学需要有相应的教学设施及一些专门场所、基地,需要学生走出课堂、进入社会,需要有一定的经费保障。离开必要的经费投入,社会实践教学环节的开展就将面临"巧妇难为无米之炊"的尴尬。

第三,要探索建立长效机制。社会实践教学贵在落到实处。要在以人为本、以理服人、以情动人上下功夫,切实把社会实践教学落实为具体的举措,落实在长效机制的建立上。一是建立课内实践教学的长效机制。要改变长期以来思想政治理论课"教师讲、学生听"的"满堂灌"方式,探索在课堂教学中实施实践教学,如"思想道德修养与法律基础"课堂中的法治、道德情景模拟等,把开展必要的实践环节作为课堂教学的基本要求落实到教学管理中。二是推进校园内课外实践活动的"课程化"。大学校园里有大量而丰富的学生课外活动,不少课外活动都可以有效地承载思想政治教育信息,思想政治理论课要通过"课外调查""道德实践""校园服务"等形式有目的地推进学生课外活动的"课程化",把校园内的课外活动作为开展实践教学的有效形式。三是加强校园外社会实践的"基地化"和"规范化"建设。到社会生活中去接受锻炼、体验生活、认识社会,是大学生成长发展的重要途径,思想政治理论课教学要建立社会实践教学基地,加强规范组织和管理,把学生到基地接受社会实践教学作为思想政治理论课的一个必需环节确定下来。四是建立健全实践教学考评机制。社会实践教学要建立相应的教学考评机制,要改变过去在教学考核上只注重考查学生对理论的掌握情况,而忽视对学生的现实思想表现和运用所学知识分析解决实际问题能力的考核,要探索建立社会实践教学环节考评机制,细化量化各项指标,纳入成绩考核和学分评定。

第四,要突出社会实践教学的"建设"。加强思想政治理论课社会实践教学环节,需要加强几方面的建设。一是加强教材建设。社会实践教学是思想政治理论课教学的重要环节,其教学应该规范进行,应该具备规范的教材体系、教学大纲、学时安排等。目前思想政治理论课社会实践教学还没有形成权威规范的教材体系,迫切需要加强教材建设。二是加强师资队伍建设。社会实践教学开展得怎么样,与师资队伍的水平素质关系密切。开展社会实践教学,比传统意义上的纯粹理论教学对教师的要求更高,迫切需要加强师资队伍建设。三是加强社会实践教学的理论建设。社会实践教学本身有其固有的特点和规律,但由于长期以来对社会实践教学重视不够、实践不力,这方面的理论研究滞后于实践需要,迫切需要加强这方面的理论建设和科学研究,形成关于社会实践教学的理论成果,以指导和推进社会实践教学向纵深发展。

(本部分依据以下相关文章改写而成:①《关于加强高校思想政治理论课社会实践教学环节的几点思考》,原文刊于《学校党建与思想教育》2009 年第 2 期,作者:黄蓉生、白显良;②《高校思想政治理论课实践教学若干问题解析》,原文刊于《学校党建与思想教育》2007 年第 3 期,作者:李强;③《关于高校思想政治理论课社会实践教学环节的几点思考》,原文刊于《思想政治教育研究》2007 年第 2 期,作者:张国镛、江茂森)

三、提高课堂教学质量和水平

中共中央办公厅、国务院办公厅印发的《关于进一步加强和改进新形势下高校宣传思想工作的意见》（以下简称《意见》）从全局和战略高度强调要着力增强大学生思想政治教育的针对性和实效性，启动大学生思想政治教育质量提升工程，并立足新形势、新要求就加强和改进大学生思想政治教育作出全面部署。认真学习贯彻该意见精神，对于增强大学生思想政治教育针对性和实效性，具有重要而深远的意义。

（一）着力增强大学生思想政治
教育的针对性和实效性

《意见》从全局和战略高度强调要着力增强大学生思想政治教育的针对性和实效性，启动大学生思想政治教育质量提升工程，并立足新形势、新要求就大学生思想政治教育的主要任务、教育内容、途径方法作出全面部署。这是在大学生思想政治教育波澜壮阔的发展征程中，继中共中央、国务院《关于进一步加强和改进大学生思想政治教育的意见》之后的又一纲领性文件，是进一步加强和改进新形势下大学生思想政治教育的行动指南。学习贯彻《意见》精神，着力于理想信念教育、培育和践行社会主义核心价值观、思想政治理论课主渠道、日常思想政治教育主阵地，对于增强大学生思想政治教育的针对性和实效性，提升大学生思想政治教育质量，提供实现中华民族伟大复兴中国梦的人才保障和智力支撑，具有十分重要而深远的意义。

第一，着力于理想信念教育，培养中国特色社会主义坚定信仰者。

理想信念是人们对未来的向往和追求,是一个人世界观和政治立场在奋斗目标上的集中体现,是确立人生价值取向的最高准则。正如恩格斯在《路德维希·费尔巴哈和德国古典哲学的终结》中所说:"在社会历史领域内进行活动的,是具有意识的、经过思虑或凭激情行动的、追求某种目的的人;任何事情的发生都不是没有自觉的意图,没有预期的目的的。"①功崇惟志,业广惟勤。理想指引人生方向,信念决定事业成败。理想与信念辩证统一,互为统摄,共同构建起支配人们行为的恒久精神动力。"我们过去几十年艰苦奋斗,就是靠用坚定的信念把人民团结起来,为人民自己的利益而奋斗。没有这样的信念,就没有凝聚力。没有这样的信念,就没有一切。"②没有或丧失理想信念,就会迷失奋斗目标和前进方向,就会导致精神上的"缺钙",进而失去精神支柱而自我瓦解。中国共产党90多年艰苦奋斗,始终激励共产党人不畏流血牺牲奋力前行的是对共产主义的坚定信仰。当今世界,国与国之间政治、经济、文化、科技、军事竞争日趋激烈,各种思想文化交流、交融、交锋日益频繁,要实现中华民族伟大复兴中国梦,必须依靠中国特色社会主义共同理想凝聚民族意志,激发精神动力。

大学生是十分宝贵的人才资源,其理想信念直接关系到中国特色社会主义建设事业和国家民族的未来。中国共产党历来重视人才培养的社会主义方向,始终坚持育人为本、德育为先,把理想信念教育放在首位;始终坚持教育为社会主义现代化建设服务、为人民服务,把立德树人、培养德智体美全面发展的社会主义建设者和接班人作为教育的根本任务和价值追求。改革开放以来,为适应党和国家事业发展需要,全面贯彻落实科教兴国战略、人才强国战略,大学生思想政治教育以培养造就具有高尚思想品质和良好道德修养、掌握现代化建设所需要的丰富知识和扎实本领的优秀人才为重要使命和责任担当,坚持以理想信念教育为核心,深入进行树立正确的世界观、人生观和价值观教育。当前,大学生思想政治面貌的主流是积极健康向上的,对党的领导衷心拥护,对以习近平同志为核心的党中央充分信赖,对中国特色社会主义事业和实现中华民族伟大复兴的中国梦充满信心。实践证明,无论过去、现在和将来,加强大学生理想信念教育,都是大学生思想政治教育的重要法宝和政治优势。

---

① 《马克思恩格斯选集》第4卷,人民出版社2012年版,第253页。
② 《邓小平文选》第3卷,人民出版社1993年版,第190页。

　　然而,高校作为意识形态工作前沿阵地,各种思想文化在这里交流融合,各种社会思潮在这里交锋较量,各种信息资讯在这里交汇扩散,对大学生的思想观念、价值取向和行为方式产生着深刻影响,使少数大学生不同程度地存在政治信仰迷茫、理想信念模糊、价值取向扭曲等问题。在如此时代背景下,《意见》将"坚定理想信念"置于加强和改进新形势下高校宣传思想工作主要任务之首,强调:进一步增强广大师生理论认同、政治认同、情感认同,不断激发其投身改革开放事业的巨大热情,凝心聚力共筑中国梦。因此,增强大学生思想政治教育的针对性和实效性,必须着力于理想信念教育,坚持不懈地用马克思列宁主义、毛泽东思想、邓小平理论、"三个代表"重要思想、科学发展观和习近平新时代中国特色社会主义思想武装大学生,深入开展党的基本理论、基本路线、基本纲领和基本经验教育,开展中国革命、建设和改革开放的历史教育,开展基本国情和形势与政策教育。帮助大学生正确认识当今世界错综复杂的形势,认清社会主义制度已经在中华民族追求梦想进程中展现出巨大的生命力和优越性;深刻理解中国国情和社会主义建设的客观规律,明白中国特色社会主义道路顺应时代发展潮流,代表最广大人民的根本利益,唯有毫不动摇地坚持走中国特色社会主义道路,实现中华民族伟大复兴才有希望和前景;明确自己的社会责任,不断增强道路自信、理论自信、制度自信,坚定实现中国梦的理想信念,努力成为中国特色社会主义的坚定信仰者。

　　第二,着力于培育和践行社会主义核心价值观,巩固共同思想道德基础。

　　"人类社会发展的历史表明,对一个民族、一个国家来说,最持久、最深层的力量是全社会共同认可的核心价值观。"①核心价值观,承载着一个民族、一个国家的精神追求,体现着一个社会评判是非曲直的价值标准,是一个国家、民族和社会赖以生存的精神支撑。每个时代都有每个时代的精神,每个时代都有每个时代的价值观念。党的十八大提出加强社会主义核心价值体系建设,倡导富强、民主、文明、和谐,倡导自由、平等、公正、法治,倡导爱国、敬业、诚信、友善,积极培育和践行社会主义核心价值观。这是社会主义核心价值观的基本内容,集中反映了国家层面的价值目标、社会层面的价值取向和公民层面的价值准则,为培

---

　　① 习近平:《青年要自觉践行社会主义核心价值观——在北京大学师生座谈会上的讲话》,人民出版社 2014 年版,第 3—4 页。

育和践行社会主义核心价值观提供了基本遵循。

面对国际国内形势的深刻变化,大学生思想政治教育既面临有利条件,也面临严峻挑战。大力加强大学生社会主义核心价值观教育,积极培育和践行社会主义核心价值观,对于巩固马克思主义在意识形态领域的指导地位、巩固全党全国人民团结奋斗的共同思想基础,对于促进大学生的成长成才、培育德智体美全面发展的社会主义建设者和接班人,具有重要的现实意义和深远的历史意义。"我为什么要对青年讲讲社会主义核心价值观这个问题?是因为青年的价值取向决定了未来整个社会的价值取向,而青年又处在价值观形成和确立的时期,抓好这一时期的价值观养成十分重要。"①"广大青年要把正确的道德认知、自觉的道德养成、积极的道德实践紧密结合起来,自觉树立和践行社会主义核心价值观,带头倡导良好社会风气。"②大学生正处于立学、立德、立志的重要阶段,这个阶段形成的价值观不仅影响一生,而且决定着民族、社会的未来发展。增强大学生思想政治教育的针对性和实效性,必须着力于引导大学生积极培育和践行社会主义核心价值观。这不仅是促进大学生健康成长、全面发展的现实所需,更是凝聚实现中华民族伟大复兴中国梦强大正能量、巩固实现中国梦共同思想道德基础的战略要求。

着力于引导大学生积极培育和践行社会主义核心价值观,应大力加强社会主义核心价值观教育,把培育和弘扬社会主义核心价值观作为凝魂聚气、强基固本的基础工程,紧密围绕坚持和发展中国特色社会主义这一主题,紧密围绕实现中华民族伟大复兴中国梦这一目标,紧密围绕"三个倡导"这一内容,综合运用教育引导、舆论宣传、文化熏陶、实践养成、政策制定、制度保障等方式,将培育和践行社会主义核心价值观纳入教育总体规划,贯穿教育各领域,融入思想政治教育全过程,落实到教育教学和管理服务各环节,覆盖所有受教育者。为此,要注重与中华优秀传统文化教育的有机结合,以中华优秀传统文化涵育社会主义核心价值观,增强大学生的文化自信和价值观自信;加强对社会主义核心价值观的研究阐释、广泛宣传,讲清楚社会主义核心价值观与社会主义核心价值体系的内在关系,讲明白"三个倡导"的深刻内涵,树立正确舆论导向、澄清模糊认识、匡

---

① 习近平:《青年要自觉践行社会主义核心价值观——在北京大学师生座谈会上的讲话》,人民出版社 2014 年版,第 9 页。

② 《习近平谈治国理政》,外文出版社 2014 年版,第 52—53 页。

正失范行为;形成课堂教学、社会实践、校园文化多位一体的育人平台,引导大学生加强道德实践,辨别真善美、假恶丑,提升道德素质,使社会主义核心价值观内化于心、外化于行,自觉做到常修善德、常怀善念、常做善举,筑牢实现中国梦共同思想的道德基础。

第三,着力于思想政治理论课主渠道,推进中国特色社会主义理论体系进教材、进课堂、进头脑。

思想政治理论课是大学生的必修课,是帮助大学生树立正确的世界观、人生观、价值观的重要途径,体现了社会主义大学的本质要求。党和国家历来重视高校思想政治理论课建设,将其作为对大学生进行思想政治教育、宣传和阐释党的路线方针政策以及理论创新成果的主渠道。早在 1984 年 9 月,中共中央宣传部、教育部就下发了《关于加强和改进高等院校马列主义理论教育的若干规定》,明确马克思主义理论课的主要任务是帮助学生通过系统地学习马列主义、毛泽东思想,确立坚定正确的政治方向,树立无产阶级世界观。1998 年 6 月,中共中央宣传部、教育部印发《关于普通高等学校"两课"课程设置的规定及其实施工作的意见》,要求"两课"积极贯彻落实党的十五大精神,进一步推动邓小平理论"进教材,进课堂,进头脑"工作。2005 年 2 月,中共中央宣传部、教育部《关于进一步加强和改进高等学校思想政治理论课的意见》指出,高校思想政治理论课承担着对大学生进行系统的马克思主义理论教育的任务,是对大学生进行思想政治教育的主渠道。加强和改进高等学校思想政治理论课的总体要求是:坚持用发展着的马克思主义武装大学生;坚持理论联系实际;不断改进教育教学的内容、形式和方法;形成比较完善的学科体系和课程体系,编写出充分体现当代中国马克思主义最新成果的教材等。

改革开放以来,高等学校思想政治理论课在引导大学生坚定对马克思主义的信仰、对社会主义的信念,增强对改革开放和现代化建设的信心、对党和政府的信任等方面,切实发挥了主渠道作用。新的历史条件下,面对新情况、新环境,思想政治理论课需要全面深化课程建设综合改革,编好教材,建好队伍,抓好教学,切实办好。在增强大学生思想政治教育的针对性和实效性方面,就是要切实推动中国特色社会主义理论体系进教材进课堂、进头脑。一是统一使用充分反映马克思主义中国化最新成果的马克思主义理论研究和建设工程重点教材。教材是教学之本,高质量的教材解决的是教师教什么、学生学什么的问题,是推动中国特色社会主义理论体系进课堂、进头脑的前提。应加大统一使用重点教材的推广和监督力度,将其纳入相关专业人才培养方案和教学计划,并把使用情况作为教学评估的重要内容。组织编写制作"学习精要""精彩一课""教学热点难点解析"等行之有效的辅助教材系列,形成包括基本教材、配套教材和电子音像类教材等在内的立体化教材体系。二是建设学生真心喜爱、终身受益的高校思想政治理论课。要实现教材体系向教学体系的转化,即是说,教师不但要知道教什么,而且要会教什么、教好、教会、教对学生。应深刻把握思想政治理论课的教学目标、本质规律,联系改革开放和社会主义现代化建设的实际,联系大学生的思想实际,聚焦大学生的关注点和兴奋点,回应大学生的思想困惑和精神诉求。改进教学方法,改善教学手段,多用通俗易懂的语言表达、生动鲜活的事例佐证,启发大学生思考,增强思想政治理论课的感染力和吸引力。尤其强调的是,应下功夫、花力气实现教学体系向信仰体系的转化,把传授知识与思想教育结合起来,把系统教学与专题教学结合起来,把理论武装与实践育人结合起来,真正实现所传授的理论知识转化为大学生的思想认识、价值选择和行为指导,达到进头脑的目的。三是加强思想政治理论课教师队伍建设。坚持用中国特色社会主义理论体系武装教师头脑,强化政治意识、责任意识、阵地意识和底线意识,不断提升思想政治素质和育人能力,成为社会主义核心价值观的自觉传播者。要强化思想政治理论课教师的课堂教学纪律,绝不允许各种攻击诽谤党的领导、抹黑社会主义的言论在课堂上出现;绝不允许各种违反宪法和法律的言论在课堂上蔓延;绝不允许教师在课堂上发牢骚、泄怨气,把各种不良情绪传导给学生。教师要教好书、育好人,做大学生健康成长的指导者和引路人。

第四,着力于日常思想政治教育主阵地,贯穿在教育管理服务过程之中。

自1984年设置思想政治教育专业以来,大学生思想政治教育逐步发展为主阵地、主渠道,即日常思想政治教育和以思想政治理论课为主的思想理论教育两部分构成。作为主阵地的日常思想政治教育主要以党团组织、社团活动、班级建设、校园文化等为载体,贴近实际、贴近生活、贴近学生,通过对大学生的学习、生活、交友、择业等方面的教育管理服务,给予大学生思想、政治、道德的引导、感染和熏陶。抓好大学生日常思想政治教育,须臾离不开坚持政治理论教育与社会实践相结合,既重视课堂教育,又注重引导大学生深入社会、了解社会、服务社会;坚持解决思想问题与解决实际问题相结合,既讲道理又办实事,既以理服人又以情感人,增强思想政治教育的实际效果。同时,努力拓展新形势下大学生思想政治教育的有效途径,深入开展实践活动、大力建设校园文化、主动占领网络思想政治教育阵地、开展深入细致的思想政治工作和心理健康教育、努力解决大学生的实际问题等。尤其是在国际思想文化领域斗争深刻复杂,国内各种矛盾和问题相互叠加、集中呈现,互联网已成为舆论斗争的主战场,大学生思想活动的独立性、选择性、多变性、差异性显著增强,大学生日常思想政治教育还不够适应、存在不少薄弱环节的新形势下,要把大学生日常思想政治教育摆在学校各项工作的首位,建立和完善党委统一领导、党政齐抓共管、专兼职队伍相结合、全校紧密配合、学生自我教育的领导体制和工作机制,努力构建全员、全过程、全方位育人格局,贯穿在教育管理服务过程之中。

一是积极进行中华优秀传统文化教育。中华优秀传统文化是中华民族语言习惯、文化传统、思想观念、情感认同的集中体现,凝聚着中华民族普遍认同和广泛接受的道德规范、思想品格和价值取向,具有极为丰富的思想内涵。在大学生日常思想政治教育中进行中华优秀传统文化教育,就要讲清楚中华优秀传统文化的历史渊源、发展脉络、基本走向,讲明白中华优秀传统文化的独特创造、价值观念、鲜明特色,集中进行以天下兴亡、匹夫有责为重点的爱国情怀教育,以仁爱共济、立己达人为重点的社会关爱教育,以正心笃志、崇德弘毅为重点的人格修养教育,培育大学生做有自信、懂自尊、能自强的中国人,做高素养、讲文明、有爱心的中国人,做知荣辱、守诚信、敢创新的中国人。二是广泛开展各类社会实践和公益活动。加强实践育人基地建设,建立健全大学生志愿服务制度。推动学校阵地与社会基地、校内课程与校外实践、校内教师与校外导师的衔接互动,推进理论育人、实践育人、服务育人的协同配合,注重人文关怀和心理疏导,培育自尊自信、理性平和、积极向上的社会心态;做好就业指导和家庭经济困难学生的资助工作,既解决大学生的思想问题又解决他们的实际问题,使大学生在奉献他人、服务社会中升华思想认知。三是切实加强校园文化建设。建设体现社会主义特点、时代特征和学校特色的校园文化,形成优良的校风、教风和学风。深入开展反浪费专题教育活动,开展学雷锋和道德模范、各行各业先进模范校园巡讲活动,推进廉洁教育和廉政文化进校园。善于结合重大节庆日、民族传统节日以及开学典礼、毕业典礼等,组织特色鲜明、吸引力强的主题教育活动。重视校园人文环境和自然环境建设,完善校园文化设施,加强校报、校刊、校内广播电视和学校出版社的建设;加强哲学社会科学研讨会、报告会、讲座的管理,为大学生思想政治教育营造良好的校园氛围,增强校园文化的育人功能。四是聚力创新网络思想政治教育。利用校园网开办贴近大学生的网络名站名栏,为大学生提供学习、生活、交友的服务和引导,不断拓展大学生思想政治教育的渠道和空间;打造好融思想性、知识性、趣味性、服务性于一体的示范性思想政治教育资源网站、学生主题教育网站和网络互动社区,开展生动活泼的网络思想政治教育活动;建设一支由学生和青年教师骨干组成的网络宣传员队伍,推进辅导员博客、思想政治理论课教师博客、校务微博、校园微信公众账号等网络新媒体建设,牢牢把握网络思想政治教育的主动权和话语权;加强网络舆论引导,唱响主旋律,集聚正能量,形成网络思想政治教育合力,提升大学生思想政治教育的质量。

(二)不断提升高校思想政治理论课教学质量

高校思想政治理论课作为大学生思想政治教育的主渠道,核心和关键是要对大学生进行马克思主义理论教育,并基于课程的特殊本质,着力提高教学质量,准确把握课程定位,深刻理解课程使命担当,以课堂为主战场切实改进教育教学。

第一,进一步深化对高校思想政治理论课课程定位的认识。

其一,高校思想政治理论课体现了中国特色社会主义大学的本质。加强高校思想政治理论课建设是中国特色社会主义大学最重要的特色之一,社会主义大学一个重要的本质特征就是强调人才培养的政治方向。当代中国高等教育人才培养的政治方向,集中体现为坚持中国特色社会主义共同理想,培养中国特色社会主义事业的合格建设者和可靠接班人。我国高校解决人才培养中这一政治方向问题,根本途径之一就是通过高校思想政治理论课教学,始终坚持以马克思主义为指导,用马克思主义的科学理论,尤其是马克思主义在当代中国发展的最新成果武装大学生,引领大学生的思想发展和成长方向,使大学生牢固确立中国特色社会主义的共同理想信念。可见,高校思想政治理论课教学,是一个关系培养什么样的人、怎样培养人,及办什么样的高等教育、怎样办高等教育的大问题,直接影响人才培养的方向,体现了社会主义大学的本质。

其二,高校思想政治理论课是大学生思想政治教育的主渠道。高校思想政治理论课对于大学生思想政治教育具有特别的重要意义,它是大学生思想政治教育的主渠道。中共中央、国务院《关于进一步加强和改进大学生思想政治教育的意见》指出,大学生思想政治教育的主要任务是以理想信念教育为核心,深入进行树立正确的世界观、人生观和价值观教育;以爱国主义教育为重点,深入进行弘扬和培育民族精神教育;以基本道德规范为基础,深入进行公民道德教育;以大学生全面发展为目标,深入进行素质教育。长期以来,高校思想政治理论课对大学生进行马克思主义理论教育和思想道德教育,坚持用马克思列宁主义、毛泽东思想、中国特色社会主义理论体系武装大学生,引导大学生坚定对马克思主义的信仰、对社会主义的信念,增强对改革开放和现代化建设的信心、对党和政府的信任,充分发挥了对大学生进行思想政治教育的主渠道作用。

其三,高校思想政治理论课是大学生实现健康成长的必修课。大学阶段是人的世界观、人生观、价值观形成的关键时期。大学生在大学阶段形成什么样的世界观、人生观和价值观,将直接关系到日后的人生发展。高校思想政治理论课通过向大学生系统讲授马克思主义基本原理、毛泽东思想和中国特色社会主义理论体系,介绍近代中国人民在党的领导下奋起反抗的历程,开展社会主义核心价值体系统领下的思想政治教育,引领大学生深刻懂得历史和人民如何选择了马克思主义、选择了中国共产党、选择了社会主义道路,为什么没有共产党就没有新中国,只有社会主义才能救中国,只有改革开放才能发展中国、发展社会主义、发展马克思主义的深刻道理,从而引导大学生牢固确立在党的领导下走中国特色社会主义道路、实现中华民族伟大复兴的共同理想,培育高尚的道德情操,把个人成长进步融入国家发展、民族振兴的时代洪流中,在奉献社会和服务人民中实现自身价值。对于大学生实现人生健康发展来讲,思想政治理论课是必不可少的学习课程。

其四,高校思想政治理论课为马克思主义理论学科建设提供"实践场域"。以学科建设支撑思想政治理论课教育教学,在课程建设与学科建设的相互支撑中谋发展。国务院学位委员会、教育部在《关于调整增设马克思主义理论一级学科及所属二级学科的通知》中明确指出,设立马克思主义理论一级学科,是加强马克思主义理论体系研究、马克思主义发展史和马克思主义中国化研究、思想政治教育研究,推进党的思想理论建设和巩固马克思主义在高等学校教育教学中的指导地位的需要,同时也是加强高校思想政治理论课建设、培养思想政治教育工作队伍的需要。可见,服务于高校思想政治理论课建设需要是设立马克思主义理论一级学科的初衷之一。高校思想政治理论课教学为马克思主义理论学科发展提供"实践场域",为马克思主义理论学科提供了研究对象和问题指向,为学科发展提供了实践营养。马克思主义理论学科要直面高校思想政治理论课教育教学,从鲜活、常新的教育教学实践中发现问题、研究问题,推进理论研究和学科建设。

第二,进一步明确高校思想政治理论课担当的时代使命。

其一,用马克思主义中国化的最新成果武装大学生。高校思想政治理论课教学对大学生开展马克思主义理论教育,用马克思主义的科学理论武装大学生头脑,首要的就是要用习近平新时代中国特色社会主义思想这个马克思主义中国化的最新成果武装大学生。只有用中国特色社会主义旗帜凝聚大学生,用中国特色社会主义道路引领大学生,用习近平新时代中国特色社会主义思想武装大学生,用中国特色社会主义制度指引大学生,增强大学生对中国特色社会主义的理论认同、政治认同、情感认同,才能保证中国特色社会主义事业发展兴旺发达、后继有人。高校思想政治理论课必须切实担负这一时代使命,坚持不懈地对大学生进行科学理论武装工作,教育引导大学生坚定中国特色社会主义理想信念,坚定走中国特色社会主义道路的决心和信心,使我们所培养的人才在方向性问题上毫不含糊、旗帜鲜明。

其二,用社会主义核心价值体系引领大学生。伴随着改革开放的推进和中国特色社会主义事业的发展,我国经济体制深刻变革、社会结构深刻变动、利益格局深刻调整、思想观念深刻变化,社会思想意识日益活跃,呈现多元、多样和多变的发展态势。大学生与网络等新兴媒体接触广泛且深入,思想观念受到越来越强烈的影响。少数学生信仰缺失,一些与社会主义主流意识形态不相符合的思想意识乘虚而入,迫切需要以社会主义核心价值体系加以正确引领。这就要求必须重视对大学生进行社会主义核心价值体系教育,并深刻认识到这是坚持马克思主义在高校意识形态领域指导地位的根本方面。

其三,引导大学生正确认识国情和社会现实问题。对大学生进行马克思主义理论教育,是要用马克思主义指导大学生正确地认识社会和面对生活。当前,我国仍处于并将长期处于社会主义初级阶段的基本国情没有变,人民日益增长的物质文化需要同落后的社会生产之间的矛盾这一社会主要矛盾没有变。同时，随着改革的深入和经济社会发展的推进，总体上我国进入了发展的关键期、改革的攻坚期，现代化建设中必然还存在不少现实困难，各类社会矛盾也将不断凸显。针对当前中国的实际，需要加强高校思想政治理论课教学，强化对大学生的马克思主义理论武装。尤其要在几方面着力开展好教育教学：一是引导大学生正确认识我国所处的发展阶段，以达到坚定中国特色社会主义理想信念的目的；二是引导大学生正确对待现实存在的问题；三是加强大学生自身修养，使之认清历史使命，不为现实问题所困扰。

其四，抵制不良思想影响，提高大学生的政治素养。当今时代，世界格局正在发生深刻变化，国与国之间的较量更趋激烈，世界范围各种思想文化交流、交融、交锋更加频繁。在复杂的国际背景与多变的国际形势中，一些错误的不良的社会思想，如新自由主义、历史虚无主义、"普世价值"、民主社会主义等，也对大学生造成一定影响。西方敌对势力还在政治制度、人权、宗教、民族等多个领域对我国进行攻击诋毁，利用互联网、非政府组织等插手我国人民内部矛盾和群体性事件，破坏我国的国际形象和国内环境，企图影响青年一代对党和国家的政治认同。高校思想政治理论课必须直面当前的国际国内形势，立足战略上赢得青年一代的需要，努力加强课程建设，筑牢大学生拒腐防渗的思想政治基础，帮助大学生提高政治鉴别力和增强政治敏锐性。

第三，以课堂为主战场切实改进教育教学。

其一，敬畏课堂，端正对课堂教学的正确认识。提升思想政治理论课课堂教学质量，首要的是要敬畏课堂，对课堂教学有正确的认知。一是教师要回归课堂、用足用好课堂。开展思想政治理论课教学，教师的心思应主要花在课堂上，应围绕课堂教学的需要备好教材，做足功课，用足用好课堂教学。课堂教学是思想政治理论课教学的主体，其他任何教学形式都是服从和服务于课堂教学需要的，是课堂教学的必要延伸和重要补充。任何时候都只能用其他教学形式支撑、辅助课堂教学，而不能以之替代或冲击课堂教学。二是敬畏讲台，对课堂教学心存戒尺。课堂教学的讲台虽小但很神圣，讲台是个平台，也是个舞台，教师借助讲台开展教学，实现教师的职业价值，同时讲台也尽显教师的师德人格风范和学识学养水平。一名教师是一名什么样的教师，具备什么样的学识水平，一切都可在讲台上尽显风采。什么样的内容适合在讲台上讲，什么样的内容不适合在讲台上讲,也应恪守讲台规范和课堂讲授纪律,不能把讲台作为思想撒野的"跑马场"。三是要珍惜讲台,热爱讲台,在讲台上演绎精彩教学。思想政治理论课教师应以满腔热忱直面讲台,珍惜利用讲台开展课堂教学的机会,精心准备,精彩演绎,切不可惧怕讲台、拒绝讲台,或者是随便应付、勉为其难。

其二,内容为王,重视课堂教学的营养"配方"。提升思想政治理论课课堂教学质量,就教学内容层面来讲,总的要求就是要做到教学有营养,学生学习之后有收获,能不断提升获得感。具体来讲,一要坚持内容为王的改革导向。任何时候教学形式都必须服从内容的需要,而不能超越于内容之上,切不可以形式的花哨替代内容的精细,切不可片面追求形式的新颖而忽略内容这个根本和关键。二要增强教学的学理透彻性。思想政治理论课教学归根结底是要讲理论,是用科学的理论武装人。理论教学的透彻性、彻底性至关重要,要以抓住事物根本的透彻理论去征服学生,而不能以浅尝辄止的理论讲授去奢望学生的深刻理解。三要推进教材体系向教学体系的转化。教材是思想政治理论课教学的基本遵循,为教学实施提供基本依据,任何时候教学都要依据教材、立足教材予以开展,不能离开教材开展教学,但这并不意味着可以照本宣科。相反,开展好课堂教学,最需要的恰恰是推进教材体系向教学体系的转化。四要努力提升教学针对性。思想政治理论课教学不能无的放矢、不看对象。理论讲授要富有针对性和实效性,要能解学生的思想之疑、认识之惑,满足学生的成长之需、发展之要。

其三,质量导向,改进课堂教学的教法"工艺"。在教学方法的问题上,究竟应以什么样的教学方法开展思想政治理论课教学,归根结底取决于教学效果,教学效果是检验教学方法恰当与否的根本标尺。围绕教法攻坚,当前思想政治理论课教师要努力把握以下几重要求。一是用心领会关于教学方法三句传统提法的深刻要义。人们经常讲,教学有法、教无定法、贵在得法。教学有个方法问题,不讲方法的教学是蛮干,也必然达不到理想的教学效果。但教学又没有固定的方法,教学方法随教学内容、教学对象、教学要求等的变化而变化,做好教学工作贵在把握适当的教学方法,处理好教学方法多样性与规范性、统一性与差异性、变化性与发展性之间的关系。二是努力做到教学"有虚有实、有棱有角、有情有义、有滋有味"。教育部部长陈宝生在辽宁调研高校思想政治工作时指出,新时期高校思想政治理论课要在提高质量和水平方面多做探索、突出特色,提出要做到"有虚有实、有棱有角、有情有义、有滋有味",即是要用党的理论创新成果引领思想政治理论课,让学生受到理论熏陶,享受实践成果;要讲政治、讲原则,对党的教育理论、方针、政策,特别是习近平总书记关于教育的重要论述要讲深讲透;要带着感情去讲思想政治理论课;要认真研究教学方法,为学生提供色香味形俱佳,把情和义结合起来的精神大餐,让学生听得有滋有味。三是加强教学方法创新探索,处理好好办法、老办法与新办法之间的关系。在思想政治理论课教学改革实践进程中,要遵循大学生思想政治教育工作规律,遵循教书育人规律,遵循学生成长规律,沿用好办法,改进老办法,探索新办法。

其四,与时俱进,注重课堂教学的时尚"包装"。高校思想政治理论课课堂教学的时尚包装至少应包含以下一些元素和方面。一是教学技术包装。在当代条件下开展思想政治理论课教学,要努力运用现代信息技术,实现思想政治理论课教学与现代新媒体新技术的高度融合。要善于借助现代信息传媒技术开展教学活动,让课堂教学活起来。二是教学话语包装。要让课堂教学受大学生的喜欢和欢迎,必须开展教学话语体系建设,教学要接地气,要贴近时代、贴近实践,也要贴近大学生,要运用大学生喜闻乐见的话语表达开展教学。要善于让马克思说中国话,让大专家讲家常话,变基本原理为生动道理,变根本方法为管用办法,变漫无目的的漫灌为因人而异的滴灌。三是教师教学魅力包装。思想政治理论课教学能否搞好,根本在教师,提升教师的理论素养、教学能力、人格魅力,是提升思想政治理论课课堂教学质量的内在要求。只有教师理论功底深厚、教学业务能力精湛、人格魅力突出,教学才是富有魅力的,对学生的影响也才是入脑入心的。四是教学互动包装。教学活动本质上是教师"教"与学生"学"的统一,教与学只有互动起来,教学过程才充满活力,教学活动才富有实效。要善于运用多种教学方法,探索多种教学形式开展教学,使教学既充满活力又富有实效。

（本部分依据以下相关文章改写而成:①《着力增强大学生思想政治教育的针对性实效性》,原文刊于《思想理论教育导刊》2015 年第 4 期,作者:黄蓉生;②《提升高校思想政治理论课教学质量的几个问题》,原文刊于《高校理论战线》2012 年第 9 期,作者:白显良;③《以课堂为主战场打好提高思政课质量和水平的攻坚战》,原文刊于《思想理论教育导刊》2017 年第 9 期,作者:白显良）

专题三:内容创新

专题提要

高校思想政治理论课肩负着学习、研究、宣传马克思主义、培养中国特色社会主义事业合格建设者和敢担当的时代新人的重大任务,是落实立德树人根本任务的主干渠道,是进行社会主义核心价值观教育和帮助大学生树立正确世界观、人生观、价值观的核心课程。为此,高校思想政治理论课的教学内容要紧跟时代步伐,不断地创新。概括起来,主要有以下几个方面。

第一,加强理想信念教育。中国共产党始终高度重视人才培养的社会主义方向,把理想信念教育放在首位。面对新形势、新情况,大学生理想信念教育还存在薄弱环节。扎实推进大学生理想信念教育,应始终高举中国特色社会主义伟大旗帜,把广大青年大学生团结凝聚在中国特色社会主义伟大旗帜之下,培养造就千千万万具有高尚思想品质和良好道德修养的大学生,是高校思想政治理论课的创新要求和重要使命。党的十九大报告中进一步强调,要加强青年和大学生的理想信念教育,培养时代弄潮儿的新要求。

第二,加强"四个自信"教育。学习和把握习近平新时代中国特色社会主义思想,推进高校思想政治理论课教学内容的创新发展,迫切需要加强"四个自信"教育。加强"四个自信"教育,既要坚定中国特色社会主义的道路自信、理论自信、制度自信、文化自信,也要深刻理解"四个自信"教育的内在逻辑要求,科学把握"四个自信"教育的实践路径,把"四个自信"融入高校思想政治理论课。

第三,加强社会主义核心价值观教育。加强社会主义核心价值观教育,巩固马克思主义在意识形态领域的指导地位,促进大学生全面发展,凝聚实现中华民族伟大复兴中国梦的强大正能量。推动社会主义核心价值观进教材、进课堂、进学生头脑,努力培养德、智、体、美全面发展的社会主义建设者和接班人。

第四,加强生态文化教育。加强生态文化教育,要科学把握思想政治理论课中大学生生态文化教育的主要内容教育,加强对大学生的生态世界观、生态伦理、生态价值、生态法制规范、生态文明行为的教育,探索生态文化专题讲座、案例教学、新媒体情境及社会实践等多种教学方法的创新,为加快推进生态文明建设和"四个全面"战略布局提供重要保障。

为了深入推进高校思想政治理论课的改革,教学内容的改革和创新是一个重要的要素,需要把握好这些教学内容创新的关系,从本质上说,理想信念教育是第一位的,是管社会主义根本办学方向的;"四个自信"教育是促进习近平新时代中国特色社会主义思想"进课堂、进教材、进头脑"的现实根本任务;社会主义核心价值观教育是帮助大学生树立正确的价值观,引领社会思潮;生态文化教育是提升大学生的生态文明素养、建设美丽中国所必需的。

一、加强理想信念教育

党的十九大报告中指出,广泛开展理想信念教育,深化中国特色社会主义和中国梦宣传教育。切实加强大学生的理想信念教育,是当下高校思想政治理论课教育的重要内容,也是新时代培养有担当的社会主义建设者和接班人的重大任务。理想信念是人类特有的一种精神,反映了人们的人生诉求、政治立场和政治主张以及以奋斗目标为表征的超越自我、超越现实的高度自觉意识。理想信念一经形成,就成为支配人们行为的恒久精神动力。加强高校思想政治理论课的理想信念教育,必须迎接现实挑战,明确时代要求。

(一)在理想信念教育中突出中国
特色社会主义理想信念

理想信念教育应始终高举中国特色社会主义伟大旗帜不动摇,使大学生深刻认识中华民族前途命运与社会主义未来发展之间的紧密关系。中国特色社会主义伟大旗帜,在最根本的意义上体现了中华民族前途命运与社会主义未来发展之间的内在紧密联系。中华民族能否实现民族振兴、获得继续发展,根本上取决于中国社会主义事业的兴衰成败、社会主义的未来发展是否光明。改革开放实践充分证明,中华民族在中国特色社会主义道路上已经取得举世瞩目的辉煌成就,社会主义制度在中华民族追求振兴梦想进程中彰显出巨大的生命力和优越性。只有毫不动摇地高举中国特色社会主义伟大旗帜,中华民族振兴和社会主义发展才有希望,中华民族和社会主义才能再创辉煌。中国特色社会主义顺应时代发展潮流,符合党心民心,代表最广大人民根本利益,能最大限度地调动广大人民的积极性、主动性和创造性,激发广大人民的发展热情和创造活力,把中华民族伟大复兴与社会主义未来发展紧密结合,继续推动中国特色社会主义走向前进。推进理想信念教育,要始终高举中国特色社会主义伟大旗帜不动摇,这是理想信念教育的根本方向。高校思想政治理论课要引导大学生积极认同中国特色社会主义共同理想,确立在中国共产党领导下走中国特色社会主义道路、实现中华民族伟大复兴的共同理想和坚定信念,帮助大学生在错综复杂的现实和各种风浪考验面前认清方向,保持清醒头脑,自觉抵制各种不良思想的影响。

(二)在理想信念教育中始终坚持中国共产党领导

新中国成立以来理想信念教育的发展历程表明,只有坚持党的领导,理想信念教育才能沿着正确的轨道前进,党的领导是理想信念教育顺利发展的根本保证。新中国成立初期,在党的领导下,高等学校开展工人阶级的阶级观点教育,以同资产阶级进行斗争;开展群众观点和集体观点教育,以同个人主义进行斗争;开展劳动观点教育,以同轻视劳动的观点进行斗争;开展辩证唯物主义观点教育,以同唯心主义和形而上学进行斗争。通过教育,大学生树立起马克思主义世界观,把理想信念确立到共产主义道路上来,促进了理想信念教育的发展。"文化大革命"期间,高等学校踢开党委闹革命,远离和否定党的领导,使得理想信念教育曾遭遇重创。在周恩来、邓小平等老一辈无产阶级革命家的英勇斗争和正确领导下,理想信念教育得以恢复并走上正确发展轨道。20世纪80年代中期,随着改革开放的不断深入,国内体制机制改革的矛盾和利益冲突逐步显现。于是部分大学生对改革开放伟大决策认识不清,对体制改革尚未完善过程中产生的矛盾冲突理解不透,产生一些怀疑、否定改革的错误思想。同时,对外开放后国门打开,大量国外的社会思潮涌入,在国外敌对势力加紧对我国"西化""分化"和"和平演变"的政治图谋下,一些大学生放松马克思主义理论武装,盲目追随西方,产生了否定和反对党的领导的错误倾向。针对这种情况,中国共产党开展坚持四项基本原则、反对资产阶级自由化教育,开展正确处理改革、发展、稳定关系教育,引导大学生健康成长。进入21世纪以来,中国共产党高度重视理想信念教育,加强对理想信念教育的领导,理想信念教育取得长足发展。高校思想政治理论课只有始终坚持中国共产党领导,理想信念教育才能取得应有的成效。

(三)在理想信念教育中真正坚持马克思主义

对于理想信念教育,要坚定不移地进行马克思主义的科学理论教育,因为没有理论上的成熟,就不会有政治上的坚定和理想信念的坚定。对于大学生而言,只有真正懂得马克思主义,有一定的马克思主义理论素养,才能把握世界发展大趋势,才能坚定社会主义方向和共产主义理想。新中国成立以来理想信念教育的历史变迁表明,只有坚持以马克思主义基本原理为指导,才能确保理想信念教育的前进方向,脱离马克思主义基本原理,对马克思主义进行教条化、机械式理解,理想信念教育就会发生偏离。新中国成立初期,为了尽快建立起与社会主义制度相适应的理想信念教育,全国高校在毛泽东关于"必须诚心诚意地向苏联学习"的号召下,按照苏联的教育理论、体系、制度和课程方案等相应建立起我国的社会主义教育。通过学习和引进苏联教育经验,我国迅速建立起社会主义教育体系,开展旨在引导大学生树立马克思主义政治观和共产主义奋斗目标的理想信念教育,有效地普及马克思主义理论知识,启发大学生的社会主义觉悟,促进大学生尽快确立起实现共产主义的奋斗目标。但由于忽视对苏联教育经验的中国化借鉴,没有很好地把苏联经验与中国具体实际相结合,也出现了教条主义错误倾向,生搬硬套一些不适合我国教育实际的做法,在一定程度上扰乱大学生社会主义理想信念,使少数大学生误认为"苏联理论知识就是马克思主义、照搬苏联经验就是学习马克思主义"。在经历曲折之后,中国共产党恢复实事求是的思想路线,很好地解决以科学的态度对待马克思主义的问题,在高校思想政治理论课中,正确区分马克思主义的基本原理与个别观点、个别论述的关系,坚持马克思主义基本原理与中国实际相结合,既坚持马克思主义又发展马克思主义,推动了理想信念教育科学发展。

（四）在理想信念教育中培养国际化视野和世界眼光

当今世界正在发生广泛而深刻的变化，当代中国正在发生广泛而深刻的变革。我国正处在改革发展的关键阶段，经济建设、政治建设、文化建设、社会建设以及生态文明建设全面推进，对外交往联系愈益紧密。中国未来发展、中华民族伟大复兴，关键靠人才，基础在教育，核心在理想信念。"面对前所未有的机遇和挑战，必须清醒认识到，我国教育还不完全适应国家经济社会发展和人民群众接受良好教育的要求。"[1]适应国家经济社会对外开放发展的要求，理想信念教育要着力借鉴国际先进教育理念。充分吸收和运用其他国家的成功教育经验，不断提高理想信念教育水平，就要适应政治多极化、经济全球化、文化多元化和社会信息化发展的需要，拓展理想信念教育理论研究与实践工作的国际视野。进一步而言，就是在高校思想政治理论课创新发展中，要明确理想信念教育所面临的不可逆转的国际化趋势，树立起着力培养更具创新意识、更具世界眼光的现代人才教育观念，增强大学生的民族意识、凝聚大学生的共同意志，形成共谋中华民族伟大复兴的强大精神力量，努力把大学生培养成为具有国际视野、通晓国际规则、能够参与国际事务和国际竞争的国际化人才。

（本部分依据《论国际化背景下大学生理想信念教育》改写而成，原文刊于《高校理论战线》2011 年第 4 期，作者：黄蓉生）

---

[1] 《国家中长期教育改革和发展规划纲要（2010—2020 年）》，人民出版社 2010 年版，第 10 页。

二、加强"四个自信"教育

在高校思想政治理论课中,加强"四个自信"教育,对于当前深入学习习近平新时代中国特色社会主义思想,用习近平新时代中国特色社会主义思想武装大学生头脑,帮助大学生深刻领会"四个自信"具有重要意义。习近平在庆祝中国共产党成立 95 周年大会上的讲话中提出了"四个自信",即"坚持不忘初心、继续前进,就要坚持中国特色社会主义道路自信、理论自信、制度自信、文化自信,坚持党的基本路线不动摇,不断把中国特色社会主义伟大事业推向前进"①。推进高校思想政治理论课与时俱进创新发展,要特别重视和开展好"四个自信"教育,深化大学生对"四个自信"的认识。

(一)充分认识"四个自信"教育的重要性

在高校思想政治理论课中加强"四个自信"教育需把握前提性认识问题。从"四个自信"来讲,中国特色社会主义的道路自信、理论自信、制度自信、文化自信,作为一个有机整体,关系事业发展的方向和未来,关系中华民族伟大复兴中国梦实现的路径和保障。要深刻认识到,中国特色社会主义道路是实现社会主义现代化的必由之路,是创造人民美好生活的必由之路;中国特色社会主义理论体系是指导党和人民沿着中国特色社会主义道路实现中华民族伟大复兴的正确理论,是立于时代前沿、与时俱进的科学理论;中国特色社会主义制度是当代

---

① 习近平:《在庆祝中国共产党成立 95 周年大会上的讲话》,人民出版社 2016 年版,第12 页。

中国发展进步的根本制度保障，是具有鲜明中国特色、明显制度优势、强大自我完善能力的先进制度；同时，中国特色社会主义还有其深厚的文化渊源，是一种奠基于道路、理论和制度之上的文化创造，是我们党和人民在继承中华优秀传统文化、培育革命文化和建设社会主义先进文化的历史进程中孕育出的伟大创新成果，蕴含着中华民族最深层的精神追求，体现出中华民族独特的精神标识。中国特色社会主义，既是我们必须不断推进的伟大事业，又是我们开辟未来的根本保证。把握中国特色社会主义，就是要从道路、理论、制度、文化的"四位一体"中去深化认识，深刻认识到中国特色社会主义不是从天上掉下来的，也不是从地下冒出来的，是党和人民90多年来历尽千辛万苦、付出巨大代价取得的根本成就，蕴含着深刻的理论逻辑和必然的历史逻辑。对中国特色社会主义的认识水平和自信程度，在一定意义上直接决定着我们事业发展的未来，直接关系到党的基本路线这个国家的生命线、人民的幸福线能否得到真正的坚持和发展，直接关系到坚持和发展中国特色社会主义的政治定力。从这个意义上讲，"四个自信"直指中国特色社会主义的精神之魂，从深层次决定着中国特色社会主义事业的未来发展。

从大学生思想政治教育来讲，当代中国大学生思想政治教育的总目标是要培养中国特色社会主义事业的合格建设者和可靠接班人，根本任务是要以理想信念教育为核心，深入进行正确的世界观、人生观、价值观教育；以爱国主义教育为重点，深入进行民族精神教育；以基本道德规范为基础，深入进行公民道德教育；以大学生全面发展为目标，深入进行基本素质教育。如果大学生对中国特色社会主义缺乏深刻的理论认知，缺乏源自内心的充分自信，不能认识到中国特色社会主义特就特在其道路、理论体系、制度和文化上，特就特在其实现途径、行动指南、根本保障、文化基因的内在关联上，特就特在这四者的有机统一上，无疑要高举中国特色社会主义的伟大旗帜，确立中国特色社会主义的理想信念，做中国特色社会主义的合格建设者和可靠接班人，始终坚持和发展中国特色社会主义，就会成为一句空话。可见，"四个自信"教育作为大学生思想政治教育的教育内容，绝不是一般意义的教育内容，而是处于核心地位、灵魂层面的教育内容，统率和规定着其他一切教育内容。开展"四个自信"教育，引领大学生深刻认识和系统把握"四个自信"，直接关系到大学生思想政治教育根本目标和任务的实现。作为大学生思想政治教育主渠道的高校思想政治理论课，要主动将"四个自信"

融入教学中,给学生讲清讲懂中国特色社会主义道路自信、理论自信、制度自信、文化自信的深刻内涵。

(二)深刻理解"四个自信"教育的内在逻辑要求

"四个自信"是一个有机整体,在高校思想政治理论课中,开展"四个自信"教育,首要而根本的一个要求就是要向大学生讲清楚"四个自信"的理论逻辑与历史逻辑,讲清楚"四个自信"的理论渊源和时代指向。这要求"四个自信"教育要有理论内涵、学术品位和历史视野,要在社会主义500年发展的理论逻辑与历史逻辑的统一中引领大学生认识和把握"四个自信"。在世界范围内,社会主义的发展已经有超过500年的历史,历经了空想社会主义、科学社会主义两种理论形态,也历经了空想社会主义的实践探索以及科学社会主义由理论到现实、由一国向多国的实践,习近平总书记把世界社会主义500年的发展历史划分为6个时间段。纵观社会主义500年来的历史发展可以看到,社会主义作为一种理论学说,它不同于别的理论学说,从来就是理论、运动、制度、文化的统一。人们不仅仅是把社会主义作为一种理论学说予以认识和把握,而是要作为一种现实的运动去实践,作为一种社会制度去构建,作为一种精神文化去追求。

中国特色社会主义不是别的什么主义,而是科学社会主义在当代中国的伟大实践。把握中国特色社会主义,要深刻认识其理论逻辑与历史逻辑的辩证统一。只有向大学生讲清楚中国特色社会主义的理论逻辑与历史逻辑及其辩证统一,才能引领大学生深刻认识中国特色社会主义从何处来、到何处去,才能深刻把握中国特色社会主义的初心之所在,搞清楚我们从哪里出发、为什么出发,牢固确立中国特色社会主义的"四个自信",才能真正做到不忘初心、继续前行,坚定不移地推进中国特色社会主义事业的发展。如果讲不清楚中国特色社会主义的理论逻辑、历史逻辑及其辩证统一,"四个自信"教育就缺乏深厚的历史土壤和深沉的文化基因,就难以走向大学生理论认知的心灵深处,就不可能真正植根当代大学生的精神世界,就会流于空泛和肤浅,教育实效就会大打折扣。大学生认识不到"四个自信"深层的内在紧密逻辑关联,就可能把"四个自信"作为四个"自信"的简单相加或数字组合,就不可能把握"四个自信"的重大价值、根本渊源和必然趋向。很显然,这样的理解不可能确立起对中国特色社会主义真正的道路自信、理论自信、制度自信、文化自信。

（三）"四个自信"教育的教学实施要求

在高校思想政治理论课中,加强"四个自信"教育需要把握以下具体要求。

第一,立足习近平讲话精神对"四个自信"进行"整体学专题讲"。理解"四个自信",不能片面孤立地对待,要把它放到习近平总书记"七一"重要讲话的整体中予以把握。既要认识到"四个自信"与习近平讲话中回顾历史、总结经验、畅谈未来的整体逻辑之间的关系,也要认识到"四个自信"与八个"不忘初心、继续前行"之间的关系,还要认识到"四个自信"与坚持党的基本路线长期不动摇之间的关系。只有把"四个自信"放到习近平讲话的整体中去把握和观照,才能深刻把握提出"四个自信"的战略考虑与时代坐标,才能把对"四个自信"的理解和把握引向深入。从另一方面讲,"四个自信"的提出又是习近平讲话精神的一个鲜明亮点,是一个重大的理论创新,需要就"四个自信"本身开展深刻的专题学习和讲解,把涉及的相关理论问题讲解透彻。总而言之,要整体学,也要专题讲,整体学是为了保证学习理解的准确性和科学性,而专题讲是为了保证学习理解的深刻性和透彻性,不可因整体学而流于一般理解,也不能因专题学而忘记了整体和初衷。

第二,把"四个自信"融入高校思想政治理论课教学。在高校思想政治理论课教学中贯彻习近平总书记"七一"重要讲话精神,一个十分重要的要求就是开展"四个自信"教育。高校思想政治理论课开展"四个自信"教育,要注意把握"专题讲、融入讲"的总体要求。所谓"专题讲"就是各门课程都应就学习习近平讲话精神开展专题学习,学习内容就应该内含"四个自信";所谓"融入讲"就是各门课程要在具体教学内容的安排和设计中融入"四个自信"的内容,把"四个自信"作为各门思想政治理论课教学的精神之魂来对待,并且每门课程要从不同的角度和方面切入开展"四个自信"教育,教育的具体方式方法应有所不同,教育的侧重点也应该有所不同。高校哲学社会科学课程教学也应把"四个自信"融入其中、贯穿始终,也应从各自课程教学的实际出发有区别地开展"四个自信"教育,充分发挥哲学社会科学课程在"四个自信"教育方面的独特优势和作用。

第三,把"四个自信"融入大学生日常思想政治教育。开展"四个自信"教育,仅有课堂教育的主渠道是远远不够的,还应把教育延伸到课堂之外,要借助大学生的社会实践、校园文化活动、党团建设、网络育人等日常思想政治教育渠道开展"四个自信"教育。大学生日常思想政治教育覆盖面宽,对大学生的影响广泛而深刻,教育形式与方法贴近大学生的生活实际,在开展"四个自信"教育方面有独特的优势,对大学生发挥着特殊的教育作用,应引起高度重视。需要特别强调的是,在日常思想政治教育中开展"四个自信"教育,要注意把握好教育的时、度、效,要选准时机,安排好时间,把握节奏,利用最佳时机和机会窗口;要把握好力度和分寸,掌握好火候,因事、因时、因人制宜,讲究教育的策略和艺术;要注重实效,讲究效果。既要努力避免集中教育时的铺天盖地,也要避免热闹过后的冷冷清清和无人问津。

第四,开展好"四个自信"教育,要避免教育流于形式和走过场,需特别重视完善教育机制。要探索形成以下几种机制。其一,要建立"三全"机制。所谓"三全"机制就是要建立起全员、全程、全方位的"四个自信"教育机制,要把"四个自信"教育作为高校每一位领导、干部、教师、员工义不容辞的责任担当,贯穿教育全过程和方方面面,建构其"全天候"的育人网络,实现教育无死角和全覆盖。其二,要建立"三落"机制。所谓"三落"机制,就是要把"四个自信"教育落细、落小、落实,不能让"四个自信"教育停留在口号宣传的轰轰烈烈,也不能让"四个自信"流于教育场面的热热闹闹,而是要落实到每一个教育工作者、落实到每一门课程、落实到每一个课堂、落实到每一个教育内容的设计、落实到每一个教育活动的组织、落实到每一个教育方法的选择,等等。既从大处着眼,也从小处着手,努力避免形式主义,真正落细、落小、落实。其三,要建立"三恒"机制。所谓"三恒"机制,就是强调教育要恒常、恒久、恒新,不仅要把"四个自信"教育常态化,而且要持久坚持、久久为功、水滴石穿,立足追求教育实效,不断创新方式方法,增强教育的针对性、感染力和有效性。

（本部分依据《加强大学生"四个自信"教育的几点思考》改写而成,原文刊于《思想教育研究》2016年第9期,作者:白显良）

三、加强社会主义核心价值观教育

在高校思想政治理论课中,要加强社会主义核心价值观的教育。党的十八大提出,加强社会主义核心价值体系建设,倡导富强、民主、文明、和谐,倡导自由、平等、公正、法治,倡导爱国、敬业、诚信、友善,积极培育和践行社会主义核心价值观。中共中央办公厅印发的《关于培育和践行社会主义核心价值观的意见》指出,"三个倡导"的24个字是社会主义核心价值观的基本内容,为培育和践行社会主义核心价值观提供了基本遵循。要把社会主义核心价值观纳入国民教育总体规划,创新高校思想政治理论课教育教学,推动社会主义核心价值观进教材、进课堂、进学生头脑,努力培养德、智、体、美全面发展的社会主义建设者和接班人。所以,在高校思想政治理论课中,加强社会主义核心价值观教育,引导大学生培育和践行社会主义核心价值观,具有重要的理论价值和实践意义。

(一)加强社会主义核心价值观
教育的必要性和紧迫性

在高校思想政治理论课中加强社会主义核心价值观教育,是促进大学生健康成长、全面发展的现实所需,是应对高校多元价值观较量考验的必然抉择,是凝聚实现中华民族伟大复兴中国梦强大正能量的时代要求。

大学生正处于立学、立德、立志的重要阶段,在这个时期形成的价值观念对他们的一生影响很大。古人云:"学如弓弩,才如箭镞。"当前,科技进步日新月异、知识更新速度加快,大学生只有增强知识更新的紧迫感,如饥似渴地学习,才能不断提高与时代发展和事业要求相适应的素质和能力,才能在实现中华民族伟大复兴中国梦的生动实践中放飞青春梦想。德才兼备是党一贯的人才选拔和培养标准，"德"始终居于人才培养的首要地位。大学生正处于立德的重要阶段，唯有不断加强自身道德修养、培养健全人格，才能成长为可堪大用、能担重任的栋梁之材。"立人先立德，立德先立志"，"功崇惟志，业广惟勤"。立志能明确大学生前进的方向，激发进步的动力，鼓舞拼搏的斗志。大学生"立志"就是要确立中国特色社会主义共同理想，勇敢担负起时代赋予的重任，志存高远，脚踏实地，努力为全面建成小康社会贡献力量。概言之，大学生正处于立学、立德、立志的重要时期，处于世界观、人生观、价值观形成的重要阶段，加强大学生社会主义核心价值观教育，用社会主义核心价值观引导他们自觉追求富强、民主、文明、和谐的国家理想，弘扬自由、平等、公正、法治的社会价值，遵守爱国、敬业、诚信、友善的道德规范，对于促进大学生健康成长、全面发展、矢志成才具有重要而深远的意义。

应对高校面临价值观较量和思想意识多元的考验，要求抓好大学生社会主义核心价值观教育。当今世界正处于大发展、大变革、大调整时期，当代中国正在发生广泛而深刻的变革。世情、国情、党情的深刻变化，使人们思想活动的独立性、选择性、多变性和差异性日益增强，以自由主义、拜金主义、享乐主义、极端个人主义等为表现形式的非主流价值对主导价值观的干扰频现。高校处于意识形态领域斗争的前沿，各种思想文化在这里交流融合，各种社会思潮在这里交锋较量，各种信息资讯在这里交汇扩散，对高校师生的思想观念、价值取向和行为方式产生深刻影响。当前，高校正经历着前所未有的多元价值观较量的考验。在此形势下，加强大学生社会主义核心价值观教育，巩固马克思主义在高校意识形态的指导地位极为紧迫。

积聚实现中国梦的强大正能量，需要加强大学生社会主义核心价值观教育。实现中华民族伟大复兴，是一个多世纪以来中国人民为之不懈奋斗的宏伟目标，是整个民族和国家的共同梦想。"中国梦凝结着无数仁人志士的不懈努力，承载着全体中华儿女的共同向往，昭示着国家富强、民族振兴、人民幸福的美好前景"，"中华民族伟大复兴终将在广大青年的接力奋斗中变为现实"。① 现在我们比历史上任何时期都更接近实现中华民族伟大复兴的目标，比历史上任何时

---

① 习近平：《同各界优秀青年代表座谈时的讲话》，《人民日报》2013 年 5 月 5 日。

期都更有信心、更有能力实现这个目标。距离这个目标越近,越要加倍努力,越要动员广大青年学生为之奋斗。青年大学生朝气蓬勃、富有梦想,作为整个社会群体中最积极、最活跃的一支力量,是社会主义建设事业的生力军和后备军,义不容辞地肩负着实现中国梦的光荣使命。中华民族的伟大复兴,不仅要在经济发展上创造奇迹,也要在精神文化上书写辉煌。在全面深化改革中,只有培育和践行社会主义核心价值观才能筑起实现中国梦的强大精神动力和思想基础,使我们的国家、民族、人民在思想上和精神上更加强大。加强大学生社会主义核心价值观教育,帮助大学生深化对中国梦的准确领会,引导大学生敢于有梦、勇于追梦、勤于圆梦,就能汇聚起强大正能量,在将社会主义现代化宏伟蓝图变成美好现实的实践中创造璀璨人生。

(二)深入解读社会主义核心价值观教育的内容

加强社会主义核心价值观教育,重在通过高校思想政治理论课,向大学生讲清楚社会主义核心价值观与社会主义核心价值体系的辩证关联、"三个倡导"的深刻内涵以及培育大学生社会主义核心价值观的宗旨,引导大学生对社会主义核心价值观的认知认同。

讲清楚核心价值观与核心价值体系的关系。任何社会都有自己的核心价值体系,这是一定的社会系统得以运转、一定的社会秩序得以维持的基本精神依托。党的十六届六中全会提出"建设社会主义核心价值体系"的战略任务,将社会主义核心价值体系概括为马克思主义指导思想、中国特色社会主义共同理想、民族精神和时代精神、社会主义荣辱观四个方面。党的十八大从国家、社会和公民三个层面概括了社会主义核心价值观的价值目标、价值取向和价值准则。"三个倡导"勾绘出一个国家的价值内核、一个社会的共同理想、亿万国民的精神家园。首先,两者在方向上具有一致性,均体现了社会主义意识形态的本质要求,体现了社会主义制度在思想和精神层面的质的规定性,凝结着社会主义先进文化的精髓,是中国特色社会主义道路、理论体系和制度的价值表达,是实现中华民族伟大复兴中国梦的价值引领,统一于全面建设小康社会的生动实践。其次,两者在功能上具有趋同性,都旨在通过核心价值建构,弘扬共同理想、凝聚精神力量、建设道德风尚,形成全民族奋发向上、团结和睦的精神纽带,更好地坚持中国道路、弘扬中国精神、凝聚中国力量。但两者又各有侧重,彼此区分。社会主义核心价值体系从体系着手,倾向于层次明确、内容具体、更加直观的价值意义的整体建构,强调实践上的操作性。社会主义核心价值观是社会主义核心价值体系的内核,体现社会主义核心价值体系的根本性质和基本特征,反映社会主义核心价值体系的核心内涵和实践要求,是社会主义核心价值体系的高度概括和集中表达。此外,社会主义核心价值观更加强化实践导向,"三个倡导"分别指向国家、社会、公民三个层面,对每个层面都规定了具体的价值目标、价值取向、价值原则,更具规范性和实践性,便于遵循和践行。

说明白"三个倡导"的深刻内涵。社会主义核心价值观是全体人民认同的最大公约数,从国家、社会、公民层面指明了社会主义核心价值观建设的着力点,确立了当代中国最基本的价值理念。其中,"富强、民主、文明、和谐"是国家层面的价值目标,富强即国富民强,既是中华民族的百年夙愿,又是国家繁荣昌盛、人民安康、实现中华民族伟大复兴中国梦的物质基础;民主即人民当家作主,是社会主义的本质要求和中国共产党始终高扬的旗帜,是中国特色社会主义事业的最终旨归;文明、和谐是人类社会的美好诉求,是社会进步的重要标志,也是经济社会稳定、持续健康发展的重要保证。"自由、平等、公正、法治"是社会层面的价值取向,自由是马克思主义的基本要求,是中国共产党人一贯的价值追求,马克思主义的终极目标就是人的自由全面发展;平等、公平是中国特色社会主义的应有之义,是释放社会活力、激发内生动力、促进社会主义市场经济持续繁荣的强劲动力;法治是在市场经济条件下建设富强、民主、文明、和谐的社会主义现代化国家的先决条件,是社会有序运行的基本保障。"爱国、敬业、诚信、友善"是公民个人层面的价值准则,是公民必须恪守的基本道德准绳,也是评价公民道德行为选择的基本价值标准。热爱国家,奋力投身于中华民族伟大复兴的建设事业,是每个公民应尽的道德义务;敬业是协调公民与职业关系的基本价值准则,认真负责、恪尽职守、精益求精、一丝不苟的职业精神,是公民应遵循的职业操守;诚信、友善是处理个人与个人、个人与社会关系的基本价值准则,要求公民诚实守信、信守诺言、履行契约,相互信任、与人为善、尊重他人。

加强社会主义核心价值观教育,其宗旨就是要增强大学生的价值判断力和道德责任感。价值判断力是在文化传承、道德教化、社会涵育中培养起来的人们对于真假、善恶、美丑的鉴别和选择能力。有价值判断力的人能够自觉求真抑假、扬善祛恶、趋美远丑。道德责任感是人们践行道德规范的坚定意志以及"舍我其谁"的道义担当。只有具备了强烈的道德责任感,社会价值准则才会由抽象的概念、外在的观念向人的生活实践转化。改革开放以来,思想的解放、价值的多元体现了社会的进步,也带来了一些领域的价值迷失与道德失范,部分人的价值判断没有了界限、道德品性丧失了底线,甚至以假乱真、以丑为美、以耻为荣,给大学生带来严重的负面影响。部分大学生不同程度地存在价值取向扭曲、诚信意识淡薄、社会责任感缺乏等问题。社会主义核心价值观是追求真善美、贬斥假恶丑的价值观,加强大学生社会主义核心价值观教育,树立正确导向、澄清模糊认识、匡正失范行为,形成激浊扬清、抑恶扬善的思想道德舆论场,能引导大学生辨别真善美、假恶丑,自觉做到常修善德、常怀善念、常做善举,增强价值判断力和道德责任感。

（三）推动社会主义核心价值观教育方式的创新

在高校思想政治理论课中,推动社会主义核心价值观教育,必须有明确的教育策略和顶层设计,正确掌握社会主义核心价值观教育的融入、汲取和结合问题。

把社会主义核心价值观教育融入大学生思想政治教育全过程,是贯彻《关于培育和践行社会主义核心价值观的意见》的必然要求,是增强社会主义核心价值观教育针对性和实效性的现实呼唤。这个"全过程"可从时间和空间两个序列来把握。从时间序列看,大学生思想政治教育的完整过程由一系列时间上前后相继的实践环节所构成,如信息收集、分析、决策、实施、评估反馈等环节,把社会主义核心价值观教育融入大学生思想政治教育全过程,就是要贯穿于上述具体环节中,在这些环节中体现社会主义核心价值观的内容与要求。从空间序列看,大学生思想政治教育的过程包括诸多部门性、领域性、主体性的思想政治教育实践过程,呈广泛性的空间分布,如在校内既有作为主渠道的思想政治理论课教学,也有作为主阵地的日常思想政治教育,校外亦有大量的思想政治教育活动。也就是说,把社会主义核心价值观教育融入大学生思想政治教育全过程,要贯穿到各个方面、各个领域的大学生思想政治教育实践中,不能狭隘地限定在校园里,而要完善学校、家庭和社会"三位一体"的教育网络,形成全覆盖、广渗透、宽领域的融入格局。

在高校思想政治理论课中,社会主义核心价值观教育要汲取中华优秀传统文化中的思想道德营养。社会主义核心价值观植根于中华文化沃土,是社会主义基本价值原则与中华优秀传统文化的有机统一。"中国传统文化博大精深,学习和掌握其中的各种思想精华,对树立正确的世界观、人生观、价值观很有益处。"中华优秀传统文化源远流长,既积淀着中华民族最深层的精神追求,又包含着中华民族最根本的精神基因,是社会主义核心价值观的深厚源泉和开展社会主义核心价值观教育的宝贵资源。牢固的核心价值观,都有其固有的根本。抛弃传统、丢掉根本,就等于割断了自己的精神命脉。不忘本来才能开辟未来,善于继承才能更好地创新。加强社会主义核心价值观教育,要发挥优秀传统文化怡情养志、涵育文明的重要作用,充分开掘和利用中华优秀传统文化中蕴含的先进价值理念和道德规范,做到古为今用、推陈出新、以文化人、以文育人。具体而言,要以中华优秀传统文化为根基,结合社会主义核心价值观的基本内容,讲清楚社会主义核心价值观的文化渊源、中华文化的发展脉络与基本走向,增强大学生的文化自信、价值自信;要汲取中华文化的思想精华和道德精髓,大力弘扬以爱国主义为核心的民族精神,深入挖掘和阐发以仁爱、民本、诚信、正义、和合、大同为内涵的中华传统美德;广泛开展中华优秀传统文化普及活动,开展弘扬传统文化的教育实践活动,创作反映中华文化、中国历史和当代中国价值观念的文化精品;增加优秀传统文化课程内容,分阶段有序推进学校优秀传统文化教育,自觉承续中华传统文化精髓,不断汲取开拓创新、昂扬向上的精神力量。

同时,在高校思想政治理论课中,加强社会主义核心价值观教育要结合时代要求和大学生实际。开展社会主义核心价值观教育,是世界范围内价值观较量出现新态势、市场经济条件下思想意识变化呈现新特点的国际国内背景下的现实选择,是巩固马克思主义在意识形态领域的指导地位、促进大学生全面发展、集聚实现中华民族伟大复兴的强大正能量的时代要求。青年有信仰,民族才有力量。为此,必须紧紧围绕中国特色社会主义这一主题,紧紧围绕实现中华民族伟大复兴的中国梦这一目标,紧紧围绕"三个倡导"这一基本内容,转换思维,坚持以学生为本、以理想信念为核心、以全面发展为目标,抓住世界观、人生观、价值观这个总开关,尊重大学生主体地位,关注大学生在不同学习阶段、不同时期的利益诉求与价值愿望,着力在大学生中树立中国特色社会主义共同理想、马克思主义科学信念,筑牢精神支柱。与此同时,社会主义核心价值观教育不是空洞的理论说教,不了解大学生,不懂得大学生的思想状况、个性特点,教育就不能取得好的实效。因而,要坚持理论联系实际,坚持解决思想问题与解决实际问题相结合,着眼大学生的思想变化和生活现状,找准思想的共鸣点和利益的交汇点,区分层次,分类指导,创新形式,引导大学生对社会主义核心价值观真学、真懂、真信、真用,形成人人践行社会主义核心价值观的生动景象。

（本部分依据《加强大学生社会主义核心价值观教育的多维思考》改写而成,原文刊于《思想理论教育》2015 年第 6 期,作者:黄蓉生、胡建军、崔健）

四、加强生态文化教育

在高校思想政治理论课中,加强生态文化教育,是建设美丽中国的迫切需要和重要任务。生态文化是社会主义先进文化的一个重要组成部分,是以马克思主义理论为指导,以实现人与人、人与社会、人与自然和谐共生为目标,体现了中国特色社会主义先进文化发展的未来趋势和总方向。在高校思想政治理论课中,需要科学把握生态文化教育内容,提升大学生对生态文化知识的学习和对现实生态问题的关注。

(一)加强生态文化教育具有重要战略意义

生态文化教育,是指教育者有目的、有计划地对大学生进行系统的生态知识、文化教育及影响,提高大学生的生态意识和生态文化素养,形成良好的生态文明习惯,促进人与社会、自然的和谐发展,推动"四个全面"战略布局和生态文明建设的教育实践活动。主要包含以下几层要义:其一,教育者根据我国社会主义生态文明建设的目标和要求实施教育,促进大学生生态文化素养的提升;其二,其教育内容主要有生态世界观、生态价值观、生态伦理观、生态法治政策和生态文明行为教育;其三,教育的目的是促进大学生全面发展,帮助大学生成为生态文明合格建设者。这既是提升大学生生态素养的重要途径,也是推动"五位一体"全面建设小康社会对大学生的时代召唤,具有重要的现实意义。

第一,充分发挥高校思想政治理论课的主渠道作用。生态文化的内核是生态文明,生态文明发展必须依赖生态文化这一强大助推器。因此,大力宣传生态文化,通过文化化育人民大众,普及生态意识,是推动生态文明建设的首要任务,也是社会主义主流意识形态传播的重要任务。高校思想政治理论课是传播社会主义主流意识形态的主渠道和主阵地,应自觉担负起生态文化教育的重要使命,充分发挥其主渠道的作用,凝聚社会共识,引领社会思潮。在高校思想政治理论课中,教师要有计划、有目的地融入生态文化教育。一是加强生态文化知识教育,使大学生了解和认识马克思主义生态文化理论,帮助大学生树立正确处理好人与自然关系的理性认知。二是加强生态文化伦理价值观教育。生态文化伦理是协调人与自然关系的思想道德观念和行为规范的总和,旨在促进人与自然的和谐发展。三是在教学过程中构建生态课堂,创新生态文化教学方法,努力推进生态文明和生态价值观进教材、进课堂、进头脑,让学生深刻领会中国特色社会主义的道路自信、理论自信、制度自信、文化自信,为大力推动社会主义先进生态文化建设提供教育支撑。通过生态教育,把生态伦理的原则和规范内化为大学生心中的价值观念和道德规范,培养在生态伦理道德约束下不为物欲和极端自私的物质追求所支配的理性人,促进大学生处理好人与自然关系的价值认同。四是加强生态行为践行力的教育。教育大学生在生态文化理性认知和价值认同的基础上,自觉践行生态文明行为能力。包括有生态审美的眼光、亲近大自然的行为;适度、节约、保护性利用和开发自然资源;保护和善待一切生命的行为;正确利用科学技术造福自然和人类的行为能力。

第二,提升大学生生态危机意识和生态文化素养。在高校思想政治理论课中加强生态文化教育,让大学生深刻认识到生态危机是 21 世纪人类面临的共同问题,提升其生态文化素养和践行能力。生态学马克思主义认为,在市场经济中,"利润既是经济活动的手段,又是其目的。它驱动资本不断地扩张和自我增殖,加大了对资源的需求和开发的力度,必然造成对资源和原料的高耗费和高污染"①。"过去 500 年的历史实际是一个不可持续发展的历史。"②著名生态学家奥康纳指出:"全球变暖、生物多样性及臭氧层的消失、酸雨、海洋污染、森林砍伐、能源及金属矿藏量的衰竭、土壤流失以及其他一些主要的生态变化,都是近两个或者更多的世纪以来工业资本主义(以及前国家社会主义)经济的快速增

---

① 邹绍清、孙道进:《唯物史观视野中的生态学马克思主义》,《马克思主义研究》2012 年第 3 期。

② [美]约翰·福斯特:《生态危机与资本主义》,耿建新等译,上海译文出版社 2006 年版,第 74 页。

长所导致的。"①因此,生态危机也是我国面临的一项十分严峻的问题,需要大学生认真学习和掌握马克思主义的生态文化知识,培养良好生态文化素养,提升生态文化践行力,以推动人与自然的友好发展。

第三,为建设美丽中国提供重要人才保障。当前,我国生态问题已经十分严峻,其生态文明建设是"五位一体"建设中的重要内容,也是落实创新、协调、绿色、开放、共享"五大发展理念"的新举措,其建设的艰巨性和复杂性前所未有。众所周知,随着市场经济和改革开放的发展,各种利益主体、各种矛盾相互交织,各地因为环境和污染问题导致社会矛盾频发,社会群体事件时有发生,维护生态平衡和社会稳定和谐的任务相当繁重。因此,加强生态文化教育是一项十分重要的任务。因为大学生是社会主义建设的生力军,也是生态文明建设和构建和谐社会的主体。只有在思想政治理论课中加强生态文化教育,才能促进大学生运用生态思维和法律手段处理问题,提升其解决矛盾的能力,培养出一大批的"生态人"投入到生态文明建设实践中去,进而提高全社会的生态意识和建设水平,为实现"守住绿水青山就是金山银山"的美丽中国建设提供强有力的人才保障。

(二)科学把握生态文化教育的主要内容

在高校思想政治理论课中,要结合社会现实,科学把握生态文化教育内容,深入挖掘生态文化教育的丰富内涵。

第一,传播生态世界观。传播马克思主义生态世界观,加强高校意识形态领导权。"思想政治理论课在巩固马克思主义在高校意识形态领域指导地位,把大学生培养成中国特色社会主义的建设者和接班人方面,具有着重要的不可替代的作用。"②生态世界观是马克思主义唯物史观的内核之一,生态世界观既是一种关系存在论,是一种过程存在论,也是一种整体论,是马克思主义的唯物论和辩证法发展的辩证统一。主要体现在以下方面。其一,生态世界观认为世界

① [美]詹姆斯·奥康纳:《自然的理由——生态学马克思主义研究》,唐正东等译,南京大学出版社 2003 年版,第 292 页。

② 艾四林:《以改革创新精神全面深化思想政治理论课建设综合改革》,《思想理论教育导刊》2015 年第 3 期。

是"人—社会—自然"复合的生态系统,是一个有生命、有思维、有精神的活的系统,是自然存在、社会存在和精神存在复合的统一整体,"是复合生态系统过程的一种表现形式,它们是动态的和不可分割的"①。马克思主义认为,人是一切社会关系的总和。如果人离开社会、离开自然就不成其为人,社会是人的社会,不能脱离自然而存在;而现实的自然也是人类的自然,是社会的自然,也不能脱离人和社会。把握生态的世界观,就要把握这种关系存在论,包括人与人的社会关系、人与自然的生态关系。"这两种关系又是互为前提、相互联系、相互作用、不可分割的;人与自然的关系是人与社会关系的基础;人与人的社会关系是人与自然关系的前提。"②其二,生态世界观是一种过程存在论。马克思主义认为,一切事物都是运动的,运动表现为过程和发展,运动是事物存在的基本形式,因而生态世界观重视各种事物运动的过程,人、自然、社会的运动及其变化的过程,这种过程不是僵死的,而是运动的,在运动的过程中自然和人、社会的命运是一体的,生物的多样性得以保存。其三,生态世界观是一种整体论的世界观。生态世界观主张世界的结构是有机统一的整体。认为整体和部分是相互作用的,是整体决定部分,而不是部分决定整体,部分依赖整体,离开整体就失去了存在的意义。所以,人、社会和自然的相互依赖和共存,人、社会和自然是相互联系、相互作用和相互依赖的整体。这是大学生树立生态意识、保护环境首要培养的世界观问题。

第二,宣传生态伦理。在高校思想政治理论课中加强生态文化教育,就是要加强生态伦理教育,又称为生态德性教育。它是指"通过一定原则和规范的治理、协调,使社会生活和人际关系符合一定的准则和秩序"③。所谓生态伦理教育,是指在高校思想政治理论课中根据生态道德规范和德性的要求,把生态道德准则渗透到生态文化教育活动和内容之中,使大学生内化于心、外化于行,使之转化为大学生个体和群体的内在道德心理和行为,从而指导和调节大学生与社会及自然之间关系的行为规范和准则。主要包括两个方面。一方面是"生态平等"的意识。就是从"人人平等"观念扩大到自然界的万物生而平等,生命无贵贱之分、无等级之分,对待自然不应该有差别;提倡生物的多样性,维持生态平

---

① 余谋昌:《环境哲学:生态文明的理论基础》,中国环境科学出版社 2010 年版,第 265 页。

② 余谋昌:《环境哲学:生态文明的理论基础》,中国环境科学出版社 2010 年版,第 265 — 266 页。

③ 章海山、张建如:《伦理学引论》,高等教育出版社 1999 年版,第 2 页。

衡。另一方面是生态道德规范教育。通过生态文化教育,使大学生懂得一定的生态道德准则,约束规范其行为。包括尊重和爱护大自然、善待自然,维持生态平衡,形成回报和补偿大自然的感情机制;在绿色生产开发自然过程中避免损害自然环境,实现生产再生、经济再生和生态再生的高度统一,通过生态伦理教育,弘扬生态道德规范,提高大学生的生态认同,并自觉将其转化为自身的道德规范和行为。

第三,传授生态价值观。所谓生态价值观,是人们对自然、生态价值问题的根本看法和观点。在高校思想政治理论课中加强生态文化教育,就是要帮助大学生明确规范性和系统性相统一的生态文化价值观的科学内涵,引导大学生正确认识自然价值,树立生态的消费观,倡导绿色的消费行为。倡导绿色消费和适度消费,要求大学生消费符合"三 E"和"三 R",即 Economic(经济实惠)、Ecological(生态效益)、Equitable(平等、人道),减少不必要的消费(Reduce)、Reuse(重复使用)和 Recycle(再生利用)。这就要求大学生在消费时选择健康的绿色产品,追求健康、崇尚自然,注重环保,节约资源,可持续消费。因此,在高校思想政治理论课中加强生态文化教育,加强大学生生态价值观,倡导理性消费和绿色消费;树立正确的科学技术价值观,正确对待现代科技,利用科学技术造福于人,而不是破坏自然、荼毒生灵。

第四,传授生态法制规范。高校思想政治理论课中加强生态文化教育,需要加强生态法制及政策教育。"法制可以理解为各种法律制度的统称,也可以理解为依据法律制度办事的原则、行为规范和有序的状态。"生态法制和政策教育,就是对大学生进行我国生态环境保护法律及政策的教育,主要是通过加强大学生遵守环境保护法和生态文明建设法规的系统性教育,增强大学生法制意识、法治观念。党的十八届三中全会提出:"建设生态文明,必须建立系统完整的生态文明制度体系,实行最严格的源头保护制度、损害赔偿制度、责任追究制度,完善环境治理和生态修复制度,用制度保护生态环境。"十八届五中全会提出将生态文明建设纳入"十三五"规划之中,加强大学生对环境保护基本法律法规的学习,了解生态问题既是全球治理的重要问题,也是我国当前社会治理和供给侧改革的重要目标和内容。联合国人类环境会议 1972 年 6 月通过了《联合国人类环境宣言》;1992 年联合国在巴西里约热内卢的环境与发展大会上通过了《21 世纪议程》;1979 年我国颁布了《中华人民共和国环境保护法(试行)》,1994 年颁布了《中国 21 世纪议程》,2014 年修订了《中华人民共和国环境保护法》等,加强了生态环境保护的法律法规的制定和实施。这些法律法规的主要内容都可以通过高校思想政治理论课对大学生进行教育,提高大学生生态法治观念和法律素养,帮助大学生了解相关的生态环境保护的法律法规,做到知法、懂法、守法、护法。

第五,培养生态文明行为。所谓生态文明,"是指人类遵循人、自然、社会和谐发展这一客观规律而取得的物质和精神成果的总和;是指以人与自然、人与人、人与社会和谐共生、良性循环、全面发展、持续繁荣为基本宗旨的文化伦理形态"①。主要有两方面。一方面,在积极促进大学生形成生态文明认知的基础上,进一步了解生态文明是人类继原始文明——农业文明——工业文明之后的一种新型文明形态,是为消除生态危机和环境问题、实现可持续发展而选择的一条新型文明道路,是人类认识世界和改造世界的物质、精神和制度成果的总和,是人类文化发展和进步的标志。生态文明强调人、社会与自然的整体和谐,为后代人留下生存和发展的可利用资源,实现可持续发展。另一方面,形成良好的生态文明行为习惯。在高校思想政治理论课中要倡导知与行统一,强化生态环保"从我做起、从身边做起、从小事做起",帮助大学生养成良好生态文明行为习惯,杜绝乱扔垃圾;避免享乐主义、攀比心理,养成适度消费和绿色消费习惯;树立节源意识,合理利用资源,减少资源的浪费。

（本部分依据《思想政治理论课中大学生生态文化教育论析》改写而成,原文刊于《学校党建与思想教育》2017 年第 9 期,作者:邹绍清、崔建西）

---

① 姬振海:《生态文明论》,人民出版社 2007 年版,第 2 页。

专题四：教学话语

专题提要

思想政治理论课是大学生思想政治教育和高校意识形态工作的主渠道,坚持和巩固马克思主义在意识形态领域的指导地位,牢牢掌握高校意识形态的领导权和话语主导权,努力推进习近平新时代中国特色社会主义思想"三进",是当前高校思想政治理论课面临的重大时代课题。为此,积极构建中国特色话语体系,并转化为生动活泼的教学话语体系,对于引导大学生坚定对中国特色社会主义道路、理论、制度和文化自信,切实提升高校思想政治理论课的信服力和说服力,培养社会主义的合格建设者和接班人,具有重大的现实意义。

创新思想政治理论课教学话语体系,必须牢牢掌握意识形态主导话语权的变革。在高校思想政治理论课中,牢牢掌握意识形态的主导话语权,必须将社会主义核心价值体系融入思想政治教学话语体系创新之中,增强文化自信和自觉性;必须观照教育对象的日常生活实践,增强思想政治教学话语体系创新的大众性;转换话语方式,牢牢把握思想政治教学话语体系创新的主动性和话语权。

创新思想政治理论课教学话语体系,必须构建中国特色话语体系。对于高校思想政治理论课来说,构建中国特色话语体系,是指用马克思主义中国化的言语方式和话语体系,推进中国特色社会主义和中国梦的教育,促进大学生对中国特色社会主义的道路认同、理论认同和制度认同,从而提升大学生对中国特色社会主义的道路自信、理论自信、制度自信和文化自信。

创新思想政治理论课教学话语体系,必须切准当前教学话语存在的问题症结。当前,思想政治理论课教学话语无论在话语内容、话语方式还是话语指向上都面临诸多困境;探寻多维度的思想政治理论课教学话语转换路径是实现思想政治理论课教学话语体系创新的实践依归。

一、牢牢掌握意识形态主导话语权的变革

党的十八大以来,习近平总书记围绕做好新时代意识形态工作发表了一系列重要讲话,强调指出必须将意识形态工作领导权、话语权和管理权牢牢掌握在手中,不断巩固马克思主义在意识形态领域的指导地位,巩固全党全国人民团结奋斗的共同思想基础。在高校思想政治理论课中,牢牢掌握意识形态的主导话语权,必须在切准当前思想政治理论课教学话语存在的问题症结基础上,进行思想政治课教学话语的创新,使新时代社会主义意识形态话语与大学生的受众心声结合起来,为决胜小康社会和实现中华民族伟大复兴的中国梦提供强大的精神动力。

（一）将社会主义核心价值体系融入思想政治教学话语

社会主义核心价值体系是兴国之魂,决定着中国特色社会主义发展方向。要深入开展社会主义核心价值体系学习教育,用社会主义核心价值体系引领社会思潮,凝聚社会共识。将社会主义核心价值体系贯穿于思想政治教学话语体系创新之中是其应有之义,也有助于增强思想政治教学话语体系创新的自信和自觉性。因此,就要将社会主义核心价值体系融入思想政治教育全过程,贯穿到思想政治教学话语体系创新各个领域,体现到思想政治教育理论研究、实践活动各个方面,全面融入社会主义核心价值体系的内容;并通过思想政治教学话语体系的创新加以承载和传播,充分发挥社会主义核心价值体系

的价值统领和教育功能,切实推动社会主义核心价值体系进教材、进课堂、进头脑,真正发挥思想政治教育传授社会主义主流意识形态的主渠道作用。坚持以马克思主义指导思想、中国特色社会主义共同理想、爱国主义为核心的民族精神和改革创新为核心的时代精神、社会主义荣辱观四项基本内容加强思想政治教育及其话语创新,是将社会主义核心价值体系贯穿于思想政治教学话语体系创新的生动体现,凝聚共识,统领社会思潮,构筑中华民族共同精神家园。为此,提高思想政治教育理论话语整体水平,深刻解读思想理论问题和社会热点难点问题,推出一批具有世界影响,经得起实践检验的优秀思想政治教育理论成果,是思想政治教学话语体系创新的当务之急。这就需要从以下几方面入手。

第一,要加强对中国传统思想道德资源的挖掘和研究,吸收中国传统文化优秀的思想政治教育资源,创新思想政治教学话语体系。中国传统文化具有丰富的思想政治教育资源,要全面认识中国传统文化,要古为今用,推陈出新,去其糟粕,吸取精华,坚持积极利用与普及弘扬并重,维护中华文化基本元素,使优秀传统文化成为新时代鼓舞人民前进的精神动力,增强民族文化的自信。

第二,要加强对党在领导革命、建设和改革实践中创造的奋发向上的革命精神和时代精神的提炼,丰富思想政治教学话语体系的时代内容。中国共产党在长期的革命和实践中创造了井冈山精神、长征精神、延安精神、西柏坡精神、雷锋精神、大庆精神、"两弹一星"精神、航天精神、抗震救灾精神、奥运精神等,这些富有民族特色和时代特征的宝贵精神财富,是党和人民的伟大创造精神的生动体现,将是激励我们不断奋进的巨大精神力量。

第三,加强与世界文明对话,开展多层次、多形式的对外文化交流活动,增强思想政治教育在国际上的话语权和世界影响力、感召力。思想政治教学话语体系创新不能故步自封,必须以开阔的视野和博大的胸怀对待外来文化,坚持为我所用,择善而从,辩证取舍,学习借鉴一切有利于思想政治教育理论和实践发展的有益经验。

总之,一切符合马克思主义的社会科学理论和自然科学理论都是思想政治教学话语体系创新的理论源泉;一切推动人类文明发展的实践活动都是思想政治教学话语体系创新的实践源泉。思想政治教育需要在同外来文化的交流互动中丰富发展,并在交流、交融和交锋中增强自信和自觉性。

（二）增强思想政治教学话语体系创新的大众性

思想政治教学话语体系创新,需要观照教育对象的日常生活实践,增强思想政治教学话语体系创新的大众性。思想政治教学话语体系产生于人们生活的需要,其内容也来源于生活。马克思认为,"全部生活在本质上是实践的",是"生活过程在意识形态上的反射和反响的发展"。一定的意识形态是思想政治教育的根本内容。思想政治教学话语体系创新需要处处观照教育对象的日常生活实践,并注意从教育对象日常生活实践中汲取养分,借鉴和运用教育对象所熟悉的生活化语言、事实材料和语言习惯去阐发理论、分析理论,使教育对象在喜闻乐见中接受教育,提高兴趣,增强大众性。这要学习艾思奇的《大众哲学》,通过一些人们熟知的故事和语言将深奥的哲学道理讲得深入浅出,通俗易懂,如"卓别林和希特勒""一块招牌上的种种花样""七十二变"等贴近生活、贴近实际的语言清新活泼,一扫过去哲学的艰深晦涩、玄奥难懂的样子,给人耳目一新的感觉。只有这样,思想政治教学话语体系创新观照到教育对象的实际生活,贴近其物质生活、政治生活、文化生活和交往生活,积极发掘生活世界丰富的思想政治教育资源和共同的话语场景,准确把握好思想脉搏和所思所想,用生活化的语言去教育、引导教育对象,促进其创新的大众化。

（三）牢牢把握思想政治教学话语
体系创新的主动性和话语权

思想政治教学话语体系创新,必须坚持以人为本,转换话语方式,牢牢把握其创新的主动性和话语权。主要从以下几个方面入手。

第一,注意思想政治教育学术性话语体系向生活化话语体系转换。科学发展观统领思想政治教学话语体系创新,就是要将思想政治教育学术话语体系转化为用人们喜闻乐见、通俗易懂的表达方式,促使思想政治教育理论从书本上解放出来,摆脱其"过度学术化",避免枯燥的理论倾向,增强其生动性和趣味性。

这就要学习毛泽东对马克思主义理论的转换方式,如"星星之火可以燎原""糖衣炮弹""纸老虎"等论述都浅显直白,直指要害,并契合了大众生活的话语方式,值得大家认真学习。

第二,注意从政治性话语和权利话语向平民话语体系转换。长期以来,"政治话语、主流话语遮蔽了个体话语、边缘话语,那些模式化的话语占据了大量的空间,形成了一个'先在性的话语框架'。这些充斥着'官话'、'套话'的非真实言说遮蔽了思想政治教育'以人为本'的本质,也使思想政治教育实践处于一定的困境"。为此,思想政治教学话语体系创新要注意从政治性话语体系和权利话语体系向平民话语体系转换。在这方面邓小平堪称思想政治教学话语体系创新的典范。邓小平所说的"摸着石头过河""发展才是硬道理""黄猫、黑猫,只要捉住老鼠就是好猫"等通俗易懂的话语,深刻回答了群众所关心的实践问题,也科学解读了改革开放的理论问题,值得学习和借鉴。

第三,注意现实话语与虚拟网络话语体系之间的转换。科学发展观要求思想政治教学话语体系创新要不断拓展实践领域,注意现实话语体系与虚拟网络话语体系之间的转换。互联网的快速发展,使之成为人们工作、休闲、娱乐和交往的重要平台,虚拟网络的高速发展使网络话语成为一种新兴的话语资源和一支重要的话语力量。为此,思想政治教学话语体系创新必须要借助互联网发展的新兴技术和平台,要注意研究网络话语发展的规律和传播特点,大力促进现实话语与网络话语之间的转换,努力占领思想政治教育网络阵地和把握网络话语权。正如江泽民指出的,"信息技术特别是信息网络技术的发展,为我们开展思想政治工作提供了现代化手段,拓展了思想政治工作的空间和渠道。要重视和充分运用信息网络技术,使思想政治工作提高时效性、扩大覆盖面、增强影响力"①。只有这样,意识形态主导话语权——思想政治教学话语体系创新才能增强时代感和主动性,从而牢牢把握其话语权,增强我国文化软实力。

(本部分依据《论意识形态中国特色话语的建构》改写而成,原文刊于《西南大学学报》(社会科学版)2014年第7期,作者:邹绍清)

---

① 《江泽民文选》第3卷,人民出版社2006年版,第94页。

二、在高校思政课中构建中国特色话语体系

习近平总书记在 8 月 19 日全国宣传思想工作会议上的讲话中,强调要高度重视意识形态工作。坚持和巩固马克思主义在意识形态领域的指导地位,牢牢掌握高校意识形态的领导权和话语主导权,努力推进中国特色社会主义理论和中国梦教育的"三进",是当前高校思想政治理论课面临的重大时代课题。为此,积极构建中国特色话语体系,引导大学生对中国特色社会主义道路、理论、制度、文化的理论自觉和理论自信,切实提升高校思想政治理论课的信服力和说服力,培养中国特色社会主义的合格建设者和接班人,具有极大的现实意义。

(一)构建中国特色话语体系,是高校思政课面临的时代课题

"话语"问题是 20 世纪 60 年代末 70 年代初福柯提出的一大语言哲学命题,它"涵盖了各种形式的正式或非正式的言语互动以及书面文本"。相对于高校思想政治理论课来说,构建中国特色话语体系,是指用马克思主义中国化的言语方式和话语体系,推进中国特色社会主义理论和中国梦的教育,促进大学生对中国特色社会主义的道路认同、理论认同和制度认同,从而提升大学生对中国特色社会主义的道路自信、理论自信、制度自信。它融合中国特色社会主义教育的各种正式和非正式的言语互动及书面文本。主要包括加强中国特色社会主义教育的理论话语、课堂教学话语及实践互动言语。构建中国特色

话语体系,增强高校思想政治理论课的吸引力,牢牢把握意识形态的主导权,提高文化软实力,这既是时代的要求,也是在大学生中推进马克思主义中国化"三进"的本质要求。

第一,推进对大学生加强中国梦和中国特色社会主义教育的必然选择。当前,高校思想政治理论课是对大学生进行社会主义意识形态教育的主渠道,是传播马克思主义理论的主阵地,也是当前高校开展中国梦和中国特色社会主义宣传教育进教材、进课堂、进头脑的前哨战。"学习宣传中国梦,要准确把握中国梦的本质是国家富强、民族振兴、人民幸福,实现中国梦必须走中国道路、弘扬中国精神、凝聚中国力量。"[1]构建中国特色话语体系,深刻解读中国梦、中国特色社会主义是正视和回应大学生关切的重大理论问题和现实问题,汇聚正能量,坚定大学生的中国道路自信、理论自信和制度自信的必然选择。习近平总书记强调:"我们正在进行具有许多新的历史特点的伟大斗争,面临的挑战和困难前所未有,必须坚持巩固壮大主流思想舆论,弘扬主旋律,传播正能量,激发全社会团结奋进的强大力量。关键是要提高质量和水平,把握好时、度、效,增强吸引力和感染力,让群众爱听爱看、产生共鸣,充分发挥正面宣传鼓舞人、激励人的作用。"[2]实践证明,中国发展的成功经验和实践模式不仅创造出巨大的物质财富,也创造出了巨大的精神财富,它是人类发展史上璀璨的文明之花,蕴含着先进思想的伟大创新。这不仅为构建中国特色话语体系、解读中国梦和中国特色社会主义准备了鲜活的话语素材,也为增强高校思想政治理论课的理论自信和理论自觉奠定了坚实的理论和实践基石。因此,用中国风格和中国气派的理论和实践话语,深入解读我国发展面临的新情况和新问题,深刻诠释中国社会发展的全局性、战略性和前瞻性的重大问题,把人民群众丰富的实践和鲜活的经验引入课堂,才能更有效地增强中国梦和中国特色社会主义的理论魅力和感召力。

第二,深化大学生对中国特色社会主义认识的必然要求。我国经济的快速发展和综合国力的不断增强,引发了国际社会及学者们对"中国模式""中国奇迹""中国经验"的高度关注和热门课题,世界上一些知名大学和智库都兴起了

---

① 刘奇葆:《深入开展中国特色社会主义宣传教育》,《党建》2013 年第 5 期。
② 《学习习近平总书记 8·19 重要讲话》,人民出版社 2013 年版,第 3 页。

研究中国问题的潮流,特别是在金融危机之后,一些西方学者在反思资本主义制度的弊端的同时,把研究目光聚焦在中国的发展模式、中国特色社会主义的制度优势、中国发展道路的前途问题等,这不仅推动了中国特色社会主义理论研究走向世界,也为中国特色话语体系建构提供了更广阔的国际视野和学术研究平台。在高校思想政治理论课中,推进中国梦和深入学习贯彻中国特色社会主义的教育,就是要用中国特有的话语方式表达中国的立场、中国的观点,从而有力地提高大学生的"中国自信"。中国道路是无法复制的。正如曾任美国卡特总统的国家安全事务助理的兹比格涅夫·布热津斯基、老布什总统的国家安全事务助理布兰特·斯考克罗夫特在《大博弈》对话中谈到的那样:"我们(美国)社会的成功,正常来讲,可以被其他行为体视作参照物,但我们创造这个社会的方式却不可能在任何地方复制。其他人必须走其他的道路。""比如,看一看中国。如果你比较今天的中国与 50 年前的中国,就会发现他们的人均生活水平极大地提高了。……但走的是不同的道路。"所以,中国道路是独一无二的,也是其他国家和地区所无法复制的。这不仅有助于深化大学生对中国特色社会主义发展道路、制度和理论体系的认识,而且有助于提高大学生的"中国自信"。同时,站在人类文明发展的高度,可以帮助大学生以更加开放和包容的心态,加深对不同国家、不同民族、不同文明的交流和理解,更好地吸收人类文明的先进成果,努力为世界的繁荣和发展作出新贡献。

第三,掌握高校意识形态主导权,引领社会思潮的需要。习近平总书记特别强调:"经济建设是党的中心工作,意识形态工作是党的一项极端重要的工作。"[①]特别是随着经济全球化、信息化一体化、文化多元化的发展,形形色色的社会思潮此起彼伏,波澜壮阔,高校始终处于各种思想文化交流交锋的前沿阵地。这就需要充分发挥高校思想政治理论课的主渠道作用,努力加强对大学生进行社会主义主流意识形态教育,引领社会思潮,牢牢掌握我国高校意识形态的领导权和主导权。当前,在高校思想政治理论课的主要任务就是加强中国梦和中国特色社会主义教育的"三进"工作,用科学的理论武装大学生的头脑。这就需要用大学生喜欢的话语方式和话语体系,科学阐释中国特色社会主义的丰富内涵,积极回应和正确解答中国实践中遇到的热点、难点问题,

---

① 《学习习近平总书记 8·19 重要讲话》,人民出版社 2013 年版,第 14 页。

坚定大学生对中国特色社会主义的道路自信、理论自信和制度自信,使高校思想政治理论课成为宣传科学理论、传播中国特色社会主义先进文化、引领社会思潮的坚强阵地。

（二）构建中国特色话语体系，
增强高校思政课的信服力

"一个民族要站在文明的高峰,一刻也不能没有理论思维;一个政党要站在时代的前列,一刻也离不开科学理论的指导。中国发展进步的过程,也是中国共产党理论创新的过程。是中国理论和学术话语发展进步的过程。"[①]因此,构建中国特色话语体系对社会主义的道路、理论体系和制度的"三位一体"的科学阐释,是增强高校思想政治理论课的信服力的必由之道。

第一,科学阐释中国特色社会主义道路的历史必然性,增强道路自信。在高校思想政治理论课中,构建中国特色话语体系,深刻阐释中国特色社会主义道路的理论观点及其科学论述,首先就要向大学生阐明中国特色社会主义道路是历史的必然选择。"道路关乎党的命脉,关乎国家前途、民族命运、人民幸福。"道路是旗帜,是方向,中国道路是紧紧围绕什么是社会主义、怎样建设社会主义这个根本问题形成和发展起来的,它是中国人民多次实践并作出的正确抉择,也是几代中国领导人反复思索和实践探索的结果。"回首近代以来中国波澜壮阔的历史,展望中华民族充满希望的未来,我们得出一个坚定的结论:全面建成小康社会,加快推进社会主义现代化,实现中华民族伟大复兴,必须坚定不移走中国特色社会主义道路。"[②]中国特色社会主义道路是来之不易的,是党 90 多年来,紧紧依靠人民,把马克思主义基本原理同中国实际和时代特征结合起来,历经千辛,独立探索出的一条符合国情、世情、党情的一条路,付出各种代价,取得革命建设改革伟大胜利,从根本上改变了中国人民和中华民族的前途命运。其中,"以毛泽东同志为核心的党的第一代中央领导集体带领全党全国各族人民完成

---

① 《增强理论自觉和理论自信,用中国特色话语体系解读中国道路》,《求是》2012 年第14 期。

② 《胡锦涛文选》第 3 卷,人民出版社 2016 年版,第 619 页。

了新民主主义革命,进行了社会主义改造,确立了社会主义基本制度,成功实现了中国历史上最深刻最伟大的社会变革,为当代中国一切发展进步奠定了根本政治前提和制度基础。"①党的十一届三中全会后,中国共产党开始了建设社会主义的新探索。在党的十二大开幕词中,邓小平第一次提出了"把马克思主义的普遍真理同我国的具体实际结合起来,走自己的道路,建设有中国特色的社会主义"②。为此,邓小平总结我国社会主义建设正反两方面的经验,提出了"什么是社会主义"的论断,确立了把党和国家工作中心转移到经济建设上来、实行改革开放的伟大历史决策,"确立社会主义初级阶段基本路线,明确提出走自己的路、建设中国特色社会主义,科学回答了建设中国特色社会主义的一系列基本问题,成功开创了中国特色社会主义"③。江泽民面对复杂的国内外形势和世界社会主义严重曲折的严峻考验,根据新的实际情况,"确立了党的基本纲领、基本经验,确立了社会主义市场经济体制的改革目标和基本框架,确立了社会主义初级阶段的基本经济制度和分配制度,开创全面改革开放新局面,推进党的建设新的伟大工程,成功把中国特色社会主义推向二十一世纪"④。以胡锦涛同志为总书记的党中央更是成功地坚持和发展了中国特色社会主义。可见,中国特色社会主义道路是党和人民长期以来奋斗、创造、积累的根本成就,必须倍加珍惜、始终坚持、不断发展。这不仅是中国对世界的伟大贡献,为人类文明和进步开辟了新道路,拓展了人类社会实现现代化的新路径和新选择,也为广大发展中国家提供了可资借鉴的新经验和树立了新典范。习近平总书记多次讲话强调坚持走中国道路的重要性。他在参观国家博物馆"复兴之路"展览时指出:"道路决定命运,找到一条正确的道路多么不容易,我们必须坚定不移走下去。"⑤在十二届全国人民代表大会第一次会议上强调:"实现中国梦必须走中国道路,这就是中国特色社会主义道路。"所以,牢牢坚持和走中国特色社会主义道路,不仅是继续拓展和走好

---

① 胡锦涛:《坚定不移沿着中国特色社会主义道路前进　为全面建成小康社会而奋斗——在中国共产党第十八次全国代表大会上的报告》,人民出版社 2012 年版,第 10 页。

② 《邓小平文选》第 3 卷,人民出版社 1993 年版,第 3 页。

③ 胡锦涛:《坚定不移沿着中国特色社会主义道路前进　为全面建成小康社会而奋斗——在中国共产党第十八次全国代表大会上的报告》,人民出版社 2012 年版,第 11 页。

④ 胡锦涛:《坚定不移沿着中国特色社会主义道路前进　为全面建成小康社会而奋斗——在中国共产党第十八次全国代表大会上的报告》,人民出版社 2012 年版,第 11 页。

⑤ 《习近平谈治国理政》,外文出版社 2014 年版,第 36 页。

适合中国国情的发展道路的必然选择,也是实现民族伟大复兴的必然选择。

第二,科学阐释中国特色社会主义理论体系创新成果的鲜明特色,增强理论自信。中国特色社会主义理论体系是中国特色话语体系的内核与灵魂。构建中国特色话语体系,增强高校思想政治理论课的吸引力,就是通过深刻解读和正确阐释中国理论创新成果的鲜明特色,积极增强高校思想政治理论课的理论自觉和理论自信。我国在探索中国特色社会主义道路的伟大实践中,创立和发展了中国特色社会主义理论体系。"实践发展永无止境,认识真理永无止境,理论创新永无止境。"中国共产党在社会主义和党的建设中,坚持用马克思主义基本原理同中国实际问题相结合,创立和发展了中国化的马克思主义理论体系,科学指导了中国革命和社会主义建设。中国特色社会主义理论体系是我国改革开放和社会主义建设实践的理论结晶,既具有鲜明的民族特色和实践特色,又具有较强的时代特色。一方面,它坚持了马克思主义的基本原理、立场、观点和方法,是马克思主义科学理论在中国特色社会主义建设中科学运用和实践结晶,具有独特的理论魅力和理论品性;另一方面,中国特色社会主义理论体系破除了对马克思主义的教条式的理解,抵制和抛弃了对社会主义基本制度的错误主张,拓展和探索了中国特色的马克思主义理论新视界和新问题。为此,在高校思想政治理论课中,深刻阐明中国理论创新成果的鲜明特色,用中国特色社会主义理论体系的最新成果教育大学生,是增强大学生对中国特色社会主义理论自信的最有力的思想武器。深入学习和落实科学发展观,是当前高校思想政治理论课的一项重要内容,使大学生清楚地认识到:"科学发展观是中国特色社会主义理论体系最新成果,是中国共产党集体智慧的结晶,是指导党和国家全部工作的强大思想武器。科学发展观同马克思列宁主义、毛泽东思想、邓小平理论、'三个代表'重要思想一道,是党必须长期坚持的指导思想。"①科学发展观是马克思主义同当代中国实际和时代特征相结合的产物,集中体现了马克思主义的发展观和方法论,是对当前我国发展面临的新世情、新国情、新党情下实现什么样的发展、怎样发展等重大问题作出的新的科学回答;是我们党对中国特色社会主义规律认识提高到新的水平,开辟了当代中国马克思主义发展新境界。

---

① 胡锦涛:《坚定不移沿着中国特色社会主义道路前进 为全面建成小康社会而奋斗——在中国共产党第十八次全国代表大会上的报告》,人民出版社 2012 年版,第 8 页。

　　第三,科学阐释中国特色社会主义制度的内在优势,增强制度自信。构建中国特色话语体系,增强高校思想政治理论课的吸引力,就是要用具有说服力和感召力的理论话语深刻解读中国特色社会主义制度的内在优势,增强大学生对中国制度自信的认识和理解。中国特色社会主义制度是中国特色社会主义道路的根本保障,它是党领导我国人民在长期社会主义伟大实践和建设中形成的鲜明特色。中国特色社会主义制度,包括人民代表大会制度是保障人民当家作主的根本政治制度,中国共产党领导的多党合作和政治协商制度、民族区域自治制度以及基层群众自治制度等基本政治制度,中国特色社会主义法律体系,公有制为主体、多种所有制经济共同发展的基本经济制度,以及建立在这些制度基础上的经济体制、政治体制、文化体制、社会体制等各项具体制度。这些制度是我党在长期革命、建设和改革的伟大实践中,始终坚持将马克思主义理论与中国革命的具体实践结合起来,不断地探索、不断地总结和发展,从而形成了具有强大生命力的中国特色社会主义道路的制度。这些制度既吸收了我国传统政治和文化的精华,又吸收了人类文明的优秀成果;既保障了人民的民主权利,又能体现社会主义的巨大优越性,彰显了共同意志和集中力量办大事的巨大优势和无可比拟的优越性。当前应着力从两个方面阐释其优越性。其一,构建中国特色话语体系,生动地阐释中国共产党领导的多党合作和政治协商制度所具有的强大生命力和优越性。中国的政党制度"它既不同于许多资本主义国家的多党制或两党制,也不同于一些国家的一党制,而是根据中国实际作出的创造,具有鲜明的中国特色"。这个特色在于:一是坚持中国共产党的领导,这是我国历史发展过程中各民主党派的自觉选择,也是我国政党制度的基本前提;二是坚持中国共产党领导并不是搞一党制。"中国共产党同其他党派的关系是:共产党领导、多党合作,共产党执政、多党派参政,各民主党派不是在野党和反对党,而是共产党亲密合作的友党和参政党。"①在国家重大问题上,共产党和各民主党派民主协商、科学决策,集中力量办大事。"这种新型政党关系,是我国政党制度区别于其他政党制度的鲜明特色。"其二,构建中国特色话语体系,生动阐释为什么在我国必须坚持公有制为主体、多种所有制经济共同发展的基本经济制度,绝不能搞私有

---

　　① 李庄、袁昭编:《聚焦中南海:党和国家发展大局至关重要若干问题解析》,人民出版社2011年版,第20页。

化和单一公有制。"这是促进我国生产力进一步解放和发展,坚持、发展中国特色社会主义的题中应有之义,是坚持和完善社会主义市场经济体制的重要体制基础。"①这是关系着我国和谐社会建设和实现全面小康社会目标能否实现的关键,也是关系着我国能否在国际风云变幻中坚持和发展中国特色社会主义伟大事业的关键。因此,这都需要构建中国特色话语体系,生动地阐述中国制度内在的优越性。当然,中国制度的优越性还可以从战胜"非典""汶川地震"救灾,成功举办奥运会、世博会,"嫦娥奔月""蛟龙深潜"等举世瞩目的成果中得到明证,充分彰显了中国政党制度、中国特色社会主义制度的内在优势,增强制度自信。

综上所述,在高校思想政治理论课中,构建中国特色话语体系,阐释中国特色社会主义,需要特别强调其"三位一体"的内在紧密联系,缺一不可,中国道路是实现途径,理论体系是行动指南,制度是根本保障,三者统一于中国特色社会主义伟大实践之中,这是中国特色社会主义的最鲜明特色和根本表征。

(三)构建中国特色话语体系,增强
高校思政课的说服力

马克思说:"理论只要说服人,就能掌握群众;而理论只要彻底,就能说服人。"②为此,构建中国特色话语体系,正确回答中国实践中的热点难点问题,就会增强高校思想政治理论课的理论自觉和说服力。

第一,诠释真理,用马克思主义的立场、观点、方法观察和分析中国特色社会主义道路建设中的问题,增强理论自觉。马克思主义是中国特色社会主义理论体系的理论基础和思想源泉,是人们认识世界和改造世界的强大思想武器。在高校思想政治理论课中,坚持用马克思主义的立场、观点和方法去观察问题、分析问题是增强理论自觉的必然选择,也是打开和阐释中国现实问题的"钥匙"。在这方面,《辩证看务实办——理论热点面对面》就是很好的典范。"翻开历年的'理论热点面对面',可以发现,无论是面对新情况新问题,还是面对一些敏感

---

① 《马克思主义政治经济学概论》,人民出版社、高等教育出版社 2011 年版,第 288 页。
② 《马克思恩格斯选集》第 1 卷,人民出版社 2012 年版,第 9 页。

问题,它都坚持实事求是、不走极端、远离偏颇、杜绝片面,用全面、辩证的观点,历史的、发展的眼光观察和分析问题,这样得出的结论自然具有极强的穿透力,经得起历史和人民的检验。"所以,只有坚持用马克思主义的立场观点去分析社会的热点问题、难点问题,以解除大学生心中的疑惑,澄清理论的困惑,帮助大学生用正确的马克思主义立场、观点和方法去认识中国特色社会主义道路建设中的问题,对增强其责任感和使命感具有潜移默化的功效。

第二,观照现实,直面理论热点和难点问题,增强中国特色话语体系的时代特色。马克思曾指出:"问题是时代的格言,是表现时代自己内心状态的最实际的呼声。"①能不能直面现实诸多问题,科学回答时代提出的重大课题,是考量高校思想政治理论课存在合理性的重要砝码。为此,高校思想政治理论课教师必须以高度的自觉性正视理论热点和难点问题,敢于聚焦火热的社会生活和人们关心的现实问题,积极阐释中国特色社会主义事业攻坚克难中重大理论问题和现实问题。包括中国特色社会主义经济建设、政治建设、文化建设、社会建设、生态文明建设以及党的建设中各个方面的问题,这些问题不仅关涉到中国道路的发展问题,也关涉到改革发展的稳定问题;它不仅关乎着国家、民族的安危和存亡,也关乎着每个中国人的命运和前途,更关涉到中国梦的实现问题。因此,找到理论和现实的结合点,构建中国特色话语体系,深刻解读人们所关心的教育问题、住房问题、医疗问题、养老问题,将党的"爱民、惠民和为民"的情怀和实际工作宣传到位,落实到位,增强高校思想政治理论课自身的力量源泉和理论自信,才能把握社会主义意识形态传播的主导权。

第三,正视实践,用中国发展的最新成果和成就增强中国发展道路的信心和动力。经过改革开放40多年的发展,我国取得了举世瞩目的伟大成就,造就了世界发展的奇迹。为此,用实践的伟大成就即用中国发展的最新成果和成就增强中国发展道路的信心,无疑是最生动、最丰富和最好的教材。十八大报告指出,我国"综合国力大幅提升,2011年国内生产总值达到47.3亿"。"创新型国家建设成效显著,载人航天、探月工程、载人深潜、超级计算机、高速铁路等实现重大突破。生态文明建设扎实展开,资源节约和环境保护全面推进。""我国经济总量从世界第六位跃升到第二位,社会生产力、经济实力、科技实力迈上一个

① 《马克思恩格斯全集》第1卷,人民出版社1995年版,第203页。

大台阶,人民生活水平、居民收入水平、社会保障水平迈上一个大台阶,综合国力、国际竞争力、国际影响力迈上一个大台阶,国家面貌发生新的历史性变化。"这些成就都是有目共睹的,也是中国改革开放和社会主义市场经济建设的生动实践,具有鲜明的实践性,更具有强大的说服力。为此,在高校思想政治理论课中,坚持以实践为取向,从实践切入,用实践立论,用实践破题,用丰富而具体的实践事实和材料阐明中国发展道路取得的成绩,切实增强高校思想政治理论课的吸引力和感染力,培养大学生的爱国情怀、改革精神和创新能力,将会极大地增强大学生对中国发展道路的信心,增强其建设美好中国的实践动力。

（本部分依据《在高校思想政治理论课中构建中国特色话语体系的思考》改写而成,原文刊于《思想理论教育导刊》2014年第1期,作者:邹绍清、李国安）

三、高校思想政治理论课教学
话语面临的困境与对策

高校思想政治理论课作为对大学生进行主流意识形态宣传教育的主渠道和主阵地,其教学效果直接关系到马克思主义主流意识形态的领导权和话语权在青年大学生群体中的确定和巩固。多年来,思想政治理论课的顶层制度设计、政策配套、教材建设等外在保障条件愈益成熟,但尚未完全走出"教师难教、学生厌学、教学低效"的尴尬困局。其原因是复杂的、多方面的,如果从微观的教学要素层面反思,思想政治理论课教学话语在一定程度上的失语甚至失效当属其中的重要原因。在切准当前思想政治理论课教学话语存在的问题症结的基础上,实现思想政治理论课教学话语体系的创新,应是走出当前思想政治理论课教学低效困局的必然要求。

(一)准确把握思想政治理论课
教学话语的内涵与实质

话语本来是一个语言学概念,现已广泛应用于社会科学的各个领域,其中,法国思想家福柯的话语理论首先从语言学应用在政治领域。福柯认为,话语是一种更为宏大的历史进程中的语言实践,话语是在实践中进行的,并且是伴随矛盾而生的。"话语产生于矛盾,话语正是为表现和克服矛盾才开始讲话的;话语正是当矛盾不断地通过它再生产出来,为了逃避矛盾才继续下去并无限地重复开始。"在此,福柯实际上强调了话语交往的作用,将话语的生成和消解都置于矛盾之中,因为有矛盾,所以需要通过话语来对话和协商等。综上,可将话语视为一种以语言文字为载体,以沟通对话、解决矛盾为价值指向的交往实践活动。有论者指出:"话语实践的终极目标是什么? 不是强制性或欺骗性的服从或被服从,而是基于共同意志基础上的相互理解。"话语不单纯是一个实体范畴,更是一个关系范畴。它是发话者和受话者之间的交际中介,是他们互相理解的桥梁和纽带。从福柯的话语理论角度来探究思想政治理论课教学,最重要的两点启示是:其一,思想政治理论课教学绝不是教师自言自语、自说自话的"独白",而是说话者与受话者之间的"对话",其目的不是向学生硬性灌输某些观点,也不是让学生死记硬背某些概念,而是选择和创造既能传达国家主流意识形态又能为学生所喜闻乐见的话语形式,从而使学生从内心真正理解、认同和接受国家主流意识形态;其二,思想政治理论课教学话语存在的根本价值在于解决思想政治理论课教学过程中主要是学生对思想政治理论的"知"与"不知"、"信"与"不信"的矛盾。从这个意义上,所谓思想政治理论课教学话语,就是指思想政治理论课教育教学为了完成自身的任务和实现自身的功能而建构的一整套语言形式,其核心任务在于在一定的语境之下如何表达以及在多大程度上能表达思想政治理论课的内容,推动教育者和受教育者之间的沟通和交流。

（二）切准思想政治理论课教学
话语存在的问题症结

第一,话语内容上表现为照搬照抄教材话语的"文本"式话语范式。任何学科的教学都有两种话语系统,即教材话语体系和教学话语体系,二者是诞生在不同语境中的话语体系,既有联系也存在明显的区别。教材话语强调的是思想内容的科学性、逻辑性和规范性,而教学话语更关注的是教学内容与学生实际的契合性以及话语表现形式的生活性、生动性。因而,在教学实践中必须处理好教材话语和教学话语的关系,并有效实现教材话语体系向教学话语体系的转换。教学话语是根据具体语境和学生实际对教材话语的解读和再创造,而绝非对教材话语的简单"复制"或照抄照搬。思想政治理论课的课程性质决定了思想政治理论课教材必须完整而科学地体现国家主流意识形态,也必然决定了思想政治理论课教材具有高度的权威性、科学性、系统性和严谨性。随着思想政治理论课改革不断深入,特别是"05方案"实施以来,思想政治理论课教材建设取得了显著的成果,在坚持理论权威性、科学性、系统性和规范性的基础上,将现有教材紧密结合当前大学生的思想实际,充实了许多新的表现元素,增强了可读性,但当前的思想政治理论课教材话语体系并没有完全突破原有的形式,政治话语、文件话语、权力话语仍然占相当大的比重,这就要求教师根据具体语境和学生实际进行深入的教材分析,将这种高度权威性、科学性、系统性、严谨性的教材话语转化为生活化、多样化、生动化、形象化的教学话语。但不少教师在教学过程并没有"活化"教学话语体系,而是把课堂教学变成了纯粹的文本理论和实际现象简单罗列的"原理加实例"模式,即用文本解释文本、从定义到定义、从理论到理论,其导致的结果就是,思想政治理论课教师"很容易被矮化成一个仅仅从事非创造性劳动的雇工,僵化成一个只是灌输既定的意识形态的传声筒,愚化成一个贬损自身灵魂的思想附庸"①。长此以往,教师因缺乏理论的说服力必然会丧失对理论的自信和教学的激情;对学生而言,因教材内容的理论抽象和教学语言的理论灌输而逐渐失去学习的主动性和积极性,思想政治理论课在某种程度上被异化为一种空洞的、虚无缥缈的"政治说教"。

第二,话语方式上表现为教师"独白式"的满堂灌输。思想政治理论课教学话语是一种以语言文字为载体,以沟通对话、解决矛盾为价值指向的交往实践活动,话语内容要实现在交往双方中的有效传递和沟通,客观上要求话语主体通过"对话"的话语表达方式。因而,教学话语的核心就是师生之间建立在平等对话基础上的有效沟通。然而,在当前的思想政治理论课的教学话语体系中,呈现出较明显的教师"独白式"倾向。一方面,教师作为说者仍然霸占话语权而居于话语的中心,以知识、真理、正确思想的面貌自居,采用独白式语言、意识形态显性语言和命令式、训导式语气,以高压强制的态势向学生满堂灌输其思想意志。在课堂的教学场域中,不是"以理服人",而是"以力服人"。另一方面,学生作为听者被剥夺话语权而处于话语的边缘,使得思想政治教育失效甚至反效。这种传统的"独白式"话语方式不仅使师生沟通受阻,而且还导致思想僵化,阻塞新思

---

① 吴康宁:《教师:一种悖论性的社会角色》,《教育研究与实验》2003年第4期。

想的诞生。在"教师的话语霸权横亘其间,师生各自的思想处于两极,难以相遇和对接"的状态下,师生之间也就无法产生真正的"共鸣","言者谆谆,听者藐藐"的尴尬景象自然难以避免。

第三,话语指向上表现为以知识为中心的单维目标。思想政治理论课的课程性质和功能决定了其教学话语目标指向应兼具"知识性"和"价值性",绝非单纯理论知识的传授,而是要通过理论知识的传授,提高学生运用马克思主义的立场、观点和方法分析解决问题、辨别是非、判断价值的能力,说到底,是解决学生的世界观、人生观和价值观问题。然而,当前的高校思想政治理论课往往强调的是大学生对理论知识的掌握情况和认识水平提高的程度,在教学话语价值指向上,仍然表现为以知识为中心的单维目标。思想政治理论课教师在课堂上讲授的多是玄而又玄的深奥哲理、高度抽象化的政治理论,其主要任务是把知识灌输给教学对象,按照一般知识本身的逻辑把知识教给学生。这就意味着,学生掌握了一般的知识,教学过程就结束了,教师的任务也就完成了,而没有实现知识目标向情感态度价值观目标的升华。它把科学知识的教学方法简单地移植到思想政治理论课教学中,从而将思想政治理论课的理论学习、能力提高、情感熏陶、意志锻炼、信念树立、个性修养等综合目标简化为知识学习这一单唯目标,把复杂的受制于多种因素的思想政治教育活动简化为政治、历史、经济、文化、道德知识的学习活动。

(三)探寻多维度的思想政治理论课教学话语转换路径

第一,通过理论"重译"将教材话语转换为教学话语。思想政治理论课教材话语和教学话语的不同特点,客观上要求教师要面对丰富多彩的学生个体,并在特定的时空语境中、在动态的教学活动中,对教材话语进行重新理解、编辑和移位,重新开发出一套"因材施教"的话语体系,这个过程可以称为理论"重译"。说到底,思想政治理论课教材话语向教学话语转换是一个对教材话语进行理解消化并再加工的过程。也就是说,思想政治理论课教师要对教材话语进行拓展、延伸、补充和提升,由教材话语转化出并付诸实践的教学话语。当然,这一过程并非是轻而易举的事情,首先要求教师不断夯实理论功底,提高把理论说"透"的能力。高校思想政治理论课重在使学生掌握系统的马克思主义理论及中国化马克思主义理论体系,提高他们用马克思主义立场、观点和方法分析和解决问题的能力,因为"理论只要说服人,就能掌握群众;而理论只要彻底,就能说服人"。这里说的"彻底",除了要求理论本身的"真理性",还要求教师把理论说"透",也就是教师要有对思想政治理论课教材话语中所蕴含的思想理论融会贯通、深入浅出的能力。而教师只有"用自己深刻理解和真正把握了的科学理论去讲解,才能说服学生、打动学生,才能真正实现科学理论进学生头脑的目的",如果教师对理论只是一知半解,教学话语必然晦涩难懂,学生听之则必然玄而又玄。其次,教师要用更加贴近学生、贴近时代、贴近生活的教学话语来表达教育要求,用合乎教育规律的方式来表达教育内容,克服教材话语的弊端与缺陷。思想政治理论课教学话语必须深深植根于学生政治生活和道德生活的需要,植根于生活世界之中,才可能还原为思想政治教育实践中的真实话语,成为真正的思想政治理论课教学话语,被处于现实生活世界之中的学生所理解和接受。思想政治理论课教学实践不断证明,如果我们能够使用教学话语架构起理论"彼岸世界"与学生生活实际的"此岸世界"的桥梁,能够最大程度满足学生参与政治生活与道德生活的内在需要,就一定能诱发学生以高度的热情去探索理论的魅力、享受真理的价值。

第二,激活学生主体意识,变"独白式"教学为"对话式"教学。思想政治理论课教学话语的交往特性客观上要求教师不仅要关注"说什么",即话语的具体内容,而且要关注"向谁说",即话语指向的对象,只有话语对象对话语内容理解、认同,才会产生"话语的权力"即"话语权"。青年大学生是思想政治理论课教学话语指向的对象,但他们在教学过程中不是消极被动的"灌输对象",不应沦落为沉默的"失语者",而是能够不断涌现、升腾、迸发新思想的主体,因此,思想政治理论课教师必须摒弃那种以"真理化身"自居的心态,改变那种充满命令式、训导式语气的独白式语言,以"真切的对话取代苍白的独白",实现教师和学生思想的对接和沟通。一是要充分激活学生积极参与思想政治理论课教学活动的主体意识,真正构建教师与学生的双主体地位。对话以平等而独立的话语主体、意识主体与实践主体的存在和出场为前提。但应看到,他们各自的独立意识并不是孤立独存于各自封闭的世界中,而是存在于彼此思想域的接壤处,对话就是让教师与学生的思想在门槛上相遇并发生碰撞,相互论辩、相互补充,在"知识"和"信仰"上相互沟通,最终消除思想和话语的"裂谷"而达成思想和话语的共识、融合与升华。二是教师与学生向彼此敞开灵魂,实现深层次的情感互通。对话从深层次来说,就是向对方敞开灵魂。对话突破了独白的静止封闭性,呈现为一种开放性和未完成性,在鲜活的对话中新的知识体系不断构建,意义、价值不断涌现和绵延。教师在思想政治理论课教学中,应将积极的情感因素注入教学话语中,以真诚实在、热烈而温暖的语言引导学生对教育内容和思想的理解与接受,唤起学生内心的认同与共鸣。同时,在思想政治理论课教学过程中,师生应该建立有效的信息传递与反馈路径。对话意味着话语主体希望被听到、被理解,能得到从其他立场上作出的应答,这就形成了一种双方或多方的言说与倾听关系和接受、理解的复杂对应关系,教师与学生间不断发出"你说,我听"和"我说,你听"的话语轮次,在话语轮次的交替中,思想、情感进行有效的沟通与交流。这就要求教师在思想政治理论课教学活动中,充分赋予学生言说的"自由权",尊重学生独立的人格和独特的生命体验,包容不同的观点和声音,在师生思想的碰撞中实现学生思想境界的提高和信仰的生成。

第三,走进学生"生活世界",将抽象的思想政治理论还原为生活本身。思想政治理论课中以纯"文本"形式存在的理论是对"生活世界"之丰富性的最高抽象,需要教师通过生活化的教学话语架起理论与实践之间的桥梁,当好学生的"理论翻译"。进一步讲,教师须通过教学话语将抽象的理论翻译成学生听得懂的语言,用学生真实生活世界中的事例与语言阐释理论,将抽象的思想政治理论还原为生活本身,因而,教学话语作为联系教材内容与授课对象的中介,应实现理论的"文本"与理论的"生活世界"之根基的真正契合。在思想政治理论课教学中,教师可以通过复原理论产生的历史情景,指引学生进入思想、理论产生的历史环境,让学生真切地感受到理论不是书斋的杜撰物,而是适应当时社会生活的发展需要而产生的,让学生在追踪理论发展轨迹的过程中明晓理论的历史价值。同时,教师要立足学生当下真实的生活情景,选择真实的生活材料,借助学生的生活背景和生活体验,在学生与文本理论知识之间搭建一座"桥梁",以促进学生感知和领悟文本,实现知识的内化和建构。最后,教师要积极挖掘思想政治理论课文本中的认知、审美、道德价值,引导学生学会鉴别、反思、批判和创新,能对自己的现实生活进行净化、规范和提升,并拥有美好的人生理想,不断地超越自己现实性的生存状态和发展方式,追求一种更有意义、更有价值、更为美好和更符合人性的完满的可能性生活。

（本部分依据《高校思想政治理论课教学话语面临的困境与对策》改写而成,原文刊于《思想理论教育》2014 年第 11 期,作者:吴艳东）

专题五：方法手段

专题提要

方法是引导人们达到目的、走向彼岸的桥与船。教学方法是高校思想政治理论课教学改革中最为活跃的要素。自改革开放以来,高校思想政治理论课教学方法的改革可谓是日新月异,一日千里。特别是随着互联网科技和现代新媒体技术的飞速发展,给高校思想政治理论课教学方法、手段的创新带来了前所未有的机遇和技术支持。2016 年 12 月 7 日,习近平总书记在全国高校思想政治工作会议上发表重要讲话,要求把思想政治工作贯穿教育教学全过程,实现全程育人、全方位育人,努力开创我国高等教育事业发展新局面;中共中央、国务院印发《关于加强和改进新形势下高校思想政治工作的意见》,对加强和改进新形势下高校思想政治理论课的教学方法的改革提出了明确要求。随着党的十九大的胜利召开,为高校思想政治理论课的教学实践及其教学方法的改革,进一步明确方向,给力鼓劲。习近平总书记指出:"做好高校思想政治工作,要因事而化、因时而进、因势而新。要遵循思想政治工作规律,遵循教书育人规律,遵循学生成长规律,不断提高工作能力和水平。要用好课堂教学这个主渠道,思想政治理论课要坚持在改进中加强,提升思想政治教育亲和力和针对性,满足学生成长发展需求和期待。"所以,思想政治理论课教学方法的改革一定要遵循"三因"规律,积极创新。

教学方法改革是提升思想政治理论课教学质量的关键因素,决定着思想政治理论教学实效好坏。抓住课堂教学方法改革这一关键因素,不断采用新技术、新手段和新方法,推动深化思想政治理论课的教学改革,是当前高校思想政治理论课改革的重要一环。大力加强新时代思想政治理论课教学的方法和手段的研究,要着重开展多媒体技术方法、大数据思想政治理论课方法、课堂交往活动法、探究式教学法、生态教育方法等多维度的创新,以顺应现代互联网技术、生态文化建设的需要,积极发挥学生在思想政治理论课中的主动参与性,增强思想政治理论课的吸引力、亲和力和说服力,大力提升思想政治教育的实效。

一、高校思想政治理论课探究式
教学法的创新

在高校思想政治理论课教学方法改革中,需要探究式教学方法的创新,真正落实好以问题为导向,加强教学方法的创新,提高学生参与课堂的积极性,培养其创造性思维,提升教学实效。

(一)高校思想政治理论课探究式教学法的含义

正确理解掌握高校思想政治课探究式教学法的含义,挖掘其在运用过程中呈现出来的特征,明确探究式教学法的内在本质,有助于夯实高校思想政治课探究式教学法运用的理论基础。

所谓探究式教学法,是指教师为了完成教学目标和任务,以问题为导向,结合教材或大学生生活实际确定一个探究性主题,引导大学生通过自主或合作性学习得出问题的结论,从中获取知识、能力的提升,转变或有效影响大学生的情感、态度、价值观的一种教学方法。其包含以下几层意思。其一,探究式教学法的运用须在一定的教学情境下进行,在教学情境下须调动起大学生的问题意识,使大学生带着问题开展探究。问题情境式教学是探究式教学的意旨所在,教师开展探究式教学须注重课堂探究情境的营建。其二,探究式教学须在教师的指导下进行,将教师的有效引导与大学生的自主探究相结合。任何脱离教师指引让大学生放任自流独立探究的探究教学都不是真正意义上的探究式教学,须将教师的"引"与大学生的"探"相结合。其三,探究式教学法倡导的是一种大学生合作学习的模式,大学生在小组合作的基础上共探问题的结论。大学生自主合作探究是探究式教学的基本形式,反对大学生脱离小组合作孤立地、单个地盲目探究。其四,探究式教学法的目的不仅在于使大学生获得知识上的提升,更在于培养和提升大学生的能力、情感、态度、价值观。也即通过探究式教学,使大学生体验情感、影响态度、提升其探究能力和创新能力。三维教学目标"知识与技能、过程与方法、情感态度与价值观"是探究式教学目标的根本指引性目标。

所谓高校思想政治理论课探究式教学法,是指高校教师为了实现思想政治课教学目标和培养大学生的探究能力,而组织、设计和开展以问题为中心的探究性教学活动方法。具体而言,其一,探究式教学法是一种以问题探讨为中心的学习方法;其二,探究式教学须在教师的指导下进行,将教师的有效引导与大学生的自主探究相结合;其三,探究式教学法倡导的是一种大学生合作学习的模式,大学生在小组合作的基础上共探问题的结论;其四,探究式教学法的目的不仅仅在于使大学生获得知识上的提升,更在于培养和提升大学生的能力、情感、态度、价值观。在运用该方法的过程中,教师要对当前社会上的社会热点、时政热点、国际热点进行探讨,然后在实际的思想政治课课堂教学中创设一个具体的探究情境,创设探究氛围,引导大学生围绕探究主题,通过搜集相关资料及信息主动合作探索交流,寻找解决问题的方案,并最终获得正确结论。探究式教学法是实施思想政治理论课堂教学效果优化的有效方法。

(二)高校思想政治理论课探究式教学法的特点

高校思想政治理论课探究式教学法有着诸多的特点,主要有如下方面。

第一,探究内容的广泛性。所谓探究内容的广泛性,是指该方法在运用的过程中,探究的内容不仅仅来源于现行教材,而且可广泛来源于现实生活中与教材内容密切相关的社会热点、时政热点和国际热点等问题。探究内容的广泛性也是探究式教学法在当前高中思想政治学科中的使用所呈现出的一个首要特征。要开展课堂探究,探究内容或主题的选定是极为重要的,是否有充足的探究内容可选,探究内容是否能够调动起大学生的积极性,对课堂探究式教学的开展有着很重要的影响。在思想政治理论课堂中开展探究式教学,教师无须为探究内容的选定或探究内容是否充足产生任何顾虑,因为在思想政治课课堂探究中,探究内容极其广泛。具体而言,思想政治理论学科与其他学科相比,其内容有着时代性的特点,更新较快,课堂探究的内容也可来源于与教材内容密切相关的生活实际体验和社会热点、时政热点、国际热点问题等等,只要能够服务于教学目标实现的内容都可以作为当前思想政治理论课课堂探究的内容或主题。因此,探究式教学法在当前思想政治理论课课堂中的使用呈现出极强的探究内容广泛的特征,其为大学生在课堂上进行探究学习也提供了广泛的学习资源,利于拓展大学生的视野,完善其知识结构。

第二,探究过程的开放性。所谓探究过程的开放性,是指探究过程不是封闭、单调地拘泥于传统的师生之间的沉闷地教与呆滞地学,而是注重整个探究过程的展开,强调的是一种开放、灵活、动态的过程教学,而非只注重结果。当前,思想政治理论课探究式教学法在运用的过程中呈现出探究过程开放的特性,其与探究式教学法运用的理念是相符的。具体而言,其一,在思想政治理论课具体的课堂探究展开的过程中,遵循的是一种"提出问题—创设问题情境—收集资料—探索结论—得出结论"的开放式的教学模式。在整个探究式教学展开的过程中,师生之间是民主、平等、和谐的关系,整个探究过程在一种开放的氛围下展开,教师不再是绝对的权威者,大学生成为课堂探究的主体,可以大胆提出自己的假设,开放自由,大学生灵活自由地进行探究,教师给予适当的指导。这种开放式教学的目的是让大学生在开放的教学环境中不断发现问题,探索问题,进而锻炼和发展大学生的思维能力。其二,当前思想政治课课堂中这种开放的、过程式的探究式教学是对以往的接受式教学中的教师一味灌输,大学生被迫强制性接受的阻滞大学生思维发展、违背大学生全面发展要求的传统教学模式的完全否定,能够极大地调动大学生学习政治课的积极性,增添政治课的趣味性。当前思想政治理论课教师在运用探究式教学法进行教学时也应始终秉承教学过程开放这一理念。

第三,探究形式的多样性。所谓探究形式多样性,是指在探究式教学的过程中,教师可以通过诸如公民论坛、时事评论、案例导入等多样化的教学形式来开展具体的探究式教学。探究式教学要想得到有效开展,探索多种探究形式也是不可忽视的重要方面,偏执于以往的讨论式探究这一固定的、模式化的、单一的探究形式无疑不能发挥出探究式教学的良好效果。当前,在思想政治理论课课堂开展探究式教学呈现出一个可喜的特征,也即探究形式呈现出多样化的良好态势,不再拘泥于以往开展探究式教学时课堂讨论这种单一的探究形式。探究式教学形式呈现多样化特征也是基于当前思想政治理论课已日益开放、时代性强、理论联系实际日益紧密等特点。具体而言,其一,教师可以通过类似公民论坛、时事评论、案例导入等方式将探究形式丰富拓展为案例式探究、情境式探究、辩论式探究,等等。其二,教师可以不仅仅将探究场所固定为教室,还可将探究场所延展至教室以外,将探究式教学贯穿于课外活动,给大学生相关活动探究主题,鼓励大学生进行实地考察式探究。当前新课改背景下思想政治理论课教材中每单元后的"综合探究"即是鼓励大学生进行外出实地考察探究的良好实践平台。总之,探究式教学的形式应是多样化的,当前思想政治理论课课堂探究式教学也正呈现着探究形式多样化的特征,有利于探究式教学效果的实现。

第四,探究情景的协调性。所谓探究情景的协调性,是指思想政治理论课探究式教学环境上,探究所需具备的各类设施设备齐全,探究过程中师生关系民主、平等、和谐。探究式教学在开展的过程中,情景是否协调也是构成其开展效果好坏的一个重要因素。当前,思想政治理论课课堂探究情景呈现出整体协调的良好特征。具体而言,其一,思想政治课课堂的探究场所主要是教室,教室里探究情境的协调性主要体现在教师根据探究讨论的需要将大学生分组,或将课桌椅灵活自由摆放供大学生随意交流,课前准备好探究所需的相关仪器设备等等,整体呈现出协调的景象。其二,思想政治课课堂探究过程中的师生关系、课堂探究氛围很协调,主要体现在:师生关系上,教师与大学生是学习伙伴,二者是民主、平等、和谐的关系,教师既是探究式教学的组织者、指导者,又是参与者,教师与大学生不再是传统的接受式学习过程中的教师讲、大学生听的双方毫无交流的"冷漠"关系,而是双方协调共进;课堂探究氛围上,大学生大胆发言,积极思考,教师褒奖有度,整个探究过程呈现出融洽、和睦的协调景象。

第五,探究结果评价的多元化。所谓探究结果评价多元化,是指当前思想政治理论课探究式教学评价标准多元化、评价主体多元化,彻底摒弃传统的单一的教学评价方式。在评价标准上,以往的教学评价往往以大学生是否获得知识上的提升作为单一的评价标准。思想政治学科当前侧重大学生的全面发展,注重"知识、能力、情感,态度,价值观"三维教学目标的实现,因此,评价标准不再是以单一的知识上的提升作为教学效果好坏的标准,而是更加注重大学生知识以外能力、情感、态度、价值观是否得到发展,呈现出多元性。在评价主体上,改变了以往的以教师作为单一的评价主体,将评价者范围扩展到了大学生、家长、校领导及教育行政部门等,评价主体上呈现出多元性的特征。再者,当前对思想政治课探究式教学效果的评价还转向形成性评价与终结性评价相结合,改变了以往的仅注重对结果的评价。总体而言,当前对思想政治理论课探究式教学效果的评价已呈现出多元化特性。

(三)高校思想政治理论课探究式教学法运用的要求

高校思想政治理论课探究式教学法的具体运用不是杂乱无章、毫无章法可循的,而是有一定的具体运用要求。在实际的思想政治理论课教学中,需要遵循以下运用要求,方能收到较好的教学效果。

第一,坚持主体性。探究式教学法这一新型教育方法的最主要操作方式即探究,要进行探究就必须有探究的主体,谁来进行探究便是一个首要考虑的问题。探究式教学法之所以能在当前思想政治理论课课堂教学方法的使用中占有一席之地,正是因为其把大学生作为主体,始终坚持和尊重大学生在探究式教学过程中的主体性地位,较受大学生的喜爱。坚持以大学生为主体也是探究式教学法运用的几大理念之一。主体性是现代素质教育的一个极其重要的特征,"现代教育与传统教育的分水岭就是承认不承认受教育者是主体"。秉承现代素质教育理念的探究式教学法理当遵循大学生的主体性。当前,在思想政治理论课探究式教学课堂中,"实践的主体是大学生,创造的主体是大学生",运用探究式教学法坚持以大学生为主体也即在探究的过程中一切教学活动都要以调动大学生的积极性和主观能动性为教学的前提和出发点,以大学生为本,以大学生为中心来设计符合其身心发展特征的教学活动,把大学生作为课堂的主人,以大学生作为发现、探究和解决问题的行为主体,充分激发大学生内在的探索潜能。当然,坚持主体性并不意味着忽视教师在整个探究式教学过程中的指导性作用,大学生的主体性应是在教师的指导下"自主选择、自主学习、自主研究、自主评价"的主体性,教师在整个探究式教学的过程中都应关注大学生的体验与发展。

第二,把握方向性。方向性是开展任何一项活动都必须考虑的问题,在教学活动中也是如此,任何教学活动都必须指明一定的教学方向,指向一定的教学目标,目标实际上也就是方向。当前,在全面开展素质教育的进程中,鲜明的政治方向性是首倡的。素质教育的培养目标,也即对人才的培养方向是培养"有理想、有道德、有文化、有纪律"的社会主义"四有新人"。当前,思想政治理论课在开展探究式教学的过程中,也必须始终秉承素质教育的理念,确立一定的教学方向,坚持方向性。在探究式教学的过程中,由于思想政治学科本身所具有的政治性较强的特性,教师要引导大学生树立正确的政治方向。再者,由于当前我国学校教育是社会主义性质的,也决定了在开展探究式教学的过程中必须把社会主义的政治方向和"四有新人"等理想信念教育作为指引方向。教师在开展探究式教学之前,"备课要根据教学大纲要求,从教材内容实际出发,设定好德育目标,必须把政治方向、理想信念教育放在第一位"。在具体的课堂探究的过程中,教师要针对当前社会上一些不良现象,引导大学生明辨是非,给予大学生正面的引导,使大学生获得鲜明的政治方向感,最终提升自我的世界观、人生观、价值观。

第三,遵循过程性。探究式教学法的运用强调整个探究过程的展开,因此,遵循过程性是探究式教学法运用的重要要求。当前,思想政治理论课课堂探究式教学的主要流程是"提出问题—创设问题情境—大学生搜集资料—大学生自主探究—论证结论",其有着鲜明的过程性。探究式教学过程是一个大学生围绕问题进行自主探究、自主交流、自主归纳,教师在其间给予必要指导的一个完整的教学活动过程,缺乏其间的任何一个环节都不能称之为探究式教学的过程,由此可见其过程的鲜明性及遵循过程性的重要性。遵循过程性也即政治教师要高度重视大学生在整个探究过程中针对教师所提出的问题进行分析、交流讨论、论证解决的能力的培养和提升,而非仅仅注重探究结果的生成,应始终注重探究式教学的形成性,而非其生成性,一定意义上,探究式教学的过程比其结论的生成更为重要。政治教师在思想政治课课堂中开展探究式教学时只有始终积极引导大学生参与探究学习的全过程,才能让大学生真正体味到探究的乐趣,最终达到通过其自主对问题的探究获得知识、能力、情感、态度、价值观等方面的提升,实现思想政治课三维教学目标。

第四,秉承趣味性。探究式教学法运用的一个重要旨趣即在于使大学生通过自主探究从中获得乐趣,享受自主探究的快乐,因此,秉承趣味性便成了探究式教学法在运用过程中的一大要求。当前,鉴于高校思想政治这门课程被部分大学生标榜为枯燥无味、毫无生趣这一不良现实,政治课教师在开展探究式教学的过程中尤其应当注重始终秉承趣味性,让生动有趣贯穿整个探究的全过程。在具体的探究式教学过程中,政治教师应当做到语言生动有趣、富有感情,摒弃以往枯燥乏味的语言,调动起大学生的兴趣,激发起大学生的情感共鸣。"兴趣是喜好的情绪,是推动大学生学习的极强动力,是大学生学习积极性中最活跃的心理成分。"对于如何使探究过程富有趣味性,调动起大学生的兴趣,教师可从以下方面入手:在问题的提出上,教师可通过巧妙设计"激趣导入"的导语,进而引申出问题;在情境的创设上,教师可根据探究内容及大学生自身的特点设计具体的教学案例,将大学生引入富有趣味的意境中;大学生自主探究讨论时,教师可给大学生创造表演的机会,组织与探究有关的游戏,同时,积极使用录像媒体、投影仪等设备,使探究的内容更富有感染性。在探究的过程中遇到抽象难解的问题时教师可以用一些典故或与之相关的故事将其表达出来;在论证探究结论时,教师可以用风趣的语言对各探究小组的结论进行点评,以褒奖为主,激发大学生的成就感。总之,教师在整个探究教学的各个环节中都应当做到秉承趣味性,方能最大限度地调动起大学生的积极性,使其感受到参与的无穷乐趣。

(四)探索创新高校思想政治理论课探究式教学方式

探索创新高校思想政治理论课探究式教学方式,丰富和完善已有的探究式教学模式,将在一定程度上提升探究式教学法在当前思想政治理论课课堂的运用效果。

第一,情境式探究。由于探究式教学的第一步即是创设情境,因此,情境式探究理当可以成为探究式教学一种首选的教学方式。根据教学内容创设具体情境的情境教学历来是思想政治理论课堂常用的一种教学方法,在探究式教学过程中也可以加以借鉴。情境教学,也即为了达到一定的教学目标,依据教材内容和大学生的实际情况,创设一种与教学内容或主题相关的具体情境,让大学生置身于这一特定的教学情境当中,引起大学生的情感体验和共鸣,发散其思维,通过认真巧妙地创设教学情境,能够很好地调动课堂教学气氛,激发大学生的学习兴趣,达到理想的教学效果。可采取创设问题情境、创设故事情境、利用热点创设情境等方式来构造具体的教学情境。相应地,借鉴情境教学的操作原理及步骤,可以将情境式探究的操作步骤理解为,通过设置问题情境,将大学生置身于问题情境之中,引导大学生围绕探究主题展开主动探究,最后得出探究结论。情境式探究能够"给大学生阅读、思考的情境,结大学生质疑、想象的空间,给大学生探索、发现的机会,给大学生交流、展现的舞台"。

第二,讨论式探究。探究式教学在很大程度上是通过大学生自主讨论探索来完成的,因此,讨论式探究也是探究式教学过程中一种主要的教学方式。讨论式探究是在教师的指导和帮助下,大学生被分为若干小组围绕某一理论或实际问题各抒己见,展开讨论,以探究出正确结论的教学方式。它是一种较易体现启发式探索式精神的教学方法,有利于激发大学生的主体性,锻炼大学生的思维和表达力;有助于大学生对知识内容的深化和理解;有助于大学生对知识的反馈。讨论式探究的具体操作步骤为:一是组织讨论,在该环节教师需要明确讨论的主题是什么,讨论小组的划分,讨论时间等等;二是开始讨论,此环节需要教师深入到小组里进行辅导和把关,对大学生的讨论加以有效引导,对偏离讨论主题的大学生及时加以指正;三是结束讨论,此时大学生需要汇报探究讨论的结果,教师对结论加以评定。

第三,问题式探究。探究式教学大多数是围绕问题而展开,大学生在问题的助推下展开自主探究以得出正确结论。因此,问题式探究也应当成为探究式教学的一种主要方式。在开展探究教学时,教师应当极力培养大学生的问题意识,提高大学生质疑探究的能力,致力于让大学生在认识活动中处于怀疑、困惑、探究的心理状态,这种心理状态可以使大学生产生积极的思维而不断提出问题,并想办法解决问题,使大学生产生问题意识。问题式探究就是在这种问题意识的基础上形成的一种探究式教学方式。其操作步骤为:教师抛出问题,大学生在合作探究的过程中分析问题,寻找解决问题的办法,得出结论。在整个过程中,教师引导大学生寻疑、质疑、释疑,培养大学生的思辨能力是问题式探究的关键。

第四,体验式探究。探究式教学非常注重大学生在整个教学过程中所获得的亲身经历和体验,这种体验能加深大学生对所学理论知识的掌握和理解,因此,体验式探究也是探究式教学过程中极为推崇的一种教学方式。体验式探究不仅对大学生的感性认识学习有帮助,而且在发展大学生的情感、意志、态度和价值观方面有着独特的作用。"体验探究教学的精髓在于让大学生始终参与整个教学过程,积极主动地做课堂教学的主人。"体验式探究的操作步骤为:师生共同创设一定的教学情境,大学生通过角色扮演、亲身参与等方式,激发起大学生一定的情感体验,亲身经历探究的整个过程,在教师的指导下最终得到真知。体验式探究的操作步骤实际上可以可概括为"情境体验—合作交流—探究质疑—总结点评"。体验式探究是一种能够使大学生"陶冶其情感、形成其品德、熏染其思想的活动方式"。

(本文依据硕士学位论文《关于探究式教学法运用》改写而成,原文刊于中国知网,作者:胡丽琴;指导教师:邹绍清)

二、多媒体技术在高校思想政治 理论课教学中的应用

随着现代科学技术的发展,多媒体技术开始在高校思想政治理论教学领域广泛应用。多媒体技术作为一种新的教学手段,它主要是借助计算机技术对文字、图形图像、动画、视频、音频等多种媒体进行综合处理,从而使教学内容、方法、过程等更加形象、具体、生动、活泼。多媒体技术在教学过程中的应用,是高校思想政治理论课教学改革的趋势和要求。

（一）多媒体技术对高校思想政治 理论课教学的优化作用

多媒体技术以其所具有的信息负载多样性、交互性和集成性等优势,可为思想政治理论课创设生动的教学场景,使课堂的教学内容更直观、教学重点和难点更容易分解,有利于学生在获取知识、培养能力、提高觉悟等各个方面充分发挥能动作用,从而使整个教学过程更加优化,其主要体现在以下几个方面。

第一,调动学生学习思想政治理论课的兴趣。作为高校思想政治理论课教学对象,大学生是体现教学实效的主体。高校思想政治理论课能否激发他们的学习兴趣与参与的积极性,能否改造他们的世界观、人生观、价值观,能否提升他们的思想道德素质,直接关系着高校思想政治理论课教学目标的实现。在传统教学模式中,教师主要通过教材、黑板、粉笔、图表、照片等进行教学。这种教学方式尽管曾发挥过十分重要的作用,但也存在很大局限,主要表现在思想政治理论课内容抽象,容易使学生产生学习疲劳。从当前高校思想政治理论课教材的

特点来看,它所阐释的基本概念、基本原理包括马克思主义基本理论、毛泽东思想与中国特色社会主义理论体系、中国近现代史、思想道德修养和法律基础等。这些内容较为抽象,既不能直接观察又无法演示实验,故不易引起学生的兴趣。同时,这种教学方式缺乏师生互动,容易使学生失去兴趣,导致课堂气氛沉闷。尽管高校思想政治理论课教学内容丰富、涉及面广、现实性强,有大量的历史和现实材料可供利用,但由于技术局限,教师不能以生动、形象的方式给以展现,导致教师在课堂上容易以理论的灌输代替学生的能动建构。在教学过程中,学生作为接收方,处于完全被动地位,容易使他们失去兴趣。多媒体是由视觉媒体、听觉媒体、视听觉媒体、综合媒体等作用于人的各种感官的媒体组成的,可以储存、传递、处理和控制语言、文字、声音、图形、视频等多种素材。把多媒体引入课堂,可以有效地把多种教学手段有机结合起来,增强课堂教学的表现力、说服力和感染力,使学生的认知活动伴随着丰富的情感、愉快的情绪进行。比如,马克思主义哲学原理课概念多、原理多、抽象,难以理解,把握不好很容易使学生感到枯燥乏味。而使用多媒体课件教学,通过一些具体生动的图片、视频,使得很多抽象的概念、理论变得形象化、具体化,这样,学生接受起来比较容易,从而激发学生学习思想政治理论课的兴趣,调动他们学习的积极性和主动性。

第二,转变教师施教和学生学习的方式。随着高校思想政治理论课改革的不断深入,思想政治理论课教师的角色发生了重大变化,教师不但是思想、政治、理论的传授者,而且还必须是学生思想政治理论课程学习的设计者、组织者和引导者,即思想政治理论课程意义建构者。教师角色的转变要求教师施教也要作出相应调整,即从过去理论灌输的"填鸭式"向贴近学生实际的"主导式"转变,即在课堂施教中,应当有学生的参与和自主建构。多媒体教学输入输出手段的多样化使其具有很强的交互性,学生既能学习原理又能练习,使动脑、动口、动手有效地结合起来。如问题情境的构建与拓宽、角色互换的模拟等扩大了师生互动空间,拓宽了互动途径,丰富了互动内容。可以在保证教师在课堂教学中的主导作用的基础上,改进师生互动方式,发挥学生自主学习的主体性,形成相互协作学习的模式,实现传统教学方法无法实现的自由讨论和协同学习,从而进一步提高学生对课堂教学内容的把握,加深学生对教学内容的认识,提高教学效果。因此,将多媒体技术应用于高校思想政治理论课教学,有助于避免传统"你听,我讲"单向灌输,克服空洞乏味的理论说教。同时,将多媒体技术应用于高校思想政治理论课教学,也有助于学生的学习方式转变。由于多媒体教学展示流程的设计思路,既凸显教师主导作用的发挥,又凸显学生主体地位的确立;既强调文本展示的课前预先设定,又强调课堂教学的动态生成;既注重以课堂上的学情为转移,又注重特定问题情境的建构,所以它的现实转化,创设了一个全新多维互动的学习环境,使学生由被动、单一的学习方式不断地转向自主、实践、探索、合作的学习方式,由"要我学"转变为"我要学"。

第三,提高高校思想政治理论课的教学效能。提高高校思想政治理论课的教学效能,是充分发挥高校思想政治理论课主渠道作用的必然要求。新方案实施以来,思想政治理论课的教学内容更为丰富、信息量更大,但课时总量上却有所减少。因此,思想政治理论课教师在教学实践中,面临着教学时间与内容的突出矛盾。传统课堂教学边板书边讲解,既费时费力,又不能满足新课程教学的需要。应用多媒体技术进行教学是传统教学手段所难以比拟的。教师可以根据需要直接将现成的影视、图文等材料输入计算机,任意组合,还可以通过网上查询,迅速了解最新的政治、经济动态,大大减少自己的重复劳动。同时,多媒体课件使抽象的知识具体化、枯燥的知识趣味化、深奥的理论通俗化、静止的知识动态化,把无形的知识化为有形直观的知识展现在学生面前,使学生将已有经验与概念进行联想组合,建立起抽象思维的观念和方法,进一步加深对知识的理解,从而增强思想政治理论课的感染力,提高教学效果。此外,通过投影媒体的直观生动和色彩的艳丽,以生动的画面和优美的音乐把难以表达的德育和美育内容化为具体的、可以直接耳闻目睹的生动形象,以情激情,以情感情,进而增强思想政治理论课的感染力。这对于激发学生的道德情感,陶冶学生的情操,净化学生的心灵,培养学生的意志品格,提高学生的审美能力,有着独到的作用。

(二)多媒体技术在高校思想政治理论 课教学应用中存在的问题

尽管多媒体技术对于优化高校思想政治理论课教学具有重要作用,但在教学实际中,却存在很多问题。主要表现在以下方面。

第一,对多媒体教学认识不足,功能开发不全。应用多媒体技术进行思想政治理论课教学的关键,在于将多媒体技术与思想政治理论课教学目标、教学内容、教学方法以及教学过程全方位有机整合。目前一些教师简单地认为应用多媒体技术进行课堂教学,就是将多媒体与思想政治理论课教学的简单叠加。这样一来,多媒体技术在思想政治理论课教学中的应用就成了简单的课堂讲授的"电子化",仅仅停留在使用"电子教案"的层面上,将准备电子课件简单地等同于备课。事实上,多媒体课件只是备课的一个方面,关键是要根据课程要求和教学规律,应用多媒体技术将多种材料有机结合起来。多媒体具有强大的功能,如图文色彩处理功能、闪烁运动功能、交互功能、数据分析功能、模拟工具功能等。从目前的教学多媒体辅助教学看,应用最多的是直观显示功能。很多教师在多媒体课件的制作和使用上,也存在从网上下载、购买、多次重复使用等情况,而不是根据学生学科、专业等方面的实际情况有针对性地设计,严重影响了教学的针对性和时效性。当然,多媒体技术功能开发不全,也与教师应用多媒体技术水平不高有直接关系。

第二,信息量过大,教学目标不明确。高校思想政治理论课强调的是意识形态性和科学性,其教学目的在于启发学生思考,引导学生思维,注重对学生世界观、人生观和价值观及思维方式的培养。但是,部分教师一味追求计算机多媒体的高容量、高速度,使整个课堂变成视频图像展示。从信息论的观点来看,课堂教学过程实际上是一个教学信息的传输与交换的过程,是由师生双方共同组建的一个信息动态系统。当信息量过大时,学生目不暇接,思维的空间被挤掉,尤其是当信息以缺乏内在联系和组织的方式涌现时,可能还会产生大量的"认知碎片",学生很难把握认知主线并形成合理的知识结构。因此,多媒体技术信息量过大,容易成为教学的干扰因素,导致教学目的不明确,不仅教师的主导作用不能体现,学生的主体地位也会被弱化,反而会影响教学质量和效果。

第三,过度依赖多媒体技术,师生互动与交流少。由于多媒体课件所控制的教学过程过于严密和紧凑,教师如若机械地使用多媒体,按课件设定的程序来上课,容易阻碍师生双方的互动与交流,这是目前多数教师应用多媒体进行教学时容易出现的问题。教师被"禁锢"在多媒体控制台上,埋头操作计算机演示课件,无暇顾及、观察学生的反应,不了解学生接受的程度;有些教师缺乏主动站到台前来活跃课堂气氛、与学生进行交流的意识,学生主体一旦发生变化,程式化的教学将难以使教师与学生在交流中产生思想碰撞出的火花,影响课堂教学效果。

（三）多媒体技术在高校思想政治
理论课教学中应用的策略

基于上述分析，我们认为当前加强和改进高校思想政治理论应用多媒体教学应从以下几个方面入手。

第一，实现多媒体课件与思想政治理论课教学目标相一致。高校思想政治理论课不仅是理论化课程，更是一门引导大学生树立正确的世界观、人生观、价值观的课程。因此，在多媒体课件的选材、制作上应凸显课程的这一特征，所选择的音乐、图像等应与教材内容相呼应，服务于培养"有理想、有道德、有文化、有纪律"的社会主义四有新人。在实际的教学过程中，多媒体课件的制作和使用应坚持一切从教学实际需要出发，以使学生掌握原理、应用于实际为原则。在影像资料的选择上，所选内容要典型、有说服力并与教学内容一致。要注意避免舍本逐末，避免将课件变成影像资料的堆积，或片面追求声、像效果，而忽略了多媒体教学所蕴含的教学内容和目标。

第二，整合多媒体教学的形式与内容。形式是为内容服务的，多媒体毕竟是工具，是由人控制和利用的。因此教师在应用计算机多媒体技术教学时，所选用的内容要与教材相关，制作课件过程中要注意结合教材内容多设计一些启发性、思维性的问题，而不能生搬硬套，更不能在课堂上搞一些花样很多却与教材内容无关的东西。比如在学生讨论时放一些有助于讨论氛围的轻音乐，屏幕上搞些问题提示等都是可以的，但狂热的摇滚乐、动画片等就不适合。教师必须明确，计算机多媒体是为完成教学内容的一种辅助手段，不能本末倒置，否则学生就会在课堂教学中分散注意力而达不到教学目的。

第三，正确处理多媒体教学与其他教学方式之间的关系。思想政治理论课所传授的知识是比较复杂的，不同的教学内容和任务，要求使用不同的教学方法。而每一种教学方法都有它的长处和不足。因此，教师只能把计算机多媒体技术与其他教学方法有机结合或者交替使用，注意两者使用过程的相互协调性，也就是既使用计算机多媒体技术，又有讨论、归纳等常规教学方法的配合，使形象与思考紧密结合，取长补短，才能使它的功能充分发挥出来。如果片面强调计算机多媒体技术,忽视其他的教学方法,反而对教学不利。

第三,协调教师主导性和学生主体性之间的关系。在应用多媒体技术进行教学时,教师仍然起着主导作用,学生仍然是主体,计算机技术则起着中介作用。在教学过程中,只有充分发挥三者的作用并使之协调,才能使思想政治理论课教学效果达到最优化。因此,任何因追求形式而滥用多媒体技术,从而导致教师主导作用的削弱、学生主体地位的忽略的做法都应该克服。教师在应用计算机多媒体进行教学时,必须密切注意学生的信息反馈,及时调整教学过程,调节教学内容、节奏和方法,以便让学生的学习主动性、积极性得到充分发挥。在课堂教学过程中,教师应及时运用语言、表情、手势和肢体活动等和学生进行交流和沟通。

第五,积极提升教师的多媒体教学素养。高校思想政治理论课多媒体教学存在的问题,往往与教师使用多媒体进行教学的素养有关。一方面,教师缺乏多媒体教学的理论修养和实践积累;另一方面,教师缺失长久应用多媒体教学的动力系统和维持机制,特别是缺乏来自教学技术专家和富有媒体教学经验同伴的有效指导和帮助。因此,应当融合多媒体辅助教学的理论和实践,使教学技术专家尤其是思想政治理论课教学技术专家走进教师教学实践并与教师通力合作,不断提升教师的多媒体教学水平。

总之,多媒体技术对于优化高校思想政治理论课教学具有重要作用,但其作用的发挥,依赖于教师在设计和使用多媒体教学时的考虑和准备。只有从实际出发,充分发挥多媒体技术的优势,才能不断增强高校思想政治理论课教学的效果。

(本部分依据《论多媒体技术在高校思想政治理论课教学中的应用》改写而成,原文刊于《电化教育研究》2010 年第 3 期,作者:靳玉军)

三、创新思想政治理论课
课堂交往活动法

高校思想政治理论课与其他课有显著不同,不仅要传授给学生知识,还要教学生道德地做人、健康地适应社会,这就决定了其对课堂教学中的课堂交往也有着独特的要求。从能力培养角度看,重视课堂交往能力的培养,是思想政治理论课的一项重要教学目标。创新高校思想政治理论课课堂交往活动,不仅有利于提升思想政治理论课的教学效果和对学生的吸引力,也有利于培养课堂交往能力。

(一)思想政治理论课课堂交往活动法中存在的偏差

有效的课堂交往活动,不仅可以活跃课堂气氛,还可以增强学生的自主探究能力,提高学生的道德认知能力,从而把学到的理论内化为一种自觉行为,提高课堂教学的效果。然而,在实践中,教师付出了很多的心血,做了大量的工作,但是仍然存在一些距离和问题。

第一,课堂交往中"师生交往"的比重偏大。虽然经过了教学改革,但是长期以来形成的传统教学模式,还是在若隐若现地影响着如今的思想政治理论课教学。我们看到在课堂教学中,教师依然主宰着课堂的话语权,老师说得多、学生说得少,教师是主体、学生是附属的情况还较普遍地存在着,而且影响着现阶段的课堂教学。而对于学生学习欲望的发掘,对于学生学习权利的尊重,还没有被教师所认识和重视,教学过程还没有充分地放开,没有把学生的主体地位摆正。特别是学生之间的交往内容少,或者即便有也只是一种形式,没有发挥真正的作用。

第二,课堂交往的形式较为单一,缺乏科学而灵活的载体。在一些思想政治理论课的教学中,有些教师也认识到了交往的重要性,但是在备课中,准备不充分,教学环节设计不科学,致使课堂交往的形式单一,缺乏灵活性。目前,信息技术的发展日新月异,多媒体技术早已进入课堂教学,而在引入多媒体教学的思想政治理论课课堂上,教师为了取悦学生,引入了一些与教学目标无关或关系不大的"媚俗"内容,有悖于课程目的,因此,也谈不上真正的、有效的课堂交往。

第三,课堂交往流于形式,没有发挥交往的真正意义。在新课改实行以后,教师改进了思想政治理论课的教学模式,运用各种教学方法,加大了课堂交往的比重。然而令人遗憾的是一些有悖于"深入"交往的消极现象也在课堂教学中出现了。首先,教师的注意力在优等生身上,老师更愿意和优等生交往,而忽略了部分后进生,课堂教学只是一部分人的舞台,另一部分人成为教学活动的观众。其次,课堂交往所涉及的问题过于表面化,没有深度,没有可讨论性,教师为了学生回答方便,或者低估学生的能力,担心讨论不出结果,故意降低标准,或者提出的问题肤浅,无法深入思考和讨论便可知结果,导致课堂交往流于表面。

第四,课堂交往缺乏对学生参与交往的引导,缺乏个性化教学。在思想政治理论课教学中,由于多年的教育制度影响,教师往往不习惯让学生成为课堂的主角。忽视学生的个体差异是客观存在的实际情况,应试教育观念依然根深蒂固。有些教师在与学生的课堂交往中没有技巧,在思想观念上跟不上时代步伐。大帮哄、大锅饭的教学形式依然存在。在教学过程中,没有将课堂交往对象的差异性考虑周全和进行充分的预测,教学中"传授型学习"和无反馈的"单向接受型学习"依然是目前部分教师的教学模式,教学方式呆板僵化,仅就书本上的理论内容进行教学,创新不够,拘泥于课本知识,对学生限制过多,缺少个性,唯书本至上,难以提高课堂教学效果。

第五,课堂交往学生缺乏积极性与主动性,交往的主体地位不明。新一轮课程改革的理念就是要突出学生的主体地位,提倡一种以教师为主导、学生为主体的新模式,要求加大学生的主体地位,鼓励学生参与教学,成为课堂教学的主角。但是,教师以自我为中心的意识难以消除,把教师放在次要地位,他们不习惯。所以在教学中的参与仍然是教师为主,学生为辅;"教师唱主角,学生跑龙套";学生出耳朵,教师出嘴巴;老师说,学生听、记。学生缺乏主动性的学习,在教师的牵引下,没有创新和突破。

（二）思想政治理论课课堂交往活动法的有效运用

为了使课堂交往活动法能在高校思想政治理论课中得到有效运用，需要更新教学模式，精心设计教学方案，合理安排活动内容，营造轻松的课堂气氛，引导学生进行"体验式情感交往"，形成课堂交往中和谐的师生关系，从而提高教师的驾驭能力和学生的参与能力。

第一，形成课堂交往中和谐的师生关系，增强新课改的实际效果。在思想政治理论课教学中，师生关系不仅影响着学生的学习效果，而且直接决定着新课改的实施效果。所以，在思想政治理论课课堂交往中教师应建立一种和谐、融洽的师生关系。首先，改变原有的教学理念。思想政治理论课课堂交往教学过程中，师生之间的关系越来越趋向于一种民主、平等的交往关系。在这种以平等民主为基础、以探究讨论为主线的交往模式中，教师不再是一个威严的灌输者，不再是一个传授知识的机器，而是学生的"良师益友"，是学生学习的指导者和帮助者，教师以平等的姿态、平和的语气与学生共同完成学习任务。其次，教师应在课堂教学中探索新的教学方式。寻求那些有利于协调师生关系的教学形式。教师要根据课程内容，营造一种平等和谐的教学氛围。根据教学内容，用现实生活中发生的事或事物引导学生讨论其中蕴含的道理，努力为学生创设出富有生活气息的场景，给交往提供一个个问题情境，激发学生的求知欲。

第二，合理安排活动内容，提高教师的驾驭能力和学生的参与能力。探究过程要面向全体学生，合理安排内容，并关照个别差异。思想政治理论课课堂交往的效果取决于教师和学生和谐与共生，融洽的师生关系和民主的教学气氛，可以使两个交往主体的主体性得到最大程度的发挥，这种作用的发挥，取决于课堂交往活动内容的合理有效安排。并非只有好学生才能够开展探究，可以实行分层次设置问题的方法，为每一个学生提供参与课堂交往的机会。提高教师课堂交往的驾驭能力，这是课堂交往收到良好效果的关键。教师进行教学准备期间，首先要根据学生的心理和生理特点，结合他们的认知水平，设法调动学生的学习积极性；其次要根据课程教材的知识内容，精心备课，严密科学地安排好每一次交往教学活动的内容和过程，这是教师课堂驾驭能力的保证和基础条件。做好课堂教学交往,还有学生的因素在内,首先要注意活动内容的知识性、趣味性的结合和衔接。因为是教学,活动设计必须以知识为主线,以趣味为催化剂,有序地保障课堂交往的正常进行。教师要特别关注那些在班级或小组中较少发言的学生。使更多学生有机会、有信心参与到探究中来。

第三,更新教学模式,引导学生进行"体验式情感交往"。科学的教学方法以培养学生的学习能力为目标,由于学生在天资以及后天的兴趣、爱好等方面都存在一定的差异,所以学生在课堂学习中就表现出不同的理解能力,特别是对问题的思考、探究、总结能力更是存在着差异。教学模式要注意创新,促进学生从知识的积累向素质和能力的培养方向转变。而且在这种培养中,主要是从课堂交往开始,在交往中,引导学生体验交往的乐趣和益处。创设一定的情境,比如角色体验情境、模拟情境、动手操作的情境等形式,让学生具有充分的情感体验。在轻松有趣而知识性强的交往活动中,提高思想政治理论课的课堂教学效果,实现思想政治理论课传授知识、教化学生的目的。同时,教师的备课要充分,尤其是对于生生交往的内容设计要做到科学和具有可操作性,要有针对性地设计交往的话题,注意教学的实效性。

第四,营造轻松的课堂气氛,引导学生进行"活动式能力交往"。培养学生的综合素质和创新能力,不能仅仅停留在使学生对所学内容有切身体会的层面,因为学生的体会只是停留在外化与内化的中间地带,从属性上说,仍然属于静态,必须使学生"动起来",才能称其为真正的课堂交往主体。在进行"活动式能力交往"的过程中,首先是要营造轻松的课堂气氛,这一方面需要教师用富有情感的表达、自身人格魅力的展现以及开放式问题的设置等,给学生以亲切、开朗的印象,使学生乐于参与到课堂交往之中;另一方面也要发挥学生的作用,通过学生对问题的回答、反问、讨论等形式,激发学生的参与热情。这是"活动式能力交往"必不可少的环境气氛。其次就是要让学生在热烈的气氛下,通过自身活动增强能力。在这一环节中,学生根据教师对教学主题的介绍,通过探究讨论、游戏活动、角色扮演、竞赛等方式,将思想政治理论课内容融入轻松的活动交往之中,通过学生与学生之间的交往,发挥同伴之间的合作机制和示范作用,引发学生的深入思考,以达到学生在活动中掌握知识,提高能力的目的。

第五,精心设计教学方案,开展有效课堂交往实践。首先,课堂交往教学需要教师付出的劳动量要多出传统教学几倍。教师工作量明显增大,推广和实施高质量的课堂交往教学,对教师的工作积极性、责任心和耐心是一个考验。其次,课堂交往过程中对时间和场面的控制,对教师来说是一个不小的挑战。因为课堂交往教学以活动为载体,活动开展过程中有很多因素是无预见性、随机发生的,可能会耗费掉时间。所以要想成为一个能开展高质量课堂交往教学的教师,除了是一个知识渊博、有较好语言表达能力的教师外,还必须是一个有人缘、懂关系协调、善于场面控制的优秀教师。再次,部分学生对于这种灵活和全新的教学方式有些不适应,与预想效果有所差异。或许因为部分学生习惯了传统的说教式教学,对于课堂交往教学有些不适应。所以在课堂交往中,加强思想政治理论课教师自身教学能力、加强学生的适应能力是未来思想政治理论课教学需要努力的方向。相信课堂交往会在未来的思想政治理论课教学中得到更广泛的应用,也会深得学生欢迎、发挥出其独特的效果。

（本部分依据《思想政治理论课课堂交往中存在的问题及对策》改写而成,原文刊于《教学与管理》2012 年第 4 期,作者:张永红）

四、高校思想政治理论课生态文化教学方法的创新

创新高校思想政治理论课生态文化教学方法,需要创新生态文化教育理念,更新生态文化教育方法。

（一）创新高校思想政治理论课中生态文化教育理念

高校思想政治理论课中生态文化教育实效的取得离不开科学的教育理念的有效支撑,创新高校思想政治理论课中生态文化教育的理念,就是要求教育者在思想政治理论课中实施生态教育时根据时代发展的要求摒弃不合时宜的旧思想、老观念,确立符合大学生接受心理规律的且与时代特色紧密契合的新思想、新观念,实现教育理念由传统向现代的转变。

第一,多元的生态教学理念。高校思想政治理论课中生态文化教育自身内容的丰富性和目标层次性必然要求教育者树立多元的生态教学理念,所谓多元教学生态观理念就是指教育者在对大学生实施教育影响的过程中要以系统思维方式整合多种教育资源、运用多种教育方法和评价方式,使其形成一个完整的教育生态系统。最重要的就是要摆脱单一文本教育资源观和学科教育资源观的束缚以及片面依靠强制压服影响受教育者的方法。新时代条件下要在高校思想政治理论课中的生态文化教育中落实多元的理念,要做到以下几点。

树立多元的教学资源观,实现教学资源的有效整合。在目前高校思想政治理论课中实施生态文化教育的过程中,很多教师的多元教学资源意识淡漠,他们

习惯于把教科书的文本资源视为唯一的教学资源,形成了"教教材"的单一教学模式。然而随着时代的进步,教学资源的来源已不再单单局限于教材文本的形式,新形势下的教育者必须要改变单一的"教材资源观",要"对于促进和改善教学效果的相关教学要素保持独特的敏感性",树立多元的教学资源观。首先,教育者必须打破学科界限,以教学主题为线索提取其他学科中与教学目的紧密关联的内容,把其他学科中有利于实现教学目的的资源为我所用,如利用世界范围内发生的具有重大影响的环境公害事件唤起学生对生态危机的警醒意识。其次,教育者应竭尽所能搜集形式多样、来源广泛的教学素材,如视频、音频、图片、软件等,形成尽可能丰富的专题资源库,做到"手有余粮"。再次,教育者还应积极利用信息革命带来的技术优势搭建立体的教学资源库,并根据学生学习需求的变化对教学资源库中的教育资源适时重组和更新。最后,教育者须整合和优化教学系统中多样的教学资源,教育者要在积攒大量教学资源的基础上去伪存真、去粗取精,针对不同的教育对象的特征选取能真正激发其学习兴趣、引起其强烈共鸣的典型教学资源。避免"到什么山都唱一首歌",实现多种学资源的有效整合。

树立多元的教学方法观,实现教学方法的有机配合。高校思想政治理论课中生态文化教育多元目标的实现,往往不是依靠某种单一的教学方法就能够实现,而是要通过多种方法的共同使用、综合运用。孤立运用一种教学方法的教育在现代社会条件力度有限,因此,教育者必须改变"从单一目标出发,从单一要素考虑,从单一途径和方法解决问题的做法",树立多元的教学方法观。教育者在高校思想政治理论课中实施生态文化教育时既要发挥传统的理论教育法的优势,也要突出实践教育法在提升大学生生态文化素养方面的作用,让大学生"在社会实践活动中受教育、长才干、做贡献"。同时教育者还要借鉴和吸收生态文化教育的相关学科如生态美学、生态伦理学的最新研究成果,创新生态文化教育,凸显生态文化教育特色的教育方法。除此之外,教育者还要抓住信息时代带来的巨大机遇,借鉴和吸收现代科学技术,创新和发展高校思想政治理论课中生态文化教育的方法。

总之,高校思想政治理论课中生态文化教育只有综合运用多种方法,坚持多管齐下、齐头并进。避免"一锅煮"、"一刀切"才能达到预定的教育目标,取得良好的教学效果。在高校思想政治理论课中树立多元教学方法观就是要在教学方法的运用过程中实现"显性方法与隐性方法互补、社会教化方法与自教自律方法同构、现实方法与虚拟方法的整合"。

第二,自主探究的建构理念。所谓自主探究的建构理念,是指教育者在高校思想政治理论课开展生态文化教育时,对大学生在接受高校思想政治理论课中的生态文化教育影响过程中的能动性予以充分考虑,积极引导其自觉提升自身生态文化素养的能动性、积极性和创造性。

众所周知,大学生在接受高校思想政治理论课中生态文化教育的过程中对教育者所传递的教育要求和内容并非被动地全盘吸收,而是根据自身已有的知识和经验对教育者所传递的教育信息自主地进行比较、分析、综合、判断和筛选,在同化或顺应机制的作用下通过自己的意义建构获得对知识的理解。基于此,教育者必须充分尊重受教育者能动建构道德自我的权利,改变以往"以一种知识权威式的话语霸权的压制受教育者而不是以一种平等的身份与之交流、对话",极力向教育者兜售某种理论而忽视受教育者在接受教育过程中的"精神自主"的错误做法,树立建构理念,教育者应按照这些方面去努力转变。

表一:传统理念与建构理念之比较

传统理念	建构理念
a. 学完所有教材	a". 促进有意义的活动
b. 以掌握为教学目标	b". 以理解为教学目标
c. 教师理解的方式即为有价值的方式	c". 在逻辑和实证的支持下,学生理解的方式即为有价值的方式
d. 教室是孤立个体的集聚地	d". 教室是合作学习的交流地
e. 威信靠命令建立	e". 威信靠理由建立
f. 主要的评估方式是测验	f". 主要的评估方式是提问
g. 讲授和反复练习	g". 对话交流

（二）思想政治理论课中生态文化教育的新方法

在高校思想政治理论课中加强大学生生态文化教育,其教学方法必须与时俱进,注重"三贴近",积极创新。主要方法有以下方面。

第一,生态文化专题讲座法。所谓生态文化专题讲座法,是指高校思想政治理论课通过邀请国内外知名专家或教授做专题讲座,主要讲授马克思主义生态文化理论、环境伦理与科技发展、国外生态文化理论发展前沿、生态文明建设进程中公民生态文化素养培育等专题。通过聆听专题讲座,促进大学生深入了解生态文化,思考和警醒生态前沿问题,力促生态行为的养成,这就需要各高校思想政治理论课领导小组高度重视,派专人负责、定期组织,使生态文化专题讲座始终跟踪生态文化的理论前沿、贴近生态文明建设新要求,使生态文化理念"入大学生的脑"。

第二,生态文化案例教学法。所谓生态文化案例教学法,就是在高校思想政治理论课中要选取典型的生态文化建设优秀案例、生态环境破坏案例,通过正反两方面的案例分析,贴近大学生的生活实际,加强大学生对生态形势、生态问题、生态伦理、生态价值、生态法律法规的认识和了解,激发大学生的生态文化学习兴趣,促进大学生生态文化情感、态度、价值观的转化,使生态文化"入大学生的心",从而大力提升大学生对生态文化教育的核心素养,增强大学生对生态文明建设的重要性的认识和践行力。生态文化案例教学法要求教师在选择案例时要做到三点:其一,选择案例要"精";其二,分析案例要"透";其三,讨论案例要"实"。

第三,新媒体情境教学法。所谓新媒体情境法,是指在高校思想政治理论课中,充分利用多媒体演示、3D技术、智能产品、网络传播等新兴媒体技术设置生态文化情境,让大学生置身于具体的生态文化情境中,"让其亲身感受、体悟,从而触发其情感,通过感悟和体验,使其增加文化选择的自觉性和能动性,从而达到思想政治教育的目的"。因此,通过新媒体情境教学法,组织观看一些涉及生态文化建设或生态危机的电影、电视节目,让大学生在生动的视听画面和情境中感受生态文化的氛围,激发大学生的生态情绪,化育大学生的生态文化情感,提升大学生生态文化意识,这是一般传统灌输教育法所无法企及的。因此,要大胆创新新媒体情境教学法,如开发和设计一些生态文化的"小苹果版微视频"、"小船版微视频"等,激发、引导大学生的参与积极性,提升对大学生的生态文化教育实效。

第四,社会实践锻炼法。"中央16号文件"明确要求,高校思想政治理论课要"改进教学方法"、"深入开展生活实践"。中央宣传部、教育部关于印发《普通高校思想政治理论课建设体系创新计划》的通知中明确要求"努力强化实践教学"。为此,在高校思想政治理论课中,加强实践教学与大学生的社会实践活动相结合,探索有效的生态文化社会实践锻炼法,有助于大力提升大学生的生态文化素养和实践能力。运用社会实践教学法对大学生进行生态文化教育,组织大学生开展志愿者活动、"微公益活动"、暑期"三下乡"、生态建设的创新创业等实践活动,使大学生积极主动地投身到社会生态文化建设之中,宣传生态保护的法律法规、开展环保情况调研,切实让大学生在实践中体验、感悟,在反思中学习和行动,进而影响和带动社会更多成员形成生态文化意识和行为,做到建设美丽中国"人人有责"。

(本部分依据以下文章改写而成:①硕士学位论文《高校思想政治理论课中大学生生态文化教育研究》,原文刊于中国知网,作者:郭昭,指导教师:邹绍清;②《思想政治理论课中大学生生态文化教育论析》,原文刊于《学校党建与思想教育》2017年第9期,作者:邹绍清、崔建西)

专题六：教师队伍建设

专题提要

高度重视高校思想政治理论课队伍建设,是我们党长期以来一以贯之的思想主张和光荣传统。党的十八大以来,以习近平同志为核心的党中央围绕加强和改进新时代高校思想政治工作,作出了一系列战略部署,加强新时代教师队伍建设,则是其中重要一环。新时代高校思想政治理论课教师队伍应该具备怎样的特质?新时代加强高校思想政治理论课教师队伍建设的主要着力点有哪些?此处选登的几篇文章对上述问题作了些许思考和回应。

按照习近平总书记关于"四有特质"好老师的重要讲话精神,进一步加强思想政治理论课教师队伍建设,提高育人能力和教学水平,是新时代加强高校思政课教师队伍建设的新要求。加强高校思想政治理论课教师队伍建设,青年教师队伍建设是重点,而培育青年教师的职业理想,增强他们教书育人的责任感和使命感,则是队伍建设的基础工程。

高校思想政治理论课教师必须善于运用"底线思维",并将"底线思维"贯彻运用于大学生思想政治教育教学全过程的始终。"读经典厚基础练内功"是思政课教师职业能力建设的必然途径。为大学生传播马克思主义理论,提高大学生运用马克思主义立场、观点、方法分析和解决问题的能力,是高校思想政治理论课教师最根本的职业使命,完成这一使命,要求思想政治理论课教师必须将研读马克思主义经典著作、夯实马克思主义理论基础作为提升自身职业能力的"必修课"。

多措并举,提升高校思想政治工作队伍的整体水平。党的十八大以来,习近平总书记对新时代加强和改进高校思想政治工作提出许多新观点、新论断、新要求,指出要"拓展选拔视野,抓好教育培训,强化实践锻炼,健全激励机制,整体推进高校党政干部和共青团干部、思想政治理论课教师和哲学社会科学课教师、辅导员班主任和心理咨询教师等队伍建设,保证这支队伍后继有人、源源不断"。着力建设好高校思想政治工作队伍,事关高校培养什么样的人、如何培养人以及为谁培养人这个根本问题,对于巩固马克思主义指导地位,发展社会主义意识形态,确保中国特色社会主义事业后继有人,具有十分重大而深远的意义。

一、"四有特质"是新时代思政课 教师队伍建设的新要求

《中共中央国务院关于全面深化新时代教师队伍建设改革的意见》明确指出:"教师承担着传播知识、传播思想、传播真理的历史使命,肩负着塑造灵魂、塑造生命、塑造人的时代重任,是教育发展的第一资源,是国家富强、民族振兴、人民幸福的重要基石。"在我国第三十个教师节前夕,习近平总书记同北京师范大学师生代表座谈时指出,国家繁荣、民族振兴、教育发展,需要我们大力培养造就一支师德高尚、业务精湛、结构合理、充满活力的高素质专业化教师队伍,需要涌现一大批好老师。好老师没有统一的模式,但有一些共同的、必不可少的特质,即要有理想信念、要有道德情操、要有扎实学识、要有仁爱之心。思想政治理论课教师是高等学校教师队伍的一支重要力量,肩负着宣传党的理论、路线、方针、政策,引导大学生健康成长的崇高使命。认真学习、深入贯彻习近平总书记讲话精神,按照好老师"四有特质"要求,进一步加强思想政治理论课教师队伍建设,提高育人能力和教学水平,是新时代思政课教师队伍建设的新要求。

(一)深刻认识高校思政课教师 "四有特质"的时代意义

改革开放以来特别是党的十八大以来,党和国家采取多种措施加强思想政治理论课教师队伍建设,广大思想政治理论课教师爱岗敬业、勤奋工作,为建设学生真心喜爱、终身受益的高校思想政治理论课,增强大学生社会责任感、创新精神和实践能力,全面落实立德树人根本任务,努力办好人民满意教育作出了积

极贡献,取得了明显成绩。但从总体上看,思想政治理论课教师队伍的状况,还不能很好地适应新形势、新任务的需要,一些教师的思想政治素质和育人能力还比较欠缺。因而,遵照习近平总书记关于好老师"四有特质"讲话精神,加强思想政治理论课教师队伍建设,提升他们的素质和能力,尤为紧迫。

第一,加强思想政治理论课教师队伍建设,是推动中国特色社会主义理论体系进教材、进课堂、进头脑的关键所在。思想政治理论课是大学生的必修课,是帮助大学生树立正确世界观、人生观、价值观的重要途径,体现了社会主义大学的本质要求。中国特色社会主义理论体系是马克思主义中国化的最新成果,是几代党中央领导集体带领人民艰辛探索的智慧结晶,是全面建成小康社会,实现"两个一百年"奋斗目标的根本指针。党的十八大强调:"推进马克思主义中国化时代化大众化,坚持不懈用中国特色社会主义理论体系武装全党、教育人民,深入实施马克思主义理论研究和建设工程,建设哲学社会科学创新体系,推动中国特色社会主义理论体系进教材进课堂进头脑。"①党的十九大再次强调指出:"推进马克思主义中国化时代化大众化,建设具有强大凝聚力和引领力的社会主义意识形态,使全体人民在理想信念、价值理念、道德观念上紧紧团结在一起。要加强理论武装,推动新时代中国特色社会主义思想深入人心。"②当前,在世情、党情、国情继续发生深刻变化,面临的发展机遇和风险挑战前所未有的形势下,如何引导青年大学生清醒分析国际国内形势,把握人类社会发展趋势;如何引导青年大学生准确认识中国特色社会主义道路、中国特色社会主义理论体系、中国特色社会主义制度,坚定"四个自信",是高校思想政治理论课必须回应的重大课题。这就要求全面深化课程建设综合改革,编好教材,统一使用马克思主义理论研究和建设工程重点教材,建好队伍,抓好教学,切实上好思想政治理论课,切实推动中国特色社会主义理论体系进教材、进课堂、进头脑。在此过程中,思想政治理论课教师至关重要。教师能否联系改革开放和社会主义现代化建设的实际,联系大学生思想实际,把教材体系转化为教学体系,把教学体系转化为信仰体系,直接关系到思想政治理论课教育教学效果和质量。由此要求思想政治理论课教师具有"四有特质",这是做好"三进"工作的关键。思想政治理论课

---

① 《十八大以来重要文献选编》上,中央文献出版社 2014 年版,第 24—25 页。

② 习近平:《决胜全面建成小康社会 夺取新时代中国特色社会主义伟大胜利——在中国共产党第十九次全国代表大会上的报告》,人民出版社 2017 年版,第 41 页。

教师只有具有了"理想信念、道德情操、扎实知识、仁爱之心"方能在教育教学实践中,将传授知识与思想教育结合起来,将理论武装和实践育人结合起来,推进教学方法改革,推动教学手段创新,真正把思想政治理论课办成学生真心喜爱、终身受益的课程。

第二,加强思想政治理论课教师队伍建设,是筑牢大学生实现中国梦共同思想道德基础的迫切需要。巩固大学生共同思想道德基础,培养中国特色社会主义事业合格建设者和可靠接班人,事关中国特色社会主义事业后继有人。青年时期是价值观形成和确立的关键时期,大学生正处于立学、立德、立志的重要阶段,在这个阶段形成的价值观将对他们的一生产生重要影响。习近平总书记强调:"青年的价值取向决定了未来整个社会的价值取向,而青年又处在价值观形成和确立的时期,抓好这一时期的价值观养成十分重要。"①党的十八大以来,以习近平同志为核心的党中央提出奋力实现"国家富强、民族振兴、人民幸福"的中华民族伟大复兴中国梦的目标,成为全国各族人民为之奋斗的共同理想。中国梦生动描绘了国家、民族和个人的美好前景,体现了国家、社会和个人价值的完美融合,表征着社会主义核心价值观的根本取向。中国梦是国家的、民族的梦,是每一个中国人的梦,更是青年一代的梦。"中国梦是全国各族人民的共同理想,也是青年一代应该牢固树立的远大理想。"中华民族伟大复兴终将在广大青年的接力奋斗中变为现实。当前,引导大学生为实现中华民族伟大复兴中国梦而奋斗,构成了最为现实和直接的"共同思想道德基础"。"两个一百年"奋斗目标的实现、中华民族伟大复兴中国梦的实现,归根结底靠人才、靠教育。如何引导大学生朝着中国梦这一共同理想接续奋斗,是广大教师特别是思想政治理论课教师的重大职责。"今天的学生就是未来实现中华民族伟大复兴中国梦的主力军,广大教师就是打造这支中华民族'梦之队'的筑梦人。"这就迫切需要思想政治理论课教师遵循"四有特质"好老师标准树立坚定的理想信念、高尚的道德情操,具有扎实的学识素养、无私的仁爱之心,以更好地在教书育人实践中筑牢大学生思想道德基础,引导大学生敢于有梦、勇于追梦、勤于圆梦。

第三,加强思想政治理论课教师队伍建设,是优化高校思想理论建设队伍的

---

① 《习近平谈治国理政》,外文出版社 2014 年版,第 172 页。

本质要求。高校是意识形态工作的前沿阵地。加强高校意识形态阵地建设,需要扎实推进高校思想理论建设,推进高校哲学社会科学创新体系建设,积极参与马克思主义理论研究和建设工程,加强习近平总书记系列重要讲话精神研究阐释,加强中国特色社会主义理论体系研究中心等重点基地建设,造就一支政治坚定、学养深厚、有重要影响的思想理论建设队伍。高校思想理论建设队伍,从一般意义上讲包括了学校党政干部和共青团干部、辅导员班主任,以及思想政治理论课教师和哲学社会科学课教师,其中,思想政治理论课教师是骨干力量。按照"四有特质"要求,建设理想信念坚定、道德情操高尚、专业基础扎实、富有仁爱之心的思想政治理论课教师队伍,是提升思想政治理论课教师整体素质,从而优化高校思想理论建设队伍的必然选择。优化高校思想理论建设队伍,需要严把思想政治理论课教师"入口关""师德关""能力关"和"价值关"四个"关口"。一是强调教师的理想信念,把好"入口关"。拥有坚定的理想信念,是体现人民教师社会主义本色的根本前提,是"四有特质"的首位。坚定理想信念,就是要坚定对马克思主义的信仰,对社会主义和共产主义的信念,对中国共产党的信任和对中国特色社会主义的信心。"理想信念就是共产党人精神上的'钙',没有理想信念,理想信念不坚定,精神上就会'缺钙',就会得'软骨病'。"具体而言,要求思想政治理论课教师坚持不懈地用中国特色社会主义理论体系武装头脑,心中要有国家和民族,牢固树立国家使命和社会责任,自觉成为中国特色社会主义的坚定信仰者、深入学习者和优秀传播者。二是强调教师的道德情操,把好"师德关"。师德是教师在教育活动过程中必须遵守的道德规范和行为准则。立德树人是教育的根本任务,"德"既有个人的德,也有国家和社会的"德","国无德不兴,人无德不立"。这就要求在建设思想理论队伍时要落实教师职业道德规范,强化师德教育特别是学术道德、学术规范教育,使教师真正做到以德施教、以德立身。三是强调教师的扎实学识,把好"能力关"。唐代韩愈说:"师者,所以传道授业解惑也。"要做好教师的"传道""授业""解惑"必须要有扎实的学识。"扎实的知识功底、过硬的教学能力、勤勉的教学态度、科学的教学方法是老师的基本素质,其中知识是根本基础。"作为思想政治理论课教师,唯有不断学习、不断钻研,打牢马克思主义理论根基,才能引导学生运用马克思主义的立场、观点、方法分析和解决社会现实问题。四是强调教师的仁爱之心,把好"价值关"。"爱人者,人恒爱之。"习近平总书记指出:好老师要用爱培育爱、激发爱、传播爱,通过真情、真心、真诚拉近同学生的距离,滋润学生的心田,使自己成为学生的好朋友和贴心人。要把仁爱之心作为教师聘用、考核的基本标准,严格选聘程序,为扎实推进高校思想理论建设造就一支政治坚定、学养深厚、有重要影响的思想理论建设队伍。

(二)准确把握高校思政课教师
"四有特质"的时代蕴涵

习近平总书记关于新时代好老师"四有特质"的重要讲话,充分体现了党中央历来对教师队伍建设的高度重视。用好老师"四有特质"关照思想政治理论课教师,有着丰富的时代蕴涵。

第一,成为理想信念坚定的中国特色社会主义信仰者。坚定理想信念,坚守共产党人精神追求,坚定对马克思主义的信仰,对社会主义和共产主义的信念,是思想政治理论课教师的政治灵魂,是思想政治理论课教师经受任何考验的精神支柱。思想政治理论课教师承担着宣传马克思主义理论,宣讲党的路线、方针、政策等重要职责。这内在地规定了思想政治理论课教师要成为好老师必须首先具备坚定的理想信念,把握正确的育人方向,深化对中国特色社会主义理论体系的学习领悟和实践把握,坚持不懈地用中国特色社会主义理论体系武装大学生头脑,坚定不移地走中国特色社会主义道路。即是说,思想政治理论课教师要树立中国特色社会主义理想信念,自觉做中国特色社会主义的坚定信仰者,矢志不渝为中国特色社会主义共同理想而奋斗。

一是要忠诚于党和人民的教育事业,明确自身肩负的职责和使命。"我们的教育是为人民服务、为中国特色社会主义服务、为改革开放和社会主义现代化建设服务的,党和人民需要培养的是社会主义事业建设者和接班人。好老师的理想信念应该以这一要求为基准。"思想政治理论课教师应有这样的政治觉悟和使命意识,认识到自身职责的特殊性和艰巨性,严肃认真对待自己的职责,不断增强为党的教育事业服务的责任感和使命感。二是要注重政治理论学习,不断提升马克思主义理论素养。理论的彻底和坚实,是信念坚定的前提和基础。思想政治理论课教师要加强党的基本理论、基本路线、基本纲领和基本经验学习,不断深化对党的理论、路线、方针、政策的理解和掌握;加深对中国特色社会主义的思想认同、理论认同和情感认同;要深入了解基本国情和当今世界错综复杂的形势变化,明白中华民族在中国特色社会主义道路上取得的举世瞩目的巨大成就和深化改革发展过程中面临的严峻挑战,砥砺奋发前行的勇气和信心,不断增强道路自信、理论自信和制度自信。三是要做中国特色社会主义共同理想和中华民族伟大复兴中国梦的积极传播者。以学生喜闻乐见的形式、以契合学生接受特征的方式,深入开展中国特色社会主义和中国梦主题教育,加强党史国史和形势政策教育,实现大学生对中国特色社会主义理论的真学、真懂、真信,做到入耳、入脑、入心,积极引导青年大学生热爱祖国、热爱人民、热爱中国共产党,帮助青年大学生筑梦、追梦、圆梦。

第二,成为道德情操高尚的以德施教、以德立身示范者。民族精神教育和公民道德教育是高校思想政治理论课的主要任务,旨在通过教育培养大学生爱国情怀、改革精神和创新能力,始终保持艰苦奋斗的作风和昂扬向上的精神状态;引导大学生遵守爱国守法、明礼诚信、团结友善、勤俭自强、敬业奉献等基本道德规范,着力培养良好的道德品质和文明行为。思想政治理论课的这一任务特性决定了思想政治理论课教师必须是道德高尚的群体,思想政治理论课教师要成为好老师首先应是以德施教、以德立身的楷模。事实证明,思想政治理论课教育是心灵与心灵的沟通,是灵魂与灵魂的交融,是人格与人格的对话,思想政治理论课教师道德情操的高低优劣,会直接影响青年大学生的培养质量。

思想政治理论课教师做道德情操高尚的好老师,应取法乎上、见贤思齐,不断提高道德修养,提升人格品质。师德需要培养,更需要教师的自觉自律。思想政治理论课教师应自觉增强师德自律意识、锤炼道德意志、规范道德行为,通过教育与自我教育,加强自我修养,强化教书育人的使命感,把正确的道德观传授给学生。应自觉坚守精神家园,恪守职业道德规范。教师职业道德规范是教师从教的道德原则和基本遵循。《高等学校教师职业道德规范》从爱国守法、敬业爱生、教书育人、严谨治学、服务社会、为人师表六个方面,对高校教师职业责任、道德原则及职业行为提出了明确要求;教育部《关于建立健全高校师德建设长效机制的意见》划出被称为"红七条"的师德禁行行为。这些都是思想政治理论课教师应自觉恪守的职业道德规范,以自己的模范行为影响和带动学生。应带头培育和践行社会主义核心价值观。思想政治理论课教师"要用好课堂讲坛,用好校园阵地,用自己的行动倡导社会主义核心价值观,用自己的学识、阅历、经验点燃学生对真善美的向往"。带头自觉践行社会主义核心价值观,树立正确导向、澄清模糊认识、匡正失范行为,形成激浊扬清、抑恶扬善的思想道德舆论场,引领大学生常修善德、常怀善念、常做善举,把社会主义核心价值观转化为日常行为,增强价值判断力和道德责任感。

第三,成为学识扎实、学养深厚的马克思主义理论传播者。思想政治理论课融理论灌输、思想引导、文化熏陶、道德感染、实践锻炼为一体,对教师的知识储备要求高。从现实情况看,部分思想政治理论课教师知识储备不足、视野狭窄,面对复杂的国际国内问题,面对日新月异的发展形势,难以基于马克思主义的立场作辩证分析,给予学生有针对性、有说服力的讲解,给予立场坚定、观点鲜明的理论回应,影响了思想政治理论课的吸引力、感染力、针对性和实效性。具备扎实的知识功底,已经成为思想政治理论课教师顺应时代发展、满足现实需要和完成教育教学工作的基本前提,也是成为传播马克思主义理论的好老师的本来之义。教师传承人类文明,教师培养社会人才,教师促进人的发展,都离不开自身扎实的知识基础。思想政治理论课教师同样如此,要成为好老师更需要如此。

一是要具备深厚的专业知识。一名思想政治理论课教师应时刻站在马克思主义理论学科知识前沿,掌握马克思主义基本原理和马克思主义中国化最新成果,了解学术动态,具备深厚的马克思主义理论专业基础知识。应精读通读马列原著,准确理解和把握马克思主义的经典思想,掌握马克思主义的理论精髓,秉持马克思主义的世界观、方法论;坚持理论联系实际,运用马克思主义的立场、观点和方法研究中国的历史和现状,分析中国革命、建设和改革中遇到的各种矛盾和问题。二是要具备诸如教育学、心理学、历史学、文化学、管理学等通用知识。根据"05方案",思想政治理论课的课程设置涵盖"马克思主义基本原理概论""毛泽东思想和中国特色社会主义理论体系概论""中国近现代史纲要""思想道德修养与法律基础""形势与政策"等课程,各课程之间紧密相关、互有统摄、相互支撑。思想政治理论课教师,只有在主要学科知识背景基础上博览群书、涉猎百科,积极学习和借鉴其他学科知识,才能在课堂上游刃有余,将理论讲明白、将道理说清楚,最大限度满足学生的求知欲望,提高思想政治理论课的实效性。三是要具备终身学习的能力。当今世界,信息传播、知识更新速度加快,知识爆炸和新媒体迅速发展;大学生获得知识的途径越发多样多元,其知识构成越发丰富多样。"水之积也不厚,则其负大舟也无力。"思想政治理论课教师如果固守"老本"和经验,将难以胜任教育教学的职责。"过去讲,要给学生一碗水,教师要有一桶水,现在看,这个要求已经不够了,应该是要有一潭水。"因而,必须树立终身学习的理念,具备终身学习的能力,始终处于学习求知状态,不断拓展知识视野,更新知识储备,变革教育方法,既授人以鱼,又授人以渔,从各方面帮助和引导学生成长进步。

第四,成为仁爱之心拳拳的学生健康成长成才指导者。思想政治理论课教师直面学生的思想和精神生活领域,既要关注纷繁复杂的国际国内形势变化对学生思想的影响,又要面对全面深化改革过程中诸多问题带来的负面冲击,还要有效应对多元价值思潮、西方政治观念的侵蚀渗透和信息时代学生自主、快捷、方便地获取信息带来的知识挑战;既要传授思想理论知识,更要帮助大学生树立正确的世界观、人生观、价值观。在这样的历史条件下,思想政治理论课教师要成为好老师,应有仁爱之心,以热爱之心对待本职工作,以仁爱之心关注学生发展,在平凡的教育岗位上找寻教育之乐、感受教育之美、领悟教育真谛,切实担负起教书育人、立德树人的责任。

要尊重学生。每个学生都有自己的人格和尊严,都渴望他人的尊重和信任。尊重学生本质上要求思想政治理论课教师摒弃传统的"师道尊严"的影响,明确教师与学生之间人格上的平等,把学生视为有尊严、有追求、有个性、有情感的生命个体,贯彻"有教无类""因材施教""教也多术"等理念,信任学生、关怀学生、平等对待学生,让学生在获得尊重、信任的同时学会自我教育、自我完善。要理解学生。理解学生是思想政治理论课教师关爱学生、有的放矢开展思想理论教育的前提。这就要求思想政治理论课教师站在学生立场上,理解学生的需要,包括学习、成长、交友、情感、人格、尊严等需要;关注学生学习生活实际,细心观察,善于捕捉、发现、了解、分析和探究学生学习生活中存在的问题;用爱培育爱、激发爱、传播爱,用真情、真心、真诚拉近同学生的距离,倾听学生的心声,滋润学生的心田。要信任学生。尊重出于信任。教师对学生的信任可以满足学生心理需求、激励学生前行。如今的青年大学生,随着社会阅历的增加和交往范围的扩大,其思想活动的独立性、选择性、多变性和差异性日益增强,教师只有坚定地信任学生,用欣赏增强学生的信心,用信任树立学生的自尊,才能成为学生的好朋友和贴心人,充分调动学生的积极性、主动性和创造性,使每一个学生都健康成长。总之,思想政治理论课教师应以慈爱、友善、温情的态度,尊重、理解、宽容学生,尊重学生的个性,理解学生的情感,宽容学生的不足,用赞许的眼光发现学生的优点,用科学的方法帮助学生进步,用自己的言行感化学生,爱中有严,严中有爱,努力让所有学生都成长为有用之才。

(三)严格遵循高校思政课教师
"四有特质"的时代要求

建设具有"四有特质"的高校思想政治理论课教师队伍,是一个系统工程,需要纳入教育事业发展和人才队伍建设的总体规划,加强领导,统筹安排,着力于底线意识、"四个自信"、师德师风和育人能力,切实建设一支政治坚定、业务精湛、师德高尚、结构合理的思想政治理论课好老师队伍。

第一,要坚定"四个自信"。中国特色社会主义道路、理论、制度、文化"四个自信"深刻揭示了中国特色社会主义实践、理论与制度的内涵与逻辑,是以"四有特质"为基准建设高校思想政治理论课教师队伍的根本要求。思想政治理论课教师坚定"四个自信",要求胸怀理想、坚定信念,不动摇、不懈怠、不折腾,顽强奋斗、艰苦奋斗、不懈奋斗,扎扎实实为夺取中国特色社会主义新胜利作出贡献。

当前,有少数思想政治理论课教师对中国化马克思主义理论成果,对党和国家的路线、方针、政策存有疑虑,在讲授过程中发生偏离,这是对中国特色社会主义道路、理论、制度缺乏自信的表现。为此,"要进一步健全教师政治理论学习制度,实行学术安全培训制度,深入推进哲学社会科学教学科研骨干和思想政治理论课骨干教师研修工作,建立中青年教师社会实践和校外挂职制度",引导和帮助思想政治理论课教师坚定"四个自信"。同时,要优化社会舆论环境。近期,个别媒体打着"揭露真相"的旗号,大肆宣传与主流价值观相违背的内容,给思想政治理论课教师的思想认识和价值取向造成不良影响。这需要壮大主流思想舆论,切实加强高校意识形态引导管理,做大做强正面宣传,深化马克思主义及其中国化理论成果研究,理直气壮宣传中国特色社会主义,净化网络环境和舆论氛围,管好导向、管好阵地、管好队伍,牢牢掌握高校意识形态工作的领导权、话语权,不断巩固马克思主义指导地位。最重要的是,思想政治理论课教师要加强自我教育。教育学理论认为,一切教育都由外在教育和自我教育构成,外在教育需要靠内在教育才能发挥功能作用。坚定"四个自信",需要思想政治理论课教师思想上高度重视,行动上认真落实,不断加强学习,增强驾驭能力,敢抓敢管、敢于亮剑,做到守土有责、守土负责、守土尽责,始终坚持用中国特色社会主义理论体系武装学生头脑,全面落实立德树人根本任务。

第二,要加强师德师风。这是高校思想政治理论课"四有特质"教师队伍建设的又一时代要求。教育大计,教师为本;教师大计,师德为先。所谓师德,即教师的职业道德,是教师在从事教育活动中必须遵守的道德规范和行为准则,以及与之相适应的道德观念、情操和品质。所谓师风,就是教师的行为作风。师德师风,简言之就是指教师的道德作风。党的十八大报告强调:"加强教师队伍建设,提高师德水平和业务能力,增强教师教书育人的荣誉感和责任感。"著名教育家陶行知先生认为,"学高为师,身正为范"。所谓师范,就是不仅要有渊博的知识,更要有高尚的道德情操,能够引导启发学生懂得做人的道理。

思想政治理论课教师师德师风建设,当以法律作保障。"法律是成文的道德,道德是内心的法律。"要充分利用现有法律,如《教师法》,对教师进行宣传教育;要落实高校教师职业道德规范,大力宣传高校优秀教师先进事迹,加强职业理想和职业道德教育。完善师德建设长效机制,把师德表现作为教师绩效考核、聘用和奖惩的首要内容,实行师德一票否决制。在教师培训特别是新聘用教师岗前培训中,强化师德教育特别是学术道德、学术规范教育。加强师德师风建设,需要大力宣传中华优秀传统文化。中华优秀传统文化在特定的历史条件下形成和发展,蕴含的核心思想、理念,"不论过去还是现在,都有其鲜明的民族特色,都有其永不褪色的时代价值"。"国无德不兴,人无德不立"。要引导鼓励思想政治理论课教师学习中华优秀传统文化,从中汲取营养。同时,要发挥榜样的引领示范作用。"伟大时代呼唤伟大精神,崇高事业需要榜样引领。"如开展师德标兵评选、道德模范评选等,用身边的"榜样"、鲜活的案例来教育引导思想政治理论课教师勤于修德,自我鼓励、不断进步。

第三,要提升育人能力。加强思想政治理论课"四有特质"教师队伍建设,落脚点在于提高教师育人能力。一般而言,育人能力是对教师在关心爱护学生、传授专业知识、引导学生寻找生命意义、实现人生价值中所起作用的一种衡量和检验。学生能否在教师的培养下成长成才,关键看教师育人能力能否满足学生的需要。育人能力表现在教育教学过程中,具体地外化为教育理念和教育方法的集合。

提升思想政治理论课教师育人能力,一方面要教育引导思想政治理论课教师牢固树立以生为本、全面发展的教育理念,关注、关心、关爱学生,贴近实际、贴近生活、贴近学生,做学生健康成长、全面发展的指导者和引路人。由于思想政治理论课的特别属性和思想政治理论课教师的特殊地位,思想政治理论课教师育人能力重在考量对党的理论、路线、方针、政策的宣讲能力和对学生健康成长的指导能力。另一方面,从教育方法来看,要引导思想政治理论课教师善于综合运用原理性教学方法、技术性教学方法和操作性教学方法并融入教育全过程。原理性教学法,是教学意识在教学实践中的具体化,比如启发式教学、发现式教学。技术性教学方法,是与具体教学内容相结合构成操作性的教学方法,既带有原理性,又带有方法性,可以衍生出一系列实际操作的方法,例如讲授法、演示法、讨论法。操作性教学方法,是在教育过程中的具体方法,例如情景教学法、暗示教学法。思想政治理论课教学本身具有很强的理论性和灌输性,如果单纯采取说教的方式,易使学生产生接受性疲劳,亦可能使学生产生抵触和反感。灵活运用多种教学方法,将极大提高教学实效,引导学生形成向上、向善的精神力量。

(本部分依据《高校思想政治理论课教师"四有特质"的时代论析》改写而成,原文刊于《思想理论教育导刊》2015年第12期,作者:黄蓉生、李栋宣)

二、培育青年教师队伍的职业理想

要把培养造就青年人才作为人才队伍建设的一项重要战略任务。教育部等六部委联合颁布的《关于加强高等学校青年教师队伍建设的意见》明确指出："高等学校青年教师是高校教师队伍的重要力量,关系着高校发展的未来,关系着人才培养的未来,关系着教育事业的未来。"近年来,随着大量青年教师充实到高校思想政治理论课教师队伍中,加上教师队伍的新老交替,青年教师成为高校思想政治理论课教师的骨干力量。加强高校思想政治理论课教师队伍建设,理应以加快培养青年教师队伍为重点,而培育青年教师的职业理想,增强他们教书育人的责任感和使命感,则是队伍建设的基础工程。

（一）加强高校思政课青年教师
职业理想培育意义重大

高校思想政治理论课青年教师的职业理想是他们在正确的世界观、人生观和价值观指导下,对其所从事的思想政治理论课教育教学职业以及马克思主义理论研究事业上获得成就的追求和向往。随着青年教师逐渐成为思想政治理论课教师队伍的主体力量,高校应着力加强青年教师的培养,充分认识加强思想政治理论课青年教师职业理想培养的重要性。

第一,高校思想政治理论课建设可持续发展的需要。高校思想政治理论课是对大学生进行思想政治教育的主渠道,肩负着培养中国特色社会主义建设者和接班人的重任。自 2004 年中央 16 号文件颁发以来,中宣部、教育部采取有力措施加强高校思想政治理论课建设,课程建设、教材建设等已经取得了明显成效。思想政治理论课教育教学研究向纵深发展,教学方式、方法和手段不断创新,教学效果明显改善。特别是马克思主义理论一级学科的设立为广大教师的专业发展搭建了宽广的平台。这些成绩主要是通过老一代马克思主义理论教育家和研究者的努力取得的。然而只有广大青年教学科研人员不断充实到思想政治理论课建设队伍中来,不断加强对青年教师职业理想的培养来坚定他们的职业信念、强化他们的职业归属、激发他们的职业动力、增强他们的职业情感、提升他们的职业道德,高校思想政治理论课建设才能后继有人并可持续发展。

第二,高校思想政治理论课教师队伍建设的需要。提高高校思想政治理论课教育教学质量和水平,关键在教师。"思想政治理论课教师是高等学校教师队伍的一支重要力量,是党的理论、路线、方针、政策的宣讲者,是大学生健康成长的指导者和引路人。"近年来,随着一批老教师相继退休,一些高校50岁至60岁的思想政治理论课教师几乎出现断层。一大批青年博士、硕士研究生充实到高校思想政治理论课教师队伍中来,为思想政治理论课建设注入新鲜的血液。有关统计表明,目前45岁以下的思想政治理论课青年教师已经占60%以上,成为高校思想政治理论课教师的主体力量。所以,高校思想政治理论课教师队伍建设的着力点应该是加强对青年教师的培养。思想政治理论课青年教师不仅要具备扎实的基础理论和专业知识、较高的教学能力和教学艺术,更重要的是要具有坚定的职业信念和崇高的职业理想。只有不断加强对青年教师职业理想的培养,才能确保一大批青年教师扎根于思想政治理论课教育教学工作,建设一支"政治坚定、业务精湛、师德高尚、结构合理"的思想政治理论课教师队伍的目标才能实现。

第三,教师职业的特殊性需要。教育是心灵与心灵的沟通,灵魂与灵魂的交融,人格与人格的对话。教师作为一种培养人的职业,是人类社会中最富挑战性和创造性的工作之一。正因为如此,人们常把教师看作是人类灵魂的工程师,认为教师职业是太阳底下最光辉的事业。教师是人类社会的"工程师",从事的是塑造人的灵魂的复杂劳动,其培养学生的质量好坏直接关系到国家和民族的兴衰与成败,这也是教师职业崇高之所在。因此,教师职业的回报不是简单的物质拥有、职位提升,更重要的是来自教师培养的学生成才后对国家、社会、民族所作的贡献给教师心理上和精神上带来的快乐和满足。选择教师职业意味着甘为人梯、成为照亮别人前进的蜡烛。而教师个人价值的实现必须与国家、民族的利益紧紧联系在一起。教师职业的这种特殊性,要求教师必须具有忠诚于人民教育事业的崇高职业理想,并具有为自己的理想努力奋斗的奉献精神。

（二）准确研判高校思政课青年教师职业理想存在的现实问题

职业理想内在地要求职业选择者真心地热爱自己的职业,并在工作中充分发挥自己的所有潜力,以高度的责任感,持之以恒地、创造性地去做好一切工作。近年来,在各高校落实一系列思想政治理论课教师队伍建设措施的激励下,青年教师总体上爱岗敬业、勤奋工作,但也有部分青年教师存在着不能完全安心思想政治理论课教育教学工作的情况,表现为以下几个方面。

第一,职业定位不稳。职业定位不稳指的是部分青年教师虽然暂时选择了高校思想政治理论课教育教学工作,但只是权宜之计,一旦有机会就跳槽另谋职业。近年来,在就业竞争加剧和高校思想政治理论课建设又需要引进新人的作用下,部分博士、硕士研究生在暂时没有更好的就业岗位的情况下,选择进入不同层次、不同类型高校成为一名思想政治理论课教师。但受各种因素的影响,这些青年教师并不愿意真正当一名思想政治理论课教师,一旦有机会,这部分教师要么选择到哲学、政治学、社会学等相关学科从事所谓专业课教学和研究,要么通过报考国家公务员等方式离开教学岗位,脱离教师职业。

第二,职业责任欠强。职业责任欠强指的是部分青年教师不能很好地贯彻相关文件精神,缺乏责任心。高度的责任感是做好任何工作的首要条件,但是部分青年教师由于受到社会上一些负面因素的影响,加上自己要求不严格,在进行思想政治理论课教育教学过程中表现出一些不负责任现象。一是不严格遵守教学纪律,迟到早退,甚至随意调课停课;二是不遵守教师基本的职业道德,只教书、不育人,只传道、不解惑,无法使思想政治理论课发挥其应有的作用;三是部分青年教师甚至把重心放在社会兼职上,利用高校教师的身份在校外办班搞培训赚钱,而对自己的本职工作只是应付了事。

第三,职业情感欠浓。职业情感欠浓指的是部分青年教师对从事思想政治理论课教育教学工作缺乏应有的情感。工作积极性和创造性的动力源自对工作的热爱。爱一行干一行是人们选择职业的基本法则。由于受部分高校对思想政治理论课重视不够、部分大学生不太喜欢思想政治理论课甚至专业课挤压思想政治理论课等因素的影响,部分从事思想政治理论课教育教学工作的青年教师也渐渐失去对这份工作的热爱。

（三）多措并举加强高校思政课
青年教师职业理想培育

第一,严把教师入口关,奠定职业理想培养基础。职业选择和职业理想的确立是非常理性和严肃的过程。对于思想政治理论课新进教师,要实行严格的教师任职资格准入制度。不仅要考察他们的马克思主义理论水平和相关专业知识,更为重要的是考察其从事思想政治理论课教育教学工作的决心、信心和态度,并辅之以相关体制机制等约束条件,尽可能一开始就打消新进青年教师跳槽转行的念头,为思想政治理论课青年教师职业理想的培养奠定较为坚实的基础。

第二,加强思想政治教育,培养职业责任。"学校应该永远把坚定正确的政治方向放在第一位。"加强对青年教师的思想政治教育,不仅是党和国家对高校青年教师普遍性的要求,更是思想政治理论课教师的特殊地位决定的。习近平总书记在第二十次全国高校党建工作会议上指出:"青年教师作为高校教学的重要力量,与学生沟通互动多,对学生影响很大。要把加强青年教师队伍思想政治建设作为高校党的建设一个重大问题来抓,深入细致地做好青年教师的思想引导工作。"①思想政治理论课教师应是坚定的马克思主义者,在事关政治原则、政治立场和政治方向问题上必须与党中央保持一致。通过思想政治教育,在坚定青年教师马克思主义信念基础上,引导青年教师不仅要处理好个人志趣同社会需求两者之间的结合与统一关系,还要处理好职业定位与个人才能的关系,在中国特色社会主义共同理想基础上,实现个人职业追求与党、国家和人民事业发展需要的有机结合,培养青年教师的责任意识。

第三,开展职业培训,强化职业定位。职业培训是帮助思想政治理论课青年

---

① 习近平:《加大在青年教师中发展党员的工作发展》,《人民日报》2012年1月5日。

教师树立职业理想、坚定职业信念、强化职业定位的重要环节。要使青年教师不仅把从事思想政治理论课教育教学作为一项工作,更要作为终生从事的一项职业和事业,应着力加强职业培训。对教师的职业培训包括岗前培训、课程培训等。

对于新进的高校思想政治理论课青年教师,应坚持先培训、后上岗。岗前培训不仅要帮助思想政治理论课青年教师尽快适应高校教育教学工作,更重要的是要通过对相关文件的学习,使思想政治理论课新进青年教师充分认识高校思想政治理论课的重要地位和作用。高校所有课程都承载着对大学生进行思想政治教育的功能,但思想政治理论课却具有其他课程无可替代的作用。2004 年中央 16 号文件明确指出:"高等学校思想政治理论课是大学生思想政治教育的主渠道。思想政治理论课是大学生的必修课,是帮助大学生树立正确世界观、人生观、价值观的重要途径,体现了社会主义大学的本质要求。"高校思想政治理论课教学不是简单的知识传授,更重要的是,它保证大学的社会主义办学方向,关系到社会主义合格建设者和可靠接班人的培养问题,从事思想政治理论课教育教学是党、国家和社会赋予广大思想政治理论课教师崇高的社会责任。岗前培训能够进一步强化青年教师选择思想政治理论课教学职业生涯的理性。

第四,营造全员育人氛围,增强职业情感。教书育人,是每一位教师的神圣职责。各高校应高度重视大学生的思想政治教育,强调全员育人,为增强思想政治理论课青年教师的职业情感营造良好的校园氛围。"高等学校各门课程都具有育人功能,所有教师都负有育人职责。广大教师要以高度负责的态度,率先垂范、言传身教,以良好的思想、道德、品质和人格给大学生以潜移默化的影响。要把思想政治教育融入大学生专业学习的各个环节,渗透到教学、科研和社会服务各个方面。"①只有学校各部门、每一个教师在各自的工作岗位贯彻育人理念,形成育人合力,大学生思想政治教育才能真正收到实效。也只有学校上下对思想政治理论课教育教学高度重视和认同,思想政治理论课教师才能产生强烈的荣誉感,才能以饱满的热情潜心思想政治理论课教育教学工作,才能有坚定的职业信念和浓郁的职业情感。

第五,确保思想政治理论课教师应有的地位和待遇,增强职业荣誉感。要建

---

① 《十六大以来重要文献选编》中,中央文献出版社 2006 年版,第 182 页。

立直属学校领导的独立的思想政治理论课教学科研机构,确保思想政治理论课教师的地位。由于各种原因,部分高校的思想政治理论课教学科研机构隶属于其他教学科研组织,虽然保留思想政治理论课教学部或思想政治教育基础部等名称,但事实上成为学校的三级机构。这种情况造成思想政治理论课教学科研机构不仅无法独立地履行统一管理思想政治理论课教师、思想政治理论课教育教学以及科研、社会服务等职责,还使得思想政治理论课教师产生低人一等的感觉,以至于难以激发教师工作的积极性。要扭转这种局面,高校必须切实贯彻《中共中央宣传部　教育部〈关于进一步加强高等学校思想政治理论课教师队伍建设的意见〉》精神,建立独立的、直属学校领导的思想政治理论课教学科研机构,使该机构不仅是思想政治理论课教学部门,同时是马克思主义理论学科的依托单位,以保证思想政治理论课教师在学校能够享受到与其他学科老师同等的地位。

第六,加强学科建设和思想政治理论课青年教师的学科归位,增强职业归属感。加强教学和科研团队建设,明确思想政治理论课青年教师的学科归属。高校思想政治理论课教学科研机构应根据新充实到教师队伍中青年教师的专业特长和所承担的教学任务,一开始就把思想政治理论课青年教师归入相应的教学团队和科研团队,把青年教师纳入相应二级学科的梯队成员进行培养,通过和谐的团队建设为思想政治理论课青年教师的成长营造良好的环境和增强他们的归属感。完善二级学科体系,凝练学科方向,为思想政治理论课青年教师搭建发展平台、拓展发展空间。教学和科研是高校教师的两大主要工作。学校一方面要为教师的教学工作提供良好的讲台;另一方面要为教师的科学研究搭建宽广平台。为了使青年教师更好地发展,学校应根据马克思主义理论学科的性质、特点和要求,进一步凝练学科方向,加强学科建设,使思想政治理论课青年教师工作有条件、干事有平台、发展有空间,进而增强他们的归属感,强化他们的职业理想,从而激发青年教师积极参与思想政治理论课建设的动力。

(本部分依据《加强高校思想政治理论课青年教师职业理想培养》改写而成,原文刊于《思想教育研究》2013 年第 8 期,作者:李栋宣、李强)

三、实施高校思政课
任职资格准入制度

加强思想政治理论课队伍建设,必须通过任职资格准入制度的设计,严把"入口"关。2005年2月,中宣部、教育部下发的《关于进一步加强和改进高等学校思想政治理论课的意见》首次提出"制定高等学校思想政治理论课教师任职资格标准,实行准入制度,完善激励和保障机制"。2008年9月,中宣部、教育部发布了《关于进一步加强高等学校思想政治理论课教师队伍建设的意见》,明确提出在高等学校中实行思想政治理论课教师任职资格准入制度。2015年,中宣部、教育部印发的《关于普通高等学校思想政治理论课建设体系创新计划的通知》也再次强调指出:"要建立思想政治理论课专职教师任职资格制度。"上述文件中所提出的思想政治理论课教师任职资格准入制度,是在全面把握高校思想政治理论课教师队伍现状以及建设规律的基础上,加强高校思想政治理论课教师队伍建设的一项重要举措。

(一)从制度上把好高校思政课
教师队伍的"入口"关

高校思想政治理论课是对大学生系统进行思想政治教育的主渠道,是集中体现社会主义大学本质的课程。改革开放特别是党的十八大以来,伴随波澜壮阔的高等教育改革大潮,高校思想政治理论课也在不断改革调整中取得了显著的成绩。但是,高校思想政治理论课的总体现状还有诸多不尽如人意之处,其教学实际效果离其应有的功能和地位还有差距,离党中央和社会的期待还有差距。

在思想政治理论课课程建设和学科建设已经取得突破性进展的情况下,教师队伍建设的水平成为决定思想政治理论课教学质量和效果的最关键因素。由于我国长期没有明确的思想政治理论课教师任职资格准入标准,导致了思想政治理论课教师来源多样,参差不齐。从思想政治理论课教师队伍的学缘结构看,部分教师并没有马克思主义理论学科的教育背景,有些教师本科和研究生教育所学专业相关度低,这样就容易导致其理论功底欠缺,其教学效果打折扣。从制度上保证"适合并乐于"从事思想政治理论课教学的人员进入到队伍中来,加强高校思想政治理论课教师队伍建设才真正成为可能,而只有课程建设、学科建设和队伍建设实现协同发展时,思想政治理论课教学状况才能真正有明显改善。

高校思想政治理论课教师任职资格准入制度不仅是加强队伍建设的必然要求,也具备了实施的相关条件。首先,马克思主义理论学科建设的发展为高校思想政治理论课教师队伍提供了充足稳定的教师来源,使思想政治理论课教师队伍具备了严格入职的条件。从高校思想政治理论课程建设的历程看,思想政治理论课教师的素质和任职要求经历了几个发展阶段。新中国成立初期至改革开放前,随着高校思想政治理论课基本确立,思想政治理论课教师队伍初步建立起来,主要是通过培训、进修等方式培养师资。改革开放后至20世纪80年代末90年代初期,全国各高校开始恢复正规化的马列主义理论教育,思想政治理论课教师队伍也开始通过不同途径,大幅度增加教师数量,并开始采取各种措施注重加强教师队伍的培养。1984年,中宣部、教育部印发《关于加强和改进高等院校马列主义理论教育的若干规定》和《关于加强高等学校思想政治工作队伍建设的意见》,提出要加强教师队伍建设,提高教师队伍的政治和业务水平,思想政治教师应当具有大学以上文化程度,首次明确了思想政治课教师的学历要求。20世纪90年代初至现在,随着高校思想政治理论课程建设的深入,思想政治理论课教师队伍也开始了正规化建设阶段,且明确提出了高校思想政治理论课教师队伍实施任职资格准入制度。这个时期,思想政治理论课教师数量不足的问题基本解决,如何既保证数量又保证思想政治理论课教师有较高的素质,是这个阶段重点要解决的问题。1991年原国家教委出台了《关于加强和改进高等学校马克思主义理论教育的若干意见》,对马克思主义理论课教师提出了较具体的思想和业务要求:思想上必须与党中央保持高度一致,坚持四项基本原则;在业务上具有坚实的马克思主义理论基础、比较丰富的人文社会科学知识和必要的自然科学基础知识,并经过一定的实践锻炼(包括担任学生班主任和辅导员)。这是官方文件首次对思想政治理论课教师的综合素质提出的具体要求。为了适应改革开放新形势对思想政治理论课教学的要求,中宣部、教育部印发的《关于进一步加强和改进高等学校思想政治理论课的意见》(2005 年)、《关于进一步加强高等学校思想政治理论课教师队伍建设的意见》(2008 年)以及《普通高校思想政治理论课建设体系创新计划》(2015 年)等文件均提出了要实行高校思想政治理论课教师任职资格准入制度。综上,我们可以看出,随着马克思主义理论学科建设的发展,尤其是马克思主义理论一级学科及相应 7 个二级学科的设立、马克思主义理论学科硕士点和博士点的发展,保证了具有马克思主义理论学科教育背景的高学历人才来源,这正是高校思想政治理论课教师队伍的稳定充足的教师来源。这为实行高校思想政治理论课教师任职资格准入制度,从中选拔"适合并乐于"从事高校思想政治理论课教学的教师队伍提供了重要客观条件。

同时,思想政治理论课教师任职资格制度建设,也具备了实践基础。党和国家高度重视高校思想政治理论课教师队伍建设,不断完善选拔机制,已经取得了一定的实践成就。近年来,作为思想政治理论课教师队伍建设的重要内容,高校思想政治理论课教师的培训工作取得了明显成效,这为实行思想政治理论课教师任职资格准入制度提供了坚实的实践基础。重视思想政治理论课教师的培训工作,贯穿我国改革开放 40 年来高校思想政治理论课改革的始终。早在 20 世纪 80 年代初期,教育部在印发的《改进和加强高等学校马列主义课的试行办法》的通知中,已经明确提出:"马列主义教师的培养和提高,一般以在职为主。教育部和省、市、自治区教育部门应有计划地举办暑期讲习会、理论讨论会、教学经验交流会等,使广大马列主义教师都能不断得到提高。"伴随着思想政治理论课课程设置方案的调整,思想政治理论课教师队伍的培训工作愈加受到重视。从 2007 年起,中宣部、教育部开始联合举办高校思想政治理论课骨干教师研修班,计划用 5 年左右的时间,对全国高校思想政治理论课骨干教师分期分批进行系统轮训,目前已举办 20 多期,培训 1800 余人。各地各高等学校也制定了教师培训规划,坚持先培训后上岗,着力提高新任教师适应岗位要求、胜任本职工作的能力。此外,一些有条件的地区,在落实中宣部、教育部《关于进一步加强高等学校思想政治理论课教师队伍建设的意见》的过程中,进行大胆的创造性探索,为构建高校思想政治理论课教师任职资格准入制度提供了有价值的实践经验。尽管对于思想政治理论课教师任职资格制度的探索,各地区、各高校总体处于"摸着石头过河"的阶段,但是其中的有益探索为我们构建完善的思想政治理论课教师任职资格准入制度提供了坚实的实践基础。

(二)把握高校思政课教师任职资格的准入标准

高校思想政治理论课教师任职资格准入制度,是对从事高校思想政治理论课教学科研的人员在资格上的规定,是国家对从事高校思想政治理论课教学科研的人员提出的最基本标准和要求。形象一点说,高校思想政治理论课教师任职资格准入制度就是关于高校思想政治理论课教师入职"门槛"的规定。因而,高校思想政治理论课教师任职资格准入制度,首先要明确高校思想政治理论课教师任职资格的具体标准,也就是明确设定成为一名高校思想政治理论课教师的前提条件。标准和条件是保障思想政治理论课教师素质的基础,只有制定了具体的入职条件和标准,才能让思想政治理论课教师的入职成为可能。思想政治理论课教师除了必须具备法定教师资格的相关条件,包括必备的语言表达能力、研究能力、身体素质、品德素质、职业操守之外,还必须有特殊的标准和条件。中宣部、教育部《关于进一步加强高等学校思想政治理论课教师队伍的意见》对思想政治理论课教师的入职条件作了如下规定:"思想政治理论课教师必须坚持正确的政治方向,热爱马克思主义理论教育事业,具有良好的思想品德,有扎实的马克思主义理论基础和相应的教学水平、科研能力。新任教师原则上应是中国共产党党员,具备相关专业硕士以上学位,工作期间应兼职从事班主任或辅导员工作。在事关政治原则、政治立场和政治方向问题上不能与党中央保持一致的,不得从事思想政治理论课教学。"根据上述规定,高校思想政治理论课教师的任职标准主要包含如下几个方面。一是学历规定。具备研究生以上学历,硕士以上学位。二是学科规定。具备马克思主义理论学科的教育背景,而且本科和研究生专业关联度强。三是政治素质规定。原则上应该是中国共产党党员,具有坚定的政治方向、正确的政治立场。四是道德素质规定。热爱马克思主义理论教育事业,有强烈的责任意识和良好的职业操守。五是教学能力规定。具备较高的教学水平,能熟练运用多媒体教学技术。六是科研能力规定。能独立从事马克思主义理论学科的科学研究,具有在相关刊物公开发表的论文或主持、主研相关课题。七是工作经历规定。从事思想政治理论课教学期间应兼职从事班主任或辅导员工作。如上七项规定,基本涵盖了高校思想政治理论课教师入职标准的主要规定。当然,有些规定可以量化,如学历和学科规定,但是有些规定如政治素质、思想素质等是无法量化的。如何建立一套科学的职业测评体系来具体把握这些标准,是当前亟须解决的难题。

（三）明确高校思政课教师任职资格的准入程序

思想政治理论课教师的任职资格准入有着明确的标准和原则,但是如何把原则落到实处必须有相应的准入程序。首先,对拟入职人员进行职业测评。职业测评就是综合运用社会学、心理学、组织行为学等科学理论、方法,通过心理测试、面试和情景模拟等现代科学技术,对人的行为特征、个性特点、水平能力及发展趋势进行系统和客观的测量评定,为各行业招聘、选拔、配置和评价人才提供科学、可靠的依据和借鉴。实施思想政治理论课教师职业测评的目的是选拔"适合并乐于"从事思想政治理论课教学的人员。在测评的过程中,尤其要将思想政治理论课教师任职资格准入制度中不能量化的标准,如政治素质、职业伦理、职业信仰等,运用科学的测评理论和方法进行科学、客观地测评。思想政治理论课教师职业测评是一个系统工程,涉及内容很广,而且过程也很复杂。应根据思想政治理论课教师职业的特点及测评目标,运用科学的职业测评理论,制定测评标准,并对测评的实施进行监督和指导。其次,由有关部门进行高校思想政治理论课教师资格认证。思想政治理论课教师资格认证,是指为保障思想政治理论课教师具备基本的从业素质而对其资格进行审核许可的制度。按照《教师法》和《教师资格条例》中的相关规定,受国务院教育行政部门或者省、自治区、直辖市人民政府教育行政部门委托的高等学校,负责拟聘本校人员的思想政治理论课教师的资格认证。在未受国务院教育行政部门或者省、自治区、直辖市人民政府教育行政部门委托的高等学校拟聘人员的思想政治理论课教师任职资格,按照学校行政隶属关系,由国务院教育行政部门或者由学校所在地的省、自治区、直辖市人民政府教育行政部门对拟聘人员进行资格认证。

　　构建思想政治理论课教师任职资格准入制度还应注重思想政治理论课教师任职资格准入制度与其他相关培养、管理制度的配套衔接,使制度的设置更为科学、合理、人性化。思想政治理论课教师队伍建设是一项系统工程,它包括教师任职资格的认定、教师聘用、职务聘任、培养培训等环节,因此,应该做好思想政治理论课教师任职资格准入制度、教师任用制度、职务聘任制度和培养培训制度的衔接工作,避免制度之间的冲突或不适应现象。

　　(本部分依据《关于高校思想政治理论课教师任职资格准入制度及其实施条件的若干思考》改写而成,原文刊于《思想理论教育导刊》2011 年第 9 期,作者:吴艳东)

四、思政课教师务必善于
运用"底线思维"

习近平总书记强调指出:"要善于运用'底线思维'的方法,凡事从坏处准备,努力争取最好的结果,做到有备无患、遇事不慌,牢牢把握主动权。""底线思维"集中体现了以习近平同志为核心的党中央对世情、国情、党情的深刻把握,是对矛盾双方在一定条件下相互转化的对立统一规律的深刻把握,是一种蕴含了辩证法、实践论的系统思维。作为大学生思想政治教育的骨干力量,作为马克思主义主流意识形态宣传教育者,高校思想政治理论课教师必须善于运用"底线思维",并将"底线思维"贯彻运用于大学生思想政治教育教学全过程。

(一)善用"底线思维"是思政课
教师职业角色的内在要求

思想政治理论课教师是高校的一支重要力量,是党的理论、路线、方针、政策的宣讲者,是大学生健康成长的指导者和引路人,这是思想政治理论课教师基本的角色定位,因此,思想政治理论课教师担负着用马克思主义理论武装大学生的头脑,帮助他们确立坚定的政治方向,引导他们树立科学的世界观、人生观、价值观,培养他们成为中国特色社会主义事业合格建设者和接班人的历史重任。思想政治理论课教师的职业角色定位,决定了他们除了要具有相当厚实的专业素养,还应当是坚定的马克思主义者,马克思主义理论和党的路线、政策、方针的宣讲者,社会主义意识形态和精神文明的传播者,为此,在一些事关政治原则和立场上必须与党中央保持一致。这就是党和国家对思想政治理论课教师职业角色和使命的重要要求,也是思想政治理论课教师角色内在规定性的集中体现。因此,思想政治理论课教师必须秉持"坚守底线"的意识,这里的"底线",集中体现在思想政治理论课教师要正视中西意识形态的根本区别,理直气壮地宣传马克思主义,确立社会主义意识形态的标准和底线。不仅要通过提升自身的马克思主义理论素养来增强"政治定力",对于在意识形态领域应该提倡什么、必须反对什么,应该有旗帜鲜明的鉴别和判断,在意识形态愈演激烈的较量与斗争中,要有主动"亮剑"的精神和勇气,而且要将这种"守住底线"的意识外化为"守土有责"的行为,贯穿在个人的教学、学习乃至生活的始终。

（二）善用"底线思维"是高校意识
形态建设的形势使然

高校历来是各种政治势力争夺知识青年、抢占思想文化阵地、夺取意识形态话语权的前沿阵地。作为党的意识形态建设的重要组成部分,高校意识形态建设直接影响到高校能否坚持马克思主义的指导地位、坚定社会主义办学方向、培养合格的社会主义建设者和接班人,以确保党和国家教育事业的可持续发展。在波澜壮阔的高等教育改革发展的历史进程中,高校意识形态建设取得了显著的成效,这一点毋庸置疑。但伴随国际国内党内形势的深刻变化,高校意识形态建设也面临来自内部消解和外部冲击的严峻挑战,这也是不争的事实。尤其是以美国为代表的西方发达资本主义国家利用网络传播其思想观念、政治观点、道德规范,倡导所谓的"普世价值",美化资本主义社会、诋毁社会主义制度,肆无忌惮地制造各种噪音杂音,意识形态领域各种社会思潮风起云涌,多种"声音"鼓噪在大学校园,意识形态"战争"虽然"没有硝烟",但是一旦守不住"阵地",必然是颠覆性、毁灭性的结果。思想政治理论课教师对高校意识形态的总体形势要有科学的研判,尤其是对意识形态面临的严峻挑战要有清醒的认识,进而生发出高度自觉的历史担当意识。这就需要思想政治理论课教师善于运用"底线思维",从当前高校意识形态斗争可能造成的最坏后果着眼,准备好各种应对预案,争取最好的结果。正如在抗日战争胜利前夕,毛泽东着眼于革命光明前途时曾指出:"凡事要设想一切可能的困难";"只有对这一切预先想透,有了充分精神准备,并使干部有此种准备,然后才能想出克服困难的办法,走向光明的前途"。①

（三）善用"底线思维"是适应大学生思想观念变化的客观要求

不可否认,当前大学生思想主流总体上呈现出积极、健康、向上、向善的状态,他们坚决拥护中国共产党的领导,拥护社会主义制度,对中国特色社会主义道路自信、理论自信和制度自信进一步提升,对实现中国梦充满信心。但是,大学生的身心发展特点以及所处的外在环境的变化,使得他们思想活动的独立性、差异性、选择性更加突出,追求人格独立、个性解放,行为较为叛逆的趋向更为明显。部分大学生对高校意识形态建设具有一定的逆反心理和抵触情绪,部分大学生理想信念淡薄、精神世界空虚、是非判断不清,甚至频频出现"底线伦理"沦丧的悲剧。诚然,这绝不代表当代大学生积极向上的思想主流,但是仍然足以值得警惕,对他们进行有意识的思想引领成为包括思想政治理论课教师在内的大学生思想政治教育者刻不容缓的任务。为此,要善于运用"底线思维",尽可能把大学生中出现的思想问题的后果想得严重一点,预先研判大学生思想发展的总体态势,预先防止可能发生的最坏情况,预先为争取最好发展结果而做好各方面准备。正如古人云:"凡事预则立,不预则废。"思想政治理论课教师在对大学生进行理论教育和思想引领的过程中,要特别注重对大学生的"底线教育",即不仅要引导大学生树立崇高的政治理想信念、高尚的道德追求,而且要引导大学生做出适应自己实际情况又符合社会基本要求的"底线伦理"选择,进一步而言,要引导学生在多样多元的价值选择中,坚守最基本的伦理道德、政治规范、法律制度等社会规则的"底线"。

---

① 《毛泽东文集》第3卷,人民出版社1996年版,第445页。

（四）将"底线思维"践行于思政课
教育教学实践过程的始终

"底线思维不是一种消极、被动、只是防范的思维方式，绝不是要求仅仅守住底线而无所作为。"而是要求主动运用此种思维，同时，它要求从底线出发，步步为营，不断逼近顶线，不断收获更新更好更大的战略利益。也就是说，它不仅要求"思"，而且更要求"行"，对思想政治理论课教师而言，要将"底线思维"践行于教育教学过程的始终。

第一，坚守思想政治理论课教师职业角色底线。"打铁还需自身硬"，思想政治理论课教师要想守住马克思主义主流意识形态的底线，必须始终坚守自身的职业角色底线。列宁曾深刻指出，"在任何学校里，最重要的是课程的思想政治方向。这个方向由什么来决定呢？完全而且只能由教学人员来决定"①。毛泽东曾指出，"政治路线确定之后，干部就是决定的因素"②。邓小平也强调："政治路线确立了，要由人来具体地贯彻执行。由什么样的人来执行，是由赞成党的政治路线的人，还是由不赞成的人，或者由持中间态度的人来执行，结果不一样。"③这都强调了包括思想政治理论课教师在内的思想政治教育队伍的自身素质在思想政治教育活动中具有决定作用。一个合格的思想政治理论课教师，"既是学问之师，又是品行之师"，也就是说，不仅要有学术上的影响力，而且更要有人格上的感召力。高尚的师德就是一部好的教科书，就是一股强大的精神力量，对学生的教育是潜移默化的、巨大的、深远的，甚至是受益终生的。为此，思想政治理论课教师必须有鲜明的"立场意识"。即在思想政治教育教学活动中，对于维护什么和反对什么，什么是正确的方向和什么是错误的方向，要有鲜明的立场，要旗帜鲜明地向大学生表明自己的立场，明确地向大学生昭示前进的方向。"只有旗帜鲜明，才能向思想政治教育对象有力地展示应有的价值导向，从而发挥思想政治教育对思想政治教育对象的引导作用。"同时，思想政治理论

---

① 《列宁全集》第45卷，人民出版社2017年版，第240页。
② 《毛泽东选集》第2卷，人民出版社1991年版，第526页。
③ 《邓小平文选》第2卷，人民出版社1994年版，第191页。

课教师必须增强"政治定力",在涉及中国特色社会主义道路、理论、制度等根本性问题上,在大是大非面前,思想政治理论课教师必须立场坚定、旗帜鲜明,绝不能模棱两可。

第二,具备见微知著、把控方向的前瞻意识。要求思想政治理论课教师必须有敏锐的前瞻意识,特别是把握当代大学生心理和思想的动态变化、对高校意识形态建设的总体态势进行科学的研判,因而,前瞻意识是思想政治理论课教师在教育教学实践活动中表现出来的一种远见卓识,一种对事物未来发展态势的认知感和洞察力。进一步而言,思想政治理论课教师要在深刻把握世界发展大势、社会发展形势和大学生思想观念的发展趋势的基础上运用相应的引导途径将工作做在前头,增强教育教学活动的预见性、主动性、针对性。正如列宁所说:"应该站得更高,看到各种社会经济结构在历史上的更替。只有持这种观点才能够看清楚:我们已经负担起多么巨大的任务。"①从这个意义而言,思想政治理论课教师从事的是一项非常具有前瞻性的工作。只有具备见微知著的前瞻意识,才能及时把握大学生的思想动向,及时捕捉带有倾向性、苗头性的思想政治倾向,及时发现潜藏在大学生社会生活中的暗流,超前预测,并及时地把大学生的思想和行为向着正确的方向进行引导。

第三,将先进思想引领与"底线教育"有机结合。大学生的思想水平有高有低,思想认识有深有浅,这就要求思想政治理论课教师既要用先进的思想理论知识引领大学生,又要对思想水平比较低、思想认识比较浅甚至挑战"底线伦理"的学生加强"底线教育"。思想是行为的先导,先进思想是引领社会前行的旗帜,思想政治理论课教师必须深入了解掌握大学生思想意识的关键点及背后的形成逻辑,努力用先进的思想引领大学生,坚定大学生跟党走的信念,增强大学生的道路自信、理论自信和制度自信和对社会主义核心价值观的认知认同。同时,我国已经进入了全面深化改革的关键时期,社会结构的深刻变动以及利益格局的深刻调整,使得大学生的价值观念和价值取向正在发生深刻而急剧的变化,价值冲突乃至价值失范已经成为不争的事实。拜金主义、极端个人主义价值观在大学生中还有一定的市场,新自由主义、民主社会主义、历史虚无主义等西方社会思潮受到一些大学生的"追捧",鉴此,思想政治理论课教师一定要直面学

---

① 《列宁全集》第34卷,人民出版社1985年版,第358页。

生思想认识水平参差不齐的客观现实,提高学生思想认识上的免疫力和鉴别力,在讲"透"各种错误思想观点的表现形式、社会危害、基本特点和演变规律的基础上,使学生明确"提倡什么,反对什么,以什么为荣,以什么为耻"等是非问题,进而教育学生可以不崇高,但不能无耻。不崇高可以慢慢转化,逐步追求,可耻则是越过底线,是十分可怕的。

第四,强化底线意识,守好政治底线、法律底线、道德底线。一是强化政治底线意识。一方面,要求思想政治理论课教师将坚持和发展中国特色社会主义贯穿到课堂教学全过程,向青年大学生讲清楚中国特色社会主义既是改革开放新时期所创立,同时也建立在党长期奋斗的基础上,讲清楚中国特色社会主义总依据、总布局、总任务,讲清楚夺取中国特色社会主义新胜利、实现中华民族伟大复兴中国梦、实现"两个一百年"奋斗目标的基本要求。另一方面,要求思想政治理论课教师严明政治纪律。政治纪律,是教师在政治方向、政治立场、政治言论、政治行为方面的行为准则,是遵守其他纪律的重要基础,是维护思想政治理论课教师队伍政治坚定性的根本保证。思想政治理论课教师严明政治纪律,就是要做到同党中央保持高度一致。决不允许各种攻击诽谤党的领导、抹黑社会主义的言论在课堂上出现;决不允许教师在课堂上发牢骚、泄怨气,把各种不良情绪传导给学生。二是强化法律底线意识。我国《宪法》规定:"国家通过普及理想教育、道德教育、文化教育、纪律和法制教育,通过在城乡不同范围的群众中制定和执行各种守则、公约,加强社会主义精神文明的建设。"《教师法》规定:"教师是履行教育教学职责的专业人员,承担教书育人,培养社会主义事业建设者和接班人、提高民族素质的使命。教师应当忠诚于人民的教育事业。"这些规定明确了教师应当遵守的法律底线的基本内容。强化法律底线意识,要求思想政治理论课教师牢固树立法治意识,增强法治观念,严格按照《宪法》和相关法律进行教学活动;要认真学法,营造守法光荣、违法可耻的良好氛围;决不允许各种违反宪法和法律的言论在课堂上蔓延;要勤恳教法,在教学活动中落实"将法治教育纳入国民教育体系"。三是强化道德底线意识。道德底线,是成长为"四有特质"思想政治理论课好老师最基本的道德要求。"精神力量是无穷的,道德的力量也是无穷的。"思想政治理论课教师强化道德底线意识,就要恪守高等教育教师职业道德规范,弘扬中华传统美德,践行社会主义核心价值观在公民个人层面的价值准则要求,使之内化于心、外化于行,成为教师的价值追求和自觉行动。

　　(本部分依据《思想政治理论课教师务必善于运用"底线思维"》改写而成,原文刊于《思想教育研究》2014 年第 11 期,作者:吴艳东)

五、思政课教师应研读经典 厚植基础练好内功

为大学生传播马克思主义理论,提高大学生运用马克思主义立场、观点、方法分析和解决问题的能力,是高校思想政治理论课教师最根本的职业使命,完成这一使命,要求思想政治理论课教师必须将研读马克思主义经典著作,夯实马克思主义理论基础作为提升自身职业能力的"必修课"。就一定意义上而言,抓好高校思政课教师研读马克思主义经典著作这堂必修课,就抓住了高校思政课教师专业成长发展的根本,扭住了提升高校思政课教学质量的关键。

(一)厚植马克思主义理论功底

高校思政课的教育教学,本质上是要对大学生进行马克思主义理论教育,用马克思主义科学理论武装大学生。这要求教师在自身掌握马克思主义理论的问题上必须真学、真懂、真信、真用,如果教师对马克思主义理论的掌握一知半解、似是而非,是无法讲"透"理论讲"好"课程的。马克思主义经典著作是马克思主义的文本载体,学习好马克思主义理论,必须认真研读马克思主义经典著作。习近平总书记在主持中共中央政治局就历史唯物主义基本原理和方法论进行的第十一次集体学习时强调:"要原原本本学习和研读经典著作,努力把马克思主义哲学作为自己的看家本领。"①唯有学习和研读马克思主义经典著作,才能提高思想政治理论课教师的专业素养,既从整体性上把握马克思主义理论体系,也对

---

① 《习近平总书记系列重要讲话读本》,学习出版社、人民出版社2014年版,第175页。

组成马克思主义理论体系的各个组成部分有精准透彻的理解，如此，才能夯实思想政治理论课教师的马克思主义理论功底，才能使自己真正成为一名懂马列、信马列、传马列的思想政治理论课教师。推进高校思想政治理论课教师队伍建设，一定要营造重视研读经典著作的良好氛围，引导教师认真研读马克思主义经典著作，夯实开展马克思主义理论教育教学的理论基础和学术功底。否则，教学就不可能有学术品位，就不可能以理论的透彻性征服大学生，实效必然大打折扣。

（二）坚定职业理想信念

高校思想政治理论课不仅是传授知识的课堂，更是进行世界观、人生观和价值观教育的课堂，亦即知识传授与价值引领的高度统一，促进课程知识体系向学生信仰体系的转化，是高校思想政治理论课区别于其他各类课程最突出的特质。因此，高校思想政治理论课教师必须有坚定的马克思主义信仰和中国特色社会主义理想信念，这样才能在言传身教中引导、教育大学生。而任何政治上的坚定都奠基于理论上的坚定，习近平总书记指出："坚定的理想信念，必须建立在对马克思主义的深刻理解之上，建立在对历史规律的深刻把握之上。"[1]唯有通过研读马克思主义经典著作，完整、准确地理解马克思主义，透过马克思主义真理光芒中去感悟其价值性的魅力，才能树立坚定的马克思主义信仰。反过来，对于马克思主义，如果对它只是一知半解，要么割裂其政治性和科学性的统一，要么割裂其理论性和实践性的统一，那么对马克思主义的信仰就是不成熟、靠不住的。正如习近平总书记所指出的："一些同志之所以理想渺茫、信仰动摇，根本的就是历史唯物主义观点不牢固。"[2]树立马克思主义科学信仰是成为一名理想坚定的高校思想政治理论课教师的必要条件，这就需要高校思想政治理论课教师潜心研读马克思主义经典著作，深刻理解马克思主义的"科学性"和"价值性"的统一，准确把握马克思主义的"学术性"和"实践性"的统一，将马克思主义的

---

[1]　习近平：《在庆祝中国共产党成立95周年大会上的讲话》，《人民日报》2016年7月2日。
[2]　《十八大以来重要文献选编》上，中央文献出版社2014年版，第116页。

朴素感情上升为理性的认知、坚定的信仰和生动而自觉的躬行。

（三）提升自身硬实力

高校思想政治理论课教师的角色定位,决定了其硬实力主要体现在能否在教学中把马克思主义理论讲"准"析"透"。只有把理论讲"准"析"透",才能将马克思主义的知识体系转化为学生的信仰体系,才能让马克思主义以其真理魅力为大学生所吸引和认同。马克思在《黑格尔法哲学批判导言》中鞭辟入里地指出:"理论只要说服人[ad hominem],就能掌握群众;而理论只要彻底,就能说服人[ad hominem]。所谓彻底,就是抓住事物的根本。"①思想政治理论课教师把理论讲"准"析"透",就是要抓住马克思主义的根本,特别是要抓住贯穿于马克思主义科学体系中的基本立场、观点和方法,这就要求思想政治理论课教师必须原原本本地研读马克思主义经典著作。习近平总书记指出:"要把系统掌握马克思主义基本原理作为看家本领,老老实实、原原本本学习马克思列宁主义、毛泽东思想特别是邓小平理论、'三个代表'重要思想、科学发展观。"②在主持中央政治局集体学习时,习近平总书记再次强调:"要原原本本学习和研读经典著作,努力把马克思主义哲学作为自己的看家本领。"③就思想政治理论课教师而言,在教学过程中要把理论讲"准"析"透",一个不可或缺的根本性环节是"老老实实、原原本本"地学习马克思主义经典著作。马克思主义经典著作蕴含和集中体现着马克思主义基本原理,是马克思主义理论的本源和基础,研读马克思主义经典文献,不是要把它变成在课堂上讲授的讲义或者诵读的教义,而是要掌握马克思主义的立场、观点和方法。现实中,有些思想政治理论课之所以被学生所诟病,主要是有些教师"口若悬河",但"言之无物",或者把马克思主义"庸俗化",将博大精深的马克思主义简单化为几个"干条条"式的结论,马克思主义真

---

① 《马克思恩格斯文集》第1卷,人民出版社2009年版,第11页。

② 习近平:《胸怀大局　把握大势　着眼大事　努力把宣传思想工作做得更好》,《人民日报》2013年8月21日。

③ 习近平:《推动全党学习和掌握历史唯物主义更好认识规律更加能动地推进工作》,《人民日报》2013年12月5日。

理性的魅力可谓荡然无存,马克思主义能走进学生的心灵深处吗?或者,把马克思主义变成束之高阁的"海市蜃楼",把马克思主义变成一种完全脱离现实实践的抽象学说,必然是"言之灼灼,听者寥寥"。习近平总书记曾批评那些不读经典著作却发表意见的人,他指出:"有的人马克思主义经典著作没读几本,一知半解就哇啦哇啦发表意见,这是一种不负责任的态度,也有悖于科学精神。"①思想政治理论课教师必须避免成为这样的人的重大任务。

　　(本部分依据《读经典　厚基础　练内功》改写而成,原文刊于《思想理论教育导刊》2014 年第 2 期,作者:白显良)

----

　　① 习近平:《在哲学社会科学工作座谈会上的讲话》,人民出版社 2016 年版,第 13 页。

六、多措并举提升高校思想政治队伍建设的整体水平

习近平总书记针对加强高校思想政治工作队伍建设着重指出，要"拓展选拔视野，抓好教育培训，强化实践锻炼，健全激励机制，整体推进高校党政干部和共青团干部、思想政治理论课教师和哲学社会科学课教师、辅导员班主任和心理咨询教师等队伍建设，保证这支队伍后继有人、源源不断"①。着力建设好高校思想政治工作队伍，使之敢抓敢管、敢于亮剑，做到守土有责、守土负责，事关高校培养什么样的人、如何培养人以及为谁培养人这个根本问题，对于巩固马克思主义指导地位，发展社会主义意识形态，确保中国特色社会主义事业后继有人，具有十分重大而深远的意义。

（一）立足思想引领，塑造高校思政工作队伍精神新貌

毛泽东说过："人是要有一点精神的，无产阶级的革命精神就是由这里头出来的。"②高校思想政治工作队伍建设，首要的是引导高校思想政治工作队伍深化认识思想政治工作的重大意义，在思想上"定好位"、"定准位"，塑造精神新风貌。在世界范围内各种思想文化交流、交融、交锋更加频繁，国际思想文化领域斗争深刻复杂，国内一些错误观点时有发生，思想道德领域出现一些不容忽视的

---

① 习近平：《把思想政治工作贯穿教育教学全过程　开创我国高等教育事业发展新局面》，《人民日报》2016 年 12 月 9 日。

② 《毛泽东军事文集》第 6 卷，军事科学出版社、中央文献出版社 1993 年版，第 367 页。

消极现象的社会历史条件下，一刻也不能放松和削弱思想政治工作，这关系到党的前途命运，关系到国家长治久安，关系到民族凝聚力和向心力。高校作为意识形态工作的前沿阵地，加强高校思想政治工作阵地建设，是一项战略工程、固本工程、铸魂工程。这些年高校思想政治工作领域主流积极健康向上，始终坚持正确方向、立德树人、服务大局和改革创新，广大师生对以习近平同志为核心的党中央坚决拥护信赖，对党中央治国理政新理念、新思想、新战略高度认同，对中国特色社会主义和中华民族伟大复兴的中国梦充满信心。从总体上来看，高校思想政治工作持续加强和改进呈现出良好发展态势，为保证高等教育改革发展、服务党和国家工作大局作出了重要贡献。然而，目前有些高校思想政治工作队伍成员对高校思想政治工作的重要性缺乏深刻认识，工作存在不少薄弱环节。如有的党政干部片面追求学校硬件设施的"高大上"、课程设置的"吸金力"以及科研成果的"国际范"，轻视德育，忽略意识形态工作；有的高校共青团干部理想信念模糊，精神生活空虚，对高校思想政治工作深刻认识和把握不够，团学工作针对性和实效性不强；有的思想政治理论课教师和哲学社会科学课教师课堂讲授无纪律，学术研究欠底线，曲解历史、呲必中国、妄议中央的错误言论时有出现，没有很好地做到教书育人、为人师表；个别高校辅导员对大学生的精神信仰和价值观培育关注不够，用社会主义核心价值观引领青年大学生时常缺位失位；少数高校宣传思想工作和网络舆论工作者存在明显的畏难情绪和避责心理，思想宣传阵地管理不到位，使错误思想观点仍有传播空间。如此一些高校思想政治工作队伍在思想认识上、精神状态上的偏差偏误，与新形势新任务的要求严重不相适应，迫切需要加以思想引领，塑造新的精神风貌。

"总结苏联解体的教训，从一定意义上来讲，可以看到这样一条明显的脉络：苏联解体的主要原因出在苏联共产党党内，党内存在问题中，理论上的问题是发端。理论上出现问题的一个十分重要的原因，在于党的主要领导人的理论素养，理论素养的低下则必然导致其对共产主义理想信念的动摇。"①显见，引领高校思想政治工作队伍思想，关键在于提升队伍的马克思主义理论素养。中国共产党从成立之日起就把马克思主义写在自己的旗帜上。马克思主义尽管诞生在一个半多世纪之前，但历史和现实都证明它是科学的理论，迄今依然有着强大

---

① 李慎明：《全球化背景下的中国大党建》，人民出版社 2010 年版，第 483 页。

的生命力,是"科学思想中的最大成果",具有鲜明的实践品格,不仅致力于科学"解释世界",而且致力于积极"改变世界"。在人类思想史上,还没有哪一种理论像马克思主义那样对人类文明进步产生如此广泛而巨大的影响。在历史和人民的选择中,马克思主义成为中国共产党立党立国的根本指导思想,也成为高校的鲜亮底色。长期以来,高校在学习、研究、宣传马克思主义以及培养马克思主义理论人才方面发挥了重要作用,为推进马克思主义中国化、时代化、大众化作出了重要贡献。

高校思想政治工作队伍应认真学习马克思主义基本原理和马克思主义中国化成果,不断深化对辩证唯物主义和历史唯物主义的认识,解决真懂真信的问题。只有真正弄懂了马克思主义,才能自觉坚持马克思主义基本原理和贯穿其中的立场、观点和方法,将中国特色社会主义理论体系融入研究和教学全过程及其学习工作生活中,并转化为清醒的理论自觉、坚定的政治信念、科学的思维方法,更好识别各种唯心主义观点、更好抵御各种历史虚无主义谬论。同时,以当前开展"两学一做"学习教育为契机,从战略高度上认识高校思想政治工作。"开展'两学一做'学习教育,是落实党章关于加强党员教育管理要求、面向全体党员深化党内教育的重要实践,是推动党内教育从'关键少数'向广大党员拓展、从集中性教育向经常性教育延伸的重要举措,是加强党的思想政治建设的重要部署"①,旨在着力解决一些党员理想信念模糊动摇的问题、党的意识淡化的问题、宗旨观念淡薄的问题、精神不振的问题、道德行为不端的问题。高校思想政治工作队伍建设要与之紧密结合起来,我们要组织高校思想政治工作队伍深入学习习近平总书记有关思想政治工作战略思想,深刻领会习近平总书记在全国高校思想政治工作会议等重要会议上的讲话精神,牢固树立政治意识、大局意识、核心意识和看齐意识,向以习近平同志为核心的党中央看齐,向党的理论、路线、方针、政策看齐,把思想和行动统一到习近平总书记的重要讲话精神上来,明确目标任务和工作要求,解决思想认识问题,以良好的精神风貌,切实担负起应尽的职责和使命。

---

① 《"两学一做"学习教育手册》,人民出版社 2016 年版,第 383 页。

（二）培育文化自信，坚定高校
思政工作队伍的文化定力

习近平总书记指出："我们说要坚定中国特色社会主义道路自信、理论自信、制度自信，说到底是要坚定文化自信。文化自信是更基本、更深沉、更持久的力量。"①坚定高校思想政治工作队伍的文化自信，维护高校意识形态安全，需做好加深、加强、加大功课，即在学习悟透中加深对文化自信的理解，在教育实践中加强对文化自信的宣传，在创新工作中加大对文化自信的践行力度。

第一，在学习悟透中加深对文化自信的理解。高校思想政治工作队伍要深入学习中国特色社会主义文化，领会中华优秀传统文化的广博内容和时代价值，悟透革命文化的丰富内涵和红色基因，理解社会主义先进文化的精神内核和方向标识，做到对中国特色社会主义文化真学、真懂、真信，进而增强文化自信的力量。一要深入学习中华优秀传统文化，培养对中华优秀传统文化的强烈自豪感。习近平总书记强调："通过学习和了解我们民族和国家的历史，汲取中华民族的精神力量，增强民族自豪感，增强文化自信，增强作为一个中国人的骨气和底色。"②学习中华优秀传统文化，就是要悟透理解中华优秀传统文化的历史渊源、发展脉络、基本走向；悟透理解中华文化的独特创造、价值理念、鲜明特色；悟透理解中华优秀传统文化的思想精华、道德精髓、精神内核，从而不断夯实文化自信的传统文化基础，增强文化自信的基本力量。二要深入学习在党和人民伟大斗争中孕育的革命文化，找准革命文化所迸发的精神动力。坚定高校思想政治工作队伍的文化自信，应在学习革命历史中深刻认识革命文化所蕴藏的精神力量。党和人民在伟大斗争中创造的红色革命文化充分体现了中国共产党救国救民的真正觉悟觉醒。学习这种革命文化，要悟透理解革命文化的发展历程、革命文化凝聚的敢于胜利精神，增强文化自信的深沉力量。三要深入学习社会主义先进文化，把握其价值理念。坚定高校思想政治工作队伍的文化自信，应在学习

---

① 《习近平谈治国理政》第 2 卷，外文出版社 2017 年版，第 339 页。
② 《凝聚澳门心　共圆中国梦——习近平主席考察澳门纪实》，《人民日报》2014 年 12 月 22 日。

社会主义先进文化时,用社会主义先进文化的价值理念引领前进方向,充分理解文化在综合国力竞争中的地位和作用,培养维护国家文化安全、增强国家文化软实力的责任感,增强文化自信的持久力量。

第二,在教育实践中加强对文化自信的宣传。教育实践是高校思想政治工作队伍维护高校意识形态安全的有效途径。坚定高校思想政治工作队伍的文化自信,需要通过主渠道和主阵地加强对文化的宣传。其一,立足主渠道,加强理论教育宣传。高校思想政治理论课是大学生思想政治教育的主渠道,肩负着对大学生进行马克思主义理论教育的职责,是帮助大学生树立正确的世界观、人生观、价值观的重要途径。坚定高校思想政治工作队伍的文化自信,应着力于思想政治理论课主渠道,深入推进中国特色社会主义文化进教材、进课堂、进头脑;改革教学手段,采用贴近实际、贴近生活、大学生喜闻乐见的教学方法,增强中华优秀传统文化、革命文化和社会主义先进文化的吸引力、感染力和凝聚力;要不断提升高校思想政治工作队伍的思想政治素质和文化素养,增强人格魅力和文化魅力,使其真正成为中国特色社会主义文化的学习者、教育者和传播者。其二,立足主阵地,加强日常思想政治教育宣传。高校日常思想政治教育是大学生思想政治教育的主阵地,承担着教育管理服务大学生的重要职责。坚定高校思想政治工作队伍的文化自信,必须着力于日常思想政治教育主阵地,结合大学生学习生活实际,通过全过程、全方位的教育管理服务,给予大学生文化引导、感染和熏陶,使大学生汲取中华优秀传统文化丰富营养、找准革命文化精神动力、把握社会主义先进文化价值理念,增强文化自信。同时,高校要开展主题鲜明、丰富多彩的文化实践活动,推进反映中华优秀传统文化思想特点、革命斗争文化特色、社会主义先进文化时代特征的校园文化建设,让大学生在潜移默化中受教育、长才干。

第三,在创新工作中加大对文化自信的践行力度。坚定高校思想政治工作队伍的文化自信,必须在创新工作中加大对文化自信的践行,更好地传承和发扬中华优秀传统文化。一要努力打造量多质优的哲学社会科学高水平成果。习近平总书记强调:"哲学社会科学是人们认识世界、改造世界的重要工具,是推动历史发展和社会进步的重要力量,其发展水平反映了一个民族的思维能力、精神品格、文明素质,体现了一个国家的综合国力和国际竞争力。"①高等院校作为哲

① 习近平:《在哲学社会科学工作座谈会上的讲话》,人民出版社 2016 年版,第 2 页。

学社会科学的"五路大军"之一,肩负着繁荣发展哲学社会科学,促进社会主义文化大发展大繁荣,增强国家文化软实力的神圣使命。坚定高校意识形态工作队伍的文化自信,必须在创新工作中为打造量多质优的哲学社会科学高水平成果作出贡献。因此,要做到坚持以马克思主义为指导,用马克思主义理论武装头脑,纠正"马克思主义已经过时"、"马克思主义只是一种意识形态说教"的偏误,解决真学、真懂、真信问题。坚持问题导向,聆听时代声音,回应时代呼唤,深入研究解决发展中面临的重大而紧迫的问题,打造一批反映继承性、民族性、彰显原创性、时代性,体现系统性、专业性的高质量的哲学社会科学成果,夯实文化自信的理论基础。二要着力加强高校意识形态阵地管理,这是推动高校意识形态工作创新、做好高校意识形态工作必不可少的方面。高校意识形态工作队伍应切实加强高校意识形态阵地引导管理,壮大主流思想舆论,牢牢掌握高校意识形态工作的领导权、管理权;切实加强高校意识形态阵地制度管理,建立健全思想宣传、成果发布、监督检查等一系列体制机制,使高校意识形态工作更加科学化、规范化;切实加强高校意识形态阵地网络管理,完善高校网络信息管理系统,抵制邪气,弘扬正气,营造网络清朗空间,维护校园网络安全,为践行文化自信创设丰厚载体。

（三）补齐能力短板，提升高校思想
政治工作队伍水平新境界

大学是一个研究学问、探索真理的地方;高校承担着人才培养、科学研究、社会服务与文化传承创新的重要职能;能否充分发挥这一职能,与教师队伍建设密切相关。正如邓小平所指出的:"一个学校能不能为社会主义建设培养合格的人才,培养德智体全面发展、有社会主义觉悟的有文化的劳动者,关键在教师。"[①]亦如习近平总书记所强调的:"教师是人类灵魂的工程师,承担着神圣使命。高校教师思想政治状况具有很强的示范性。"[②]教师的重要,就在于教师的

---

① 《邓小平文选》第 2 卷,人民出版社 1994 年版,第 108 页。
② 习近平:《做党和人民满意的好老师——同北京师范大学师生代表座谈时的讲话》,人民出版社 2014 年版,第 4 页。

工作是塑造灵魂、塑造人的工作。抓好高校思想政治工作,关乎国家政治安全和高校稳定。这就决定了必须提升高校思想政治工作队伍的能力水平,努力使这支队伍成为先进思想文化的传播者、党执政的坚定支持者,更好地担负起大学生健康成长指导者和引路人的责任。从总体上来看,目前高校思想政治工作队伍在能力方面存有一些短板,突出表现在:有的思想政治理论课教师的思想理论水平和教书育人能力不足,课堂仍然为"一言堂",师生间缺乏有效的沟通,教学说服力不强,极个别教师甚至传播错误观点和思潮;一些辅导员、班主任思想政治教育和工作方法改革创新不够,把握"火候"不当,难以从根本上触及大学生的思想心灵;一些共青团干部组织的党团教育活动满足于形式化、表面化;一些网络思想宣传工作者网络意识形态阵地建设经验和网络舆论引导能力缺乏,难以有效处理突发网络舆情,出现"本领恐慌";等等。总之,高校思想政治领域中存在的建设以马克思主义为指导的学科体系、学术体系、话语体系上的功力不足、高水平的成果不多现象,马克思主义在有的领域被边缘化、空泛化、标签化,在一些学科中"失语"、教材中"失踪"、论坛上"失声"等状况,都反映出高校思想政治工作队伍的能力"短板"成为制约高校思想政治工作向上向好发展的瓶颈。因而,高校思想政治工作队伍建设,必须在补齐能力短板上下功夫,努力提升队伍工作水平新境界。

第一,围绕立德树人根本任务,提升高校思想政治工作队伍的思想政治教育能力。习近平总书记在全国高校思想政治工作会议上强调,我们正处在全面建成小康社会决胜阶段,我们比历史上任何时期都更加接近中华民族伟大复兴的目标。我们对高等教育的需要比以往任何时候都更加迫切,对科学知识和卓越人才的渴求比以往任何时候都更加强烈。我国高等教育肩负着培养德智体美全面发展的社会主义事业建设者和接班人的重大任务,更要扎根于中国大地办大学。这就要求高校思想政治工作队伍具有较强的思想政治教育能力,成为意识形态宣传的有力组织者、社会主义核心价值观的自觉传播者。应通过社会实践、骨干研修、择优资助、国内访学、挂职锻炼、岗前培训、专题轮训等途径,提高思想政治工作队伍的宣传教育能力。还要鼓励有条件的高校思想政治工作队伍成员在职攻读马克思主义理论、思想政治教育专业硕士和博士学位,支持队伍成员开展意识形态教育科学研究,在实践中提升思想政治教育能力。

第二,围绕社会网络化趋势,提升高校思想政治工作队伍的网络管理防控能力。当前,互联网已成为舆论斗争的主战场,"网络+教学"、"网络+科研"、"网络+生活"已成为高校师生学习工作生活的常态,微博、微信、BBS 论坛等网络社交平台已成为高校思想政治舆情酝酿发酵的源头,传统教育引导方式面临网络新媒体的挑战,网络思想政治工作形势复杂而严峻。加强网络舆论引导,充分运用新型传播手段创新高校思想政治工作,掌握网络舆论主动权的任务更加凸显。这就要求高校思想政治工作队伍具备网络思想政治工作能力。具体而言,就是要做到习近平总书记所指出的"全面加强网络安全检查,摸清家底,认清风险,找出漏洞,通报结果,督促整改","经常上网看看,潜潜水、聊聊天、发发声,了解群众所思所愿,收集好想法好建议,积极回应网民关切、解疑释惑"。① 同时,还要增强网络意识形态阵地管理能力与网络意识形态舆情风险防控能力,运用最新的信息技术手段密切关注微博、微信、网站、论坛等网络社交平台,全程跟踪网络舆情,妥善处理各种网络意识形态舆情事件,管好导向、管好阵地、管好队伍,牢牢把握党对高校网络思想政治工作的领导权和话语权。

第三,围绕新闻舆论导向,提升高校思想政治工作队伍的意识形态宣传能力。习近平总书记指出:"做好党的新闻舆论工作,事关旗帜和道路,事关贯彻落实党的理论和路线方针政策,事关顺利推进党和国家各项事业,事关全党全国各族人民凝聚力和向心力,事关党和国家前途命运。"②多年以来,"不仅最热门的网络,而且世界知名并传播很广的电视、广播、报纸、杂志、电影以及后台为之间接服务的大学、研究和咨询机构等,也都被以美国为首的西方控制"③,新闻舆论成为国内外社会思潮对高校进行意识形态渗透的潜隐渠道。高校新闻舆论是意识形态工作的"风向标"、"晴雨表",直接关涉高校稳定发展。高校思想政治工作队伍应不断提升舆论宣传能力,即通过多种方式不断增强新闻舆论议程设置能力、新闻媒体驾驭能力,把握好新闻舆论宣传的时、效、度,既要用好校园广播电视、校报校刊等传统新闻媒体,为高校师生提供有品质、有思想、有温度的深度新闻报道,又要用好网络新媒体,积极探索交互式、分众式、碎片式信息传播模式下营造健康向上的文化氛围、壮大主流思想舆论的有效之策,做大做强正面宣传,集聚教育人引导人的正能量。

---

① 习近平:《在网络安全和信息化工作座谈会上的讲话》,人民出版社 2016 年版,第 7、18 页

② 《习近平谈治国理政》第 2 卷,外文出版社 2017 年版,第 331—332 页。

③ 王灵芝:《网络舆情引导与政府治理创新》,人民出版社 2017 年版,第 167 页。

（四）采取有力措施，增强高校
思政工作队伍管理新能量

马克思和恩格斯说："统治阶级的思想在每一时代都是占统治地位的思想。这就是说，一个阶级是社会上占统治地位的物质力量，同时也是社会上占统治地位的精神力量。……占统治地位的思想不过是占统治地位的物质关系在观念上的表现，不过是以思想的形式表现出来的占统治地位的物质关系。"①这是马克思和恩格斯在考察社会意识起源及其与社会物质的关系后对社会意识形态本质及重要性的揭示。高等教育是一种社会存在，高校思想政治工作就是要通过对社会主义意识形态的构建、宣传、教育和传播等，使高等教育更好地为人民服务、为中国共产党治国理政服务、为巩固和发展中国特色社会主义制度服务、为改革开放和社会主义现代化建设服务。这就要求高校采取有力措施，增强高校思想政治工作队伍管理新能量。

第一，形成齐抓共管格局。"建立健全高校党委统一领导、党政工团齐抓共管、党委宣传部门牵头协调、有关部门和院（系）共同参与的工作机制。"②高校党委应充分意识到忽视高校思想政治工作所导致的严重消极后果。高校党委必须增强做好高校思想政治工作的责任感、使命感，切实发挥领导核心作用，把思想政治工作纳入重要议事日程，加强政治领导和工作指导，切实发挥院（系）党组织教育管理党员和宣传引导凝聚师生的主体作用，发挥基层党支部战斗堡垒和党员先锋模范作用；同时，分层次建好高校党校，加大党务工作者培训力度，不断创新基层党建工作，夯实高校思想政治工作队伍的组织基础，加强共青团建设，充分发挥团组织在教育培养青年大学生中的作用；并在推进现代大学制度建设中，健全和完善相关法律法规，为高校思想政治工作队伍建设提供法制保障。

第二，从人抓起、久久为功。结合高校实际，应在发现、培养上花力气，努

---

① 《马克思恩格斯全集》第3卷，人民出版社1960年版，第52页。
② 张喜德:《〈古田会议决议〉与当前思想政治工作研究》，人民出版社2017年版，第349页。

力造就一支政治坚定、学养深厚、有重要影响的思想政治理论建设队伍,集聚一批功底扎实、开拓创新、有发展潜力的学科学术人才,切实开展思想政治教育相关学科研究,为思想政治工作提供学理支撑。特别是要深入实施"青年马克思主义者培养工程",注意在青年教师和学生中培养政治骨干,充分发挥他们在思想政治工作中的示范带动作用。鼓励和支持学生会、学生团体等开展自我教育、自我管理。尤其要关注的是,在管理高校思想政治工作队伍"从人抓起"中,必须直面和解决学风问题,因为正如习近平总书记所说的,"一所高校的校风和学风,犹如阳光和空气决定万物生长一样,直接影响着学生学习成长"①,影响着思想政治工作的基础。眼下,高校"存在一些不良风气,学术浮夸、学术不端、学术腐败现象不同程度存在,有的急功近利、东拼西凑、粗制滥造,有的逃避现实、闭门造车、坐而论道,有的剽窃他人成果甚至篡改文献、捏造数据"②。如果这些问题得不到及时有效解决,必然会累积成顽疾,削弱思想政治教育实效、阻碍高等教育事业发展。因而必须运用"软约束和硬措施结合起来"的策略,推动形成崇尚精品、严谨治学、注重诚信、讲求责任的优良学风,为高校思想政治工作队伍建设营造风清气正、互学互鉴、积极向上的生态环境。

第三,管好阵地平台。高校思想政治教育尽管侧重于哲学社会科学、思想政治理论、核心价值观念、基本道德规范等方面,但并不意味着不需要一定的载体、阵地、平台等;相反,这些看似无"形"的内容,都要凭借有形的途径和方式予以表现和传播,所以应完善高校思想政治教育阵地管理,运用新媒体、新技术制定校园网上信息发布和舆论引导工作流程,建立校园网络使用实名登记制和可追溯制,推动思想政治工作传统优势同新信息技术高度融合,增强时代感和吸引力。切实落实举办报告会、研讨会、讲座、论坛一会一报制,规范各类社团管理,绝不给违法、有害言论提供传播空间。尤其要强化思想政治教育主阵地的课堂教学管理,坚持学术研究无禁区、课堂讲授有纪律,绝不允许在课堂教学中传播违背和反对社会主义意识形态的观点和思想。

---

① 《习近平首次点评"95 后"大学生》,《人民日报》2017 年 1 月 3 日。
② 《在哲学社会科学工作座谈会上的讲话》,人民出版社 2016 年版,第 28 页。

（五）完善评价机制，激发高校
思政工作队伍干事新动力

毋庸置疑，在当前国际国内形势深刻复杂变化、社会思想文化和意识形态领域情况更加复杂的历史境遇下，高校思想政治工作面临一系列新的挑战：马克思主义一元化指导思想遇到多样化社会思潮的挑战，社会主义核心价值观教育遇到各种消极思想文化的挑战，传统校园宣传舆论方式遇到新媒体迅猛发展的挑战，我国在实现民族复兴过程中遇到美国等西方国家遏制渗透、西化分化的挑战。这无疑给高校思想政治工作提出了新课题、新任务，要求高校思想政治工作队伍勇于担当、迎接挑战，更加有自信、有底气地干事创业。特别不容忽视的是，目前，高校思想政治工作存在的"认识上不够重视、举措上不够有力、效果上不够明显、阵地建设管理不到位、错误思想观点仍有传播空间"问题与"领导体制和工作机制有待完善"密切相关。因此，高校思想政治工作队伍建设，要在评价机制方面立规矩，激发队伍干事创业新动力。

第一，要完善考核机制。考核是评价的基础和前提，加大对高校思想政治工作队伍的考核力度，有利于调动他们工作的积极性、主动性与创造性，形成良好的工作局面。完善考核机制，第一位的是以习近平总书记提出的做好老师应"有理想信念、有道德情操、有扎实学识、有仁爱之心"的"四有特质"为基本标准，从"坚持教书和育人相统一、坚持言传和身教相统一、坚持潜心问道和关注社会相统一、坚持学术自由和学术规范相统一"的"四个统一"等方面的要求予以综合考察。考核时，要选用易于操作、师生参与面广、公平公正公开的方法，如网络评价、问卷调查、小型座谈、个人述职等都是效度值较高的常用方法。最重要的是用好考核结果，将考核结果与晋职晋级、评优评奖、学习深造等结合起来。对于履行责任不力、思想政治工作薄弱、师生评价不高的思想政治工作队伍成员，要追究责任；对于责任心强，塑造灵魂、塑造人的工作成绩显著、师生公认的思想政治工作队伍成员，应给予相应的奖励表彰，并提供更多的发展机会，以增强高校思想政治工作队伍的凝聚力、战斗力。

第二，完善追责机制。追责是处理考核结果必不可少的环节。需在厘清党政干部、共青团干部、思想政治理论课教师、哲学社会科学课教师、辅导员班主任、心理咨询教师和网络思想宣传工作者权责边界的基础上,建立问题清单、任务清单、责任清单,做到有责必问、有责必查、有责必究。既要治"懒",即对那些在工作岗位上不作为的队伍成员给予严肃批评教育,通过谈话、处分等手段促其端正工作态度、改换工作状态;又要治"乱",即对那些在工作岗位上乱作为、唱反调又不听教育劝阻的队伍成员一定要调离、解聘,绝不允许继续留在队伍中玷污高校思想政治工作队伍整体形象。同时,要建立层层问责制,防止个别思想政治工作队伍成员为了躲避追责而掩盖个人失职渎职责任,酿成更大的祸端。在此过程中,要始终把纪律挺在前面,充分发挥党的政治纪律和政治规矩的"硬约束"作用,依规严肃处理个别思想政治工作队伍成员在组织上、纪律上、作风上的违纪行为,绝不姑息。

概言之,"中国的事情能不能办好,社会主义和改革开放能不能坚持,经济能不能快一点发展起来,国家能不能长治久安,从一定意义上说,关键在人"①。办好中国的事情,关键在党。高校思想政治工作队伍有素养、有能力、做到忠诚干净担当,高校思想政治工作就能抓常抓细抓长,落地落实落小。"一切向前走,都不能忘记走过的路;走得再远、走到再光辉的未来,也不能忘记走过的过去,不能忘记为什么出发"②。新形势下高校思想政治工作队伍建设,只要不忘初心、继续前进,把思想政治工作的领导权、管理权、话语权牢牢掌握在手中,任何时候都不旁落,就一定能坚定队伍的道路自信、理论自信、制度自信、文化自信,不断提高工作能力和水平,推动高校思想政治工作在与时俱进中不断改革创新。

(本部分依据《加强高校思想政治工作队伍建设》改写而成,原文刊于《中国高校社会科学》2017 年第 2 期,作者:黄蓉生)

---

① 《毛泽东邓小平江泽民论人才》,党建读物出版社 2003 年版,第 16 页。
② 《习近平谈治国理政》第 2 卷,外文出版社 2017 年版,第 32—33 页。

专题七：支撑保障

专题提要

  高校思想政治理论课作为大学生思想政治教育的主渠道,在高校立德树人和中国特色社会主义事业合格建设者和可靠接班人培养中发挥着重要作用。要开展好思想政治理论课教育教学,提升思想政治理论课教学质量,需要强化思想政治理论课教学所必需的相关条件保障。其中,建设好马克思主义学院,为思想政治理论课教学开展提供组织机构保障;建设好马克思主义理论学科,为思想政治理论课教学开展提供学科保障;建设好高校思想政治理论课教师队伍,为思想政治理论课教学提供队伍支撑。

  马克思主义学院作为高校中普通而又特殊的一个学院,是高校思想政治理论课教学和马克思主义理论学科人才培养、学科建设、理论研究的依托单位,担负着巩固马克思主义在高校意识形态领域的指导地位,推动马克思主义理论的学习、研究和宣传,开展高校思想政治理论课教学等特殊使命。建设好马克思主义学院,是推进思想政治理论课建设、提升思想政治理论课教学质量的必然要求。推进高校马克思主义学院建设,要抓住"优质课程""领航引领""示范影响"等几个关键词,抓好课程建设、学科建设、学院建设,把高校思想政治理论课建设成为学生真心喜爱、终身受益的优质课程,努力提升马克思主义理论学科的引领作用,发挥马克思主义学院的示范影响。

  马克思主义理论学科是高校思想政治理论课教学最根本的学科依托,为高校思想政治理论课教学提供了最可靠的学科支撑。建设好马克思主义理论学科,同样也是开展好思想政治理论课教学的内在必然要求。推进马克思主义理论学科建设,要正确审视学科,开阔学科建设的眼界和视野,增进学科自信与直觉,既不因为中国特色而遮蔽世界视野,也不无视学科特性盲目追求国际接轨;要明确学科建设的坐标与方位,搞清楚学科建设的时代方位、实践坐标和学科方略;抓住学科建设的要务与根本,以抓铁有痕、踏石留印的精神抓好学科建设。

  如果说开展思想政治理论课教学是为大学生的精神世界注入"正能量",那么搞好思想政治理论课教学还要特别警惕西方错误思潮"负能量"的侵袭。在思想政治理论课建设与发展的历程中，西方错误思潮一直如影随形。建设好思想政治理论课，要总结历史经验教训，直面现实挑战，自觉抵制历史虚无主义、"普世价值"、宪政民主思潮、新自由主义等对大学生影响比较广泛的错误思潮的侵袭，尤其要抓好教师队伍建设，提升教师队伍剖析错误思潮、开展好教学授课的本领和水平。

一、推进高校马克思主义学院建设的几个关键词

高校马克思主义学院在我国高等教育体系中是一个特别而重要的存在，它的设立和建设体现了中国特色社会主义大学的本质特征和根本要求。马克思主义学院承担着从事高校思想政治理论课教学，开展马克思主义理论学科建设、科学研究、人才培养，捍卫马克思主义在高校意识形态领域指导地位的职责担当。建设好马克思主义学院，事关党和国家意识形态工作大局，事关中国特色社会主义事业后继有人，事关实现中华民族伟大复兴的中国梦，意义特别而重大。推进高校马克思主义学院建设，当前最为紧要的是要贯彻和落实好中共中央办公厅、国务院办公厅印发的《关于进一步加强和改进新形势下高校宣传思想工作的意见》（以下简称"59号文件"），抓住根本和关键，把建设工作落到实处。

（一）优质课程：建设学生真心喜爱、终身受益的高校思想政治理论课

开展高校思想政治理论课教学，对大学生进行马克思主义理论教育，是马克思主义学院承担的一项重要使命。全国高校的马克思主义学院有多种情况，彼此之间在学科建设、专业人才培养、科学研究等方面的情况有比较大的差异性，但在思想政治理论课教学的问题上，则担负着一致的使命和共同的职责。在一定意义上可以讲，思想政治理论课教学是马克思主义学院的立院之基。建设马克思主义学院，首要的就是要推进高校思想政治理论建设，不断提升思想政治理论课教学质量和水平。依据59号文件的精神和要求，就是要努力建设学生真心

喜爱、终生受益的思想政治理论课。

在大学期间，大学生要学习多种类型的各式课程，这些课程总体上来讲可以分为两种情况：一类课程教给学生以专门的知识和技能，把大学生培养成为具有某方面专业素养，大体上可以称之为成才的教育；另一类课程着眼于把大学生培养成符合社会需要、身心和谐发展、各方面素质全面提升的人才，在一定意义上是成人的教育。高校思想政治理论课作为大学生思想政治教育的主渠道，它主要对大学生进行思想引领、价值导向、理论武装、品德养成等方面的教育，是成人的教育，在大学的人才培养中发挥着重要的作用，具有具体专业知识教育之外的公共性，是每一个学科每一个专业的学生都应该学习的，也正是在这样的意义上它被称为"公共课"。长期以来，在过度的工具理性、片面的专业意识的支配和影响下，思想政治理论课程作为公共课往往被轻视、忽视和不重视。无疑，这样的认识是包含多重误会的"傲慢与偏见"。实际上，思想政治理论课教学关系到人才成长方向，对于大学生成长发展至关重要，对于高校人才培养不是可有可无，而是必不可少。但和普通专业课程教学具有典型的知识性、技能性不同，思想政治理论课教学具有鲜明的思想价值性、意识形态性，它对于学生的影响不在于教给了学生多少知识，而在于让学生明白了多少道理，它的育人效果的呈现并非立竿见影，而是具有滞后性，它带给学生的影响往往不在于一时，而是贯穿一生。因此，学好了思想政治理论课，大学生将终身受益。然而在现实中，不少学生对思想政治理论课的学习谈不上真心喜欢，不少思想政治理论课课堂教学效果并不令人满意，思想政治理论课教学总体情况并不乐观。由此，建设学生真心喜爱、终身受益的思想政治理论课，既是当前思想政治理论课发展面临的紧迫需要，也是思想政治理论课建设永恒的主题。

如何把思想政治理论课建设成为学生真心喜爱、终生受益的优质课程？笔者以为当前问题的关键是要做到以下几个方面。一是要明确建设的总目标。党的十八大以来，习近平总书记高度关注高校思想政治理论课建设，多次作出重要批示，要求编好教材、建好队伍、抓好教学，切实办好思想政治理论课，59号文件也明确提出要建设学生真心喜爱、终生受益的高校思想政治理论课，这些都是思想政治理论课建设的根本目标所在。推进思想政治理论改革与建设，任何时候都要以学生真心喜爱、终生受益为根本的评判标尺，不能以别的标准为评判尺度，以"一好"加"三好"为总的目标追求和建设路径，要把思想认识统一到这上面来,形成高度的共识。二是要突出全面深化改革。思想政治理论课从来就不是僵化保守、一成不变的,而是在建设与改革中不断向前发展,改革开放以来思想政治理论课的建设与改革已先后历经了"85 方案"、"98 方案"、"05 方案"等多次改革变迁,就是实施"05 方案"至今也已有十多年。同改革走到今天需要全面深化改革一样,当前推进思想政治理论课建设也需要全面深化综合改革,以改革为发展动力,以深化改革为推进发展的基本方式,尤其要着力于教材体系、人才体系、教学体系、学科支撑体系、综合评价体系、条件保障体系等方面的改革,构建综合化、立体化的改革创新体系。既要编好教材,且不断推动教材体系向教学体系的转化;也要建好队伍,构建专兼结合、结构合理、素质优秀的师资队伍;抓好教学,推动教学方式方法、手段途径改革,提升教学效果与水平;还要搞好制度设计,确保改革的支撑保障,把改革不断推向深入。三是要切实落实优先保障。思想政治理论课教学关系到人才培养的政治方向和品德素质,在高等教育人才培养体系中占据着特殊的位置,发挥着特别的作用,需要放在头等重要的位置予以重视。59 号文件明确提出,高校要制定思想政治理论课建设规划,在学校发展规划、经费投入、公共资源使用中优先保障思想政治理论课建设。这就意味着思想政治理论课的建设改革和工作落实,不能说起来重要做起来次要,遇到具体问题就不要,而是必须切实在实际工作落实中予以优先安排、优先落实、优先保障。四是要确保重点建设地位。59 号文件提出高校要在人才培养、科研立项、评优表彰、岗位聘用(职务评聘)等方面充分重视思想政治理论课教师,确保思想政治理论课在高校教学体系中的重点建设地位。这既明确了高校思想政治理论课的重点建设地位,也明确了高校思想政治理论课教师队伍的重点建设地位。现实中,一些高校不是把思想政治理论课教师队伍置于重点建设地位,而是将其边缘化,不予重视,这些情况都应得到根本改变,应通过体制机制建设从制度层面落实重点建设地位。

(一)领航引领:努力提升马克思主义理论学科的引领作用

在我国高校,马克思主义学院作为一个学院的建制,是和马克思主义理论学科紧密关联的。从学科与学院的关系意义上来讲,马克思主义理论学科为马克思主义学院的建设与发展提供学理支撑和学科支持,反过来马克思主义学院则为马克思主义理论学科的建设与发展提供机构保障和发展载体。离开了学科,学院的建设与发展就没有了灵魂;离开了学院,学科的建设与发展也失却了依托,二者不可分离、相得益彰。建设马克思主义学院,从学科的意义上讲就是要建设马克思主义理论学科,把马克思主义理论学科建设好。59 号文件围绕巩固马克思主义在意识形态领域的指导地位,加强高校意识形态阵地建设,明确提出要实施马克思主义理论学科领航计划,提升马克思主义理论学科的引领作用。之所以如此,根本上是由马克思主义在我国的根本地位和马克思主义理论学科的学科特性所决定的。众所周知,马克思主义是我们立党立国的根本指导思想,是全国各族人民团结奋斗的共同思想基础。马克思主义在我国绝不单单是个学科的问题,而是指导思想的问题。这要求既要把马克思主义作为学科来建设,建设好马克思主义理论这个对马克思主义开展整体性研究的学科,也要把马克思主义作为世界观和方法论来对待,用马克思主义指导、引领和统领整个高等教育的发展。马克思主义理论学科作为一门学科,既有一般学科的共性,也有其特殊性。其共性在于它作为学科必然蕴含着科学性,以学问的科学性为前提和基础,需要把它作为一门科学来对待;其特殊性在于它在具有科学性的同时还具有意识形态性,体现和反映着我国社会主义意识形态建设和发展的要求。立足马克思主义理论学科科学性和意识形态性的高度统一,提升其引领作用,必然成为当前马克思主义理论学科建设的当务之急和马克思主义学院建设的根本之要。

马克思主义理论学科究竟有什么样的引领作用? 笔者以为主要体现在以下方面。一是引领高等教育发展和人才培养的政治方向。我国的大学本质上讲是社会主义的大学,与资本主义大学最根本的区别不在于"如何培养人",而在于"培养什么样的人"。我国社会主义大学人才培养最根本的目标定位是立德树人,培养中国特色社会主义事业的合格建设者和可靠接班人。以马克思主义理论学科为支撑,为大学生开设思想政治理论课,开展马克思主义的思想政治教育,用马克思主义科学理论武装大学生头脑,让大学生掌握马克思主义根本的立场、观点和方法,体现了我国社会主义大学的本质特征,反映了我国高等教育发展和人才培养的政治方向。二是引领高校科学研究和学科建设的思维路向。我们知道,对于同样的问题与矛盾,秉持不一样的世界观和方法论,就可能得出完全不同的结论。任何科学研究和学科建设,都有一个如何开展研究和建设的问题,必然涉及世界观和方法论问题。强调以马克思主义指导科学研究和学科建设,不在于为科学研究和学科建设贴上马克思主义的标签,而是强调要坚持运用马克思主义的世界观和方法论分析和解决具体问题,以马克思主义引领思维路向。三是引领高校社会服务和知识创新的目标指向。当今世界,大学早已不再是孤立于社会之外的"象牙塔",而是和社会融于一体,既受惠于社会的发展与进步,同时也服务于社会进步与发展的需求,担负着服务于社会发展、推进知识传承创新的重要职能。对于如何服务于社会的问题,马克思主义理论学科坚持以推动中国特色社会主义事业发展为主旨,以我们正在做的事情为中心,着眼于马克思主义的运用,着眼于马克思主义在当代中国的发展,着力于推进马克思主义的时代化、中国化和大众化,体现了鲜明的社会需求导向,为高等教育服务于社会、创新知识提供了根本的方向引领。四是引领高校文化传承和文化创新的前进方向。大学代表着一个社会的精神高地,关系到人们的精神家园,在文化传承创新中发挥着特殊作用。文化发展在水平上有先进与落后之分,在质量上有优劣高低之别,在方向上有正确错误之分。要把高校文化传承创新引向正确方向,建设代表中国先进文化前进方向的大学文化,离不开马克思主义科学理论的方向引领。

至于如何提升马克思主义理论学科的引领作用,笔者以为有以下几个方面。一是要建设好高校思想政治理论课,开展好大学生思想政治教育。马克思主义理论学科为高校思想政治理论课教学、大学生思想政治教育提供学理、学科支撑和师资队伍保障,引领人才培养的政治方向。提升马克思主义理论学科的引领作用,客观上要求要把高校思想政治理论课建设好,把马克思主义理论武装工作做好,把大学生思想政治教育工作开展好。从而以优质的思想政治理论课教学和大学生思想政治教育,弘扬主旋律,传播正能量,有效抵制各式"杂音"、"噪音"在高校意识形态领域的传播,捍卫马克思主义的指导地位,筑牢高校师生的思想堤坝。二是要在所有的学科建设和科学研究中切实坚持马克思主义的立场、观点和方法。坚持以马克思主义为指导,不单是马克思主义理论学科自身的事情,也是所有学科共同面临的问题。强调在学科建设或科学研究中坚持以马克思主义为指导,绝不是教条式地搬用,或者脱离实际地从马克思主义一般原理去做抽象推论,或者用它的个别结论去代替具体的科学研究,而是要深刻领会它的精神实质,善于运用它的立场、观点、方法去指导具体的科学研究及其学科建设。尤其要避免不在坚持马克思主义的立场、观点和方法上下工夫,而是把以马克思主义为指导作为标签口号对待,用贴标签的办法简单地为研究工作及其结论表达"穿靴戴帽"的错误做法,因为如此做法并非真正坚持以马克思主义为指导。三是要以服务于中国特色社会主义事业发展为实践指向推进学科建设。在当代中国,高校各学科的建设与发展,乃至整个高等教育的发展都应当牢固确立为中国特色社会主义事业发展服务的价值取向,关注中国特色社会主义事业发展的最新进展和根本需求,以中国特色社会主义事业发展面临的新情况、新问题以及提出的新要求、新需要为发展方向,服务于中国特色社会主义事业发展需要。提升马克思主义理论学科的引领作用,无疑不能离开中国特色社会主义事业发展去谋划学科建设,割裂学科建设与中国特色社会主义事业发展的内在关联。四是要积极参与高校先进文化的建设与发展。马克思主义理论学科要引领高校文化传承创新的前进方向,要求马克思主义理论学科要参与、融入高校文化建设之中,而不能游离、隔膜于高校文化建设之外。这进而必然要求马克思主义理论学科要积极服务于建设具有中国特色、体现时代要求的大学文化,培育和弘扬大学精神,继承和发扬中华优秀传统文化,促进社会主义先进文化建设,把高校建设成为精神文明建设示范区和辐射源,推动文化传承创新,增强文化软实力。

(三)示范影响:建设有示范影响的马克思主义学院

马克思主义学院的建设是一个系统工程,不仅涉及高校思想政治理论课教学、马克思主义理论学科建设,还涉及与之相关的诸多方面。推进马克思主义学院建设,要整体谋划、系统考虑,要在开展好思想政治理论课教学、建设好马克思主义理论学科的同时,抓好马克思主义学院的整体建设。59号文件提出要建设有示范作用的马克思主义学院,这对马克思主义学院的整体建设指明了方向,接下来的问题在于如何理解、如何建设有示范作用的马克思主义学院。

对于示范马克思主义学院,可以从马克思主义学院系列内部、马克思主义学院相较于其他学院等多个方面予以理解和解读。从全国马克思主义学院系列内部来讲,目前全国的高校马克思主义学院有 230 余家,但因各自在学科基础、院校实际、师资队伍、科研能力等方面有比较大的差异性,呈现出极不平衡的发展状况。推进高校马克思主义学院建设,不可能所有马克思主义学院步调一致地"齐步走",其发展顺序必然有先后之分,发展水平必然有高低之别。这就意味着,推进全国马克思主义学院的整体建设,犹如实现共同富裕一样,要允许并鼓励和支持一部分地区、一部分人先富起来,通过先富带动后富,最后实现共同富裕;马克思主义学院的建设也要先建设好一批基础好、条件优、队伍齐、水平高的马克思主义学院,通过这些马克思主义学院的建设与发展发挥示范作用,带动全国其他马克思主义学院的发展。从这个意义上建设示范马克思主义学院,要注意立足于各马克思主义学院发展特殊性、院校差异性的基础上突出普遍性与共同性,以让别的马克思主义学院可学习、可模仿和可追赶,充分发挥其示范影响,如果示范性更多基于特殊性,则必然难以发挥其影响带动作用。从与高校别的学院相比较和区分的意义上来讲,马克思主义学院因其使命担当、学科性质的特殊性,决定了它也应该发挥示范影响,体现示范性。这种示范性尤其应该体现在把握社会主义的办学方向、坚持以马克思主义为指导、服务于中国特色社会主义事业发展、忠诚于党和国家的教育事业等方面。这是因为,我们的国家是社会主义的国家,马克思主义是党和国家的指导思想;我们的大学是社会主义大学,高等教育法明确规定要发展社会主义的高等教育事业;我们正在从事的事业是中国特色社会主义事业,我们要培养的是中国特色社会主义事业的建设者和接班人;我们的大学教师是社会主义大学的教师,必须坚持为人民服务、为社会主义服务的根本价值取向。基于此,我国的高等教育必须贯彻国家的教育方针,为社会主义现代化建设服务,与生产劳动相结合,使受教育者成为德智体等方面全面发展的社会主义事业的建设者和接班人,这既明确规定了高等教育的办学方向,也要求高等教育事业发展要坚定不移地坚持以马克思主义为指导,以培养中国特色社会主义事业的合格建设者和可靠接班人为目标。马克思主义学院高举马克思主义的伟大旗帜,开展马克思主义的研究、宣传和教育工作,巩固马克思主义在高校意识形态领域的指导地位,理应在把握社会主义的办学方向、坚持以马克思主义为指导、服务中国特色社会主义事业发展、忠于党和国家的教育事业等方面体现示范性。当然,这些示范性既体现在马克思主义学院的整体建设中,也体现在马克思主义学院的每一个师生身上,是一种综合的体现。

如何推进示范马克思主义学院建设？笔者认为一个根本的方面在于把握住示范马克思主义学院的必备要素，抓住示范马克思主义学院建设的关键方面。从必备要素来讲，示范马克思主义学院建设无非是硬件、软件两个方面，无非涉及看得见的硬件设施、师资队伍、研究成果和看不见的理想信念、精神文化、师德师风等方面。其中以下几个方面最为关键和紧迫。一是改善马克思主义学院办学的基础条件。就目前来讲，各高校因马克思主义学院独立设置的时间不长、重视程度不尽一致及发展基础相对薄弱等方面的原因，从总体上来讲办学的基础条件方面不尽如人意，不少高校亟待加强。基础条件尽管不是建设示范马克思主义学院最重要的方面，但必不可少、十分重要。良好的办公条件、优厚的工作待遇、舒适的工作环境等，是让马克思主义学院教师有职业尊严感、归属感、荣誉感，能体面工作的重要方面，也是干事创业的重要动力源泉，在示范马克思主义学院建设中应引起足够的重视。二是建设一支真学、真懂、真信、真行马克思主义的高素质师资队伍。在大学建设中，大师无疑比大楼更重要。在学院建设中，师资队伍建设同样是根本，能否有一支过硬的师资队伍，在一定意义上决定了能否把学院建设和发展好。加强示范马克思主义学院师资队伍建设，关键是要建设一支真学、真懂、真信、真行马克思主义的师资队伍。离开了对马克思主义的真学、真懂、真信、真行，什么样的师资队伍对于马克思主义学院建设来讲都没有实质意义。推进马克思主义学院师资队伍建设，既要努力培育马克思主义理论教育的骨干人才，也要培养马克思主义理论学科带头人，造就马克思主义理论教育家。三是推出马克思主义理论学科高水平的研究成果。在与其他学科的相比较中，不少人往往对马克思主义理论学科的科研成果颇有微词和不少诟病，片面夸大马克思主义理论学科成果的意识形态性，忽视其学理性。加强马克思主义学院建设，要强化科学研究，推出精品力作，拿出能为各个学科所普遍认可的学术"硬通货"，增进对马克思主义理论学科、马克思主义学院的学术认同，同时提升马克思主义理论学科的学术水平和学术影响力。四是营造重视马克思主义学院建设的良好氛围。马克思主义学院建设具有特殊重要性，需要在高等教育发展中引起高度重视。高校党委要立足立德树人的战略高度，增强政治意识、责任意识、使命意识，重视马克思主义学院建设，为马克思主义学院的发展营造良好氛围。五是构建加强马克思主义学院建设的长效机制。加强马克思主义学院建设,不能成为贯彻文件要求的"一阵风",要着力构建长效机制,从经费投入、政策保障、队伍支撑等方面加强体制机制建设,使马克思主义学院建设所需要的相关条件保障不因任何人为因素的改变而改变。

　　(本部分依据《推进马克思主义学院建设的几个关键词》一文改写而成,原文刊于《思想理论教育》2015 年第 7 期,作者:白显良)

二、马克思主义理论学科建设的
眼界、坐标与要务

马克思主义是我们立党立国的根本指导思想,是全国各族人民团结奋斗的共同思想基础。设立并建设好马克思主义理论学科,对于我们在马克思主义指导下繁荣和发展哲学社会科学,培养中国特色社会主义事业合格建设者和可靠接班人,巩固马克思主义在意识形态领域的指导地位,意义重大。习近平总书记2016年5月17日在哲学社会科学工作座谈会上提出要加强马克思主义学科建设,12月7日在全国高校思想政治工作会议上的讲话中又再一次明确要求高校要建设好马克思主义理论学科。学习领会总书记系列重要讲话精神,推进马克思主义理论学科建设,首先要回答好马克思主义理论学科建设应该"怎么看"、"怎么办"的问题,解决好几个前提性的认识问题,这就涉及推进马克思主义理论学科建设的眼界、坐标与要务问题。

（一）明确马克思主义理论学科建设的眼界要求

眼界问题既是视野问题,也是怎么看的问题。推进马克思主义理论学科建设,在眼界问题上,一要"向上看",二要"向下看",三是不能盲目"向外看"。

第一,学科建设眼睛要"向上看"。所谓"向上看",主要强调马克思主义理论学科建设要准确把握学科定位,切实肩负学科使命,遵照学科内在的规律性和应然规格推进学科建设,关键是要做到以下几个方面。一是要向党中央的要求看齐。马克思主义理论学科不仅要研究马克思主义基本原理及其形成和发展的历史,研究马克思主义在世界上的传播与发展,而且要特别研究马克思主义中国化的理论与实践,同时把马克思主义研究成果运用于马克思主义理论教育、思想政治教育和思想政治工作。这就要求马克思主义理论学科要为中国共产党治国理政服务,要密切关注、深入研究马克思主义在当代中国的最新发展,阐释马克思主义中国化的最新理论成果。学科建设不仅要有理论的深度、实践的广度,还应当有政治的高度,要在政治上与党中央保持高度一致。二是要向社会主义意识形态建设要求看齐。马克思主义理论学科担负着特殊的意识形态建设使命,那就是要捍卫马克思主义在我国意识形态领域的指导地位。在意识形态领域,任何时候非马克思主义、反马克思主义的"杂音"、"噪音"都不绝于耳,从来就未曾销声匿迹,时刻寻找思想防线的突破口去扰乱人心、蛊惑大众。要捍卫马克思主义在意识形态领域的指导地位,必然要与各式非马克思主义、反马克思主义进行斗争,这既要求马克思主义理论学科不仅要深刻研究阐发宣传马克思主义,唱响主旋律,而且要直面非马克思主义、反马克思主义的各式挑战,及时发声、敢于亮剑,做思想意识形态领域的"忠诚卫士"。三是要向中国特色社会主义事业的发展要求看齐。中国特色社会主义是马克思主义的科学社会主义学说与当代中国实际相结合的产物,是马克思主义基本原理在当代中国的运用与发展,马克思主义理论学科理应把中国特色社会主义事业发展纳入自身的学科场域,从学理、学科上密切关注、深入研究,让学科努力为坚持和发展中国特色社会主义服务。四是要向学科建设发展的规律性要求看齐。马克思主义理论学科是一门新兴学科,其设立至今才十余年的时间,发展历史还不长,积淀还不够深厚,且肩负着特殊的学科使命。但这并不意味着学科建设可以脱离普通学科建设发展的规律、轨道;相反,它和任何别的哲学社会科学学科一样,学科建设与发展也必须尊重规律、遵循规律,而不能背离规律、偏离规律。

第二,学科建设眼睛要"向下看"。所谓"向下看",就是马克思主义理论学科建设要扎根实践,坚持实践取向;直面问题,坚持问题导向;落实标准,坚持标准导向。一是坚持实践取向。任何一门学科的建设和发展都离不开其特有的"实践场域",马克思主义理论学科也是如此。就全国层面来讲,马克思主义理论学科建设与发展就是要以我国社会主义现代化建设与发展的伟大实践为"实践场域";从地方层面来讲,马克思主义理论学科建设要服从和服务于地方经济社会发展要求,积极参与地方经济社会发展并努力作出贡献,要把经济社会发展中的重大问题、现实难题、理论命题纳入学科视野,厚植学科建设发展的现实土壤。二是坚持问题导向。马克思主义理论学科建设发展至今,成绩斐然,同时也存在着不少的问题,比如,队伍数量不足、质量不高,全国马克思主义学院普遍缺人;一些学人马克思主义理论素养不够,对马克思主义没有做到真学、真懂、真信、真用;个别学人学风不正,存在学术浮夸、急功近利、东拼西凑、粗制滥造、闭门造车、坐而论道的情况;学位点布局不够均衡合理,建设发展质量有待提升;等等。推进马克思主义理论学科建设,要直面学科建设存在的突出问题与矛盾,坚持问题导向,尤其要解决好教育教学、人才培养、队伍建设、科学研究等之中的突出问题。三是坚持标准取向。前些年,无论是推进思想政治理论课建设,还是推进马克思主义学院建设和学科建设,教育部均颁布了有关标准,为近年来高校马克思主义学院建设和思想政治理论课建设提供了方向引领和根本导向,起到了切实的推动作用。问题在于,不少高校落实标准还存在差距,当务之急是要切实落实有关标准,让标准从文件落到实践,真正发挥作用。有关方面可以开展落实标准的专项督查,推进标准的落实落地。

第三,学科建设眼睛不能盲目"向外看"。所谓不盲目"向外看",是强调学科建设要扎根中国大地、研究中国问题、彰显中国特色,建设具有中国特色、中国气派、中国风格的马克思主义理论学科,切不可"言必称希腊",在与所谓的世界接轨、国际标准的盲从中"向西看齐",迷失自我。一是要坚持中国立场。坚持中国立场,是强调推进马克思主义理论学科建设,不是要企图建设世界普适的马克思主义理论学科,而是要在价值取向上坚守中国立场,切不可追求所谓的国际接轨,照搬所谓的国际标准,通用所谓的国际惯例。二是要彰显中国特色。马克思主义理论学科是一门具有鲜明中国特色的哲学社会科学学科,这要求我们在推进学科建设中要扎根中国大地,直面中国的历史与现实,在世界坐标中研究中国问题,推进马克思主义的中国化发展,充分彰显学科的中国特色。既不能因为中国特色而质疑学科存在的科学性、合理性,也不能因为中国特色就自我封闭、我行我素。三是要具备世界眼光。坚持中国立场、彰显中国特色,并不影响学科建设博采众长,坚持古为今用、洋为中用的开放胸怀和宽阔视野;相反,推进马克思主义理论学科建设一定要具有世界眼光、全球视野。马克思主义本身就是世界的,马克思主义理论从来就是在世界的时代潮流中不断向前发展的,从来就不是故步自封的。建设马克思主义理论学科也一定不能坐井观天、封闭保守、自说自话。但具备世界眼光,并不等于用别人的尺度度量自我,用西方的标准剪裁自我。

（二）把握马克思主义理论学科建设的坐标方位

坐标问题，是方位问题，也是建设努力的方向问题。推进马克思主义理论学科建设，既要明确时代坐标，也要明确实践坐标，还要明确学科坐标。

第一，明确学科建设的时代坐标。所谓明确时代坐标，就是要懂得马克思主义理论学科与当今时代的关系。在世界格局大调整、大变革的当今时代，伴随着中国建设事业的巨大成功和国际地位的大幅跃升，久经磨难的中华民族迎来了从站起来、富起来到强起来的伟大飞跃，迎来了实现中华民族伟大复兴的光明前景。这表明中国特色社会主义道路、理论、制度、文化适合中国国情，科学社会主义与当代中国实际实现了完美结合，在 21 世纪的中国焕发出强大生机活力。这同时也意味着拓展了发展中国家走向现代化的途径，给世界上那些既希望加快发展又希望保持自身独立性的国家和民族提供了全新选择，为解决人类问题贡献中国智慧和中国方案。今天的中国比历史上任何时候都更接近世界舞台的中央。可以这样说，时代已进入中国人用中国话语讲中国故事、提出中国方案、形成中国经验、贡献中国智慧的时候了，世界的未来发展需要中国马克思主义者的理论建构和智慧贡献，时代发展为马克思主义展示其理论光芒提供了难得的契机。这是一个需要马克思主义的时代，也是一个马克思主义理论学科大有可为的时代。马克思主义理论学科要明确时代使命，增进学科自信和学科自觉，实现学科自强；要把握时代脉搏，感知时代对 21 世纪马克思主义的呼唤，推进马克思主义的当代创新；要回应时代挑战，对时代发展作出马克思主义的诠释和阐明，给出马克思主义者的智慧与答案。一句话，时代发展需要马克思主义理论学科的蓬勃发展与学科贡献。

第二，明确学科建设的实践坐标。所谓明确实践坐标，就是要懂得马克思主义理论学科与中国特色社会主义伟大实践的关系。马克思主义理论学科与中国特色社会主义建设事业相伴而行，既应事业发展之需而生，也随事业发展而进。中国特色社会主义建设伟大实践，是学科最根本的现实土壤和智慧源泉。马克思主义理论学科建设要扎根于中国特色社会主义事业发展的伟大实践，直面事业发展的理论命题与实践难题，努力为推进事业发展提供学理支撑和人才支持，增进学科自觉。党的十九大报告提出，经过长期努力，中国特色社会主义进入了新时代。这个新时代，是承前启后、继往开来、在新的历史条件下继续夺取中国特色社会主义伟大胜利的时代，是决胜全面建成小康社会、进而全面建成社会主义现代化强国的时代，是全国各族人民团结奋斗、不断创造美好生活、逐步实现全体人民共同富裕的时代，是全体中华儿女勠力同心、奋力实现中华民族伟大复兴中国梦的时代，是我国日益走近世界舞台中央、不断为人类作出更大贡献的时代。这即是说，中国特色社会主义经历几十年的不断发展，已进入一个全新的历史时期，开启了建设的新征程，开辟了发展的新境界，面临着全新的发展境遇和现实挑战。在新时代建设马克思主义理论学科，学科建设应深深扎根于这个伟大的新时代，植根于中国特色社会主义事业发展的鲜活实践，开展理论研究和学科建设，从伟大的实践中汲取充分的理论营养和学科养分，建设反映中国特色社会主义事业发展生动实践、适应中国特色社会主义事业发展要求的马克思主义理论学科，进而发挥学科建设对中国特色社会主义事业发展应有的推动作用。马克思主义理论学科的建设与发展，不能离开当代中国的最大实际，不能离开中国特色社会主义这个根本的现实依托，而是要以中国特色社会主义事业发展为根本的实践坐标谋划建设、推进发展。

第三，明确学科建设的学科坐标。所谓明确学科坐标，就是要懂得马克思主义理论学科与其他哲学社会科学学科的关系。马克思主义理论学科是我国哲学社会科学中一门普通而又特殊的学科，说它普通，在于它和任何别的学科一样，其学科的存在和建设都必须遵循作为一门学科所必须遵循的学科规律性，别无二致；说它特殊，在于马克思主义理论是一门从整体上研究马克思主义基本原理和科学体系的学科，它的研究对象和内容与党和国家的根本指导思想密切相关。这就意味着，开展马克思主义理论学科建设，一要尊重规律，二要突出领航，三要彰显特色。之所以强调学科建设要尊重规律，这是基于马克思主义理论学科与其他哲学社会科学的共性特征、普遍特点提出来的。既然马克思主义理论学科是众多哲学社会科学学科中的普通一员，它理所当然要遵循学科共有的建设与发展规律推进学科建设，与其他学科形成良好的学科生态关系。之所以强调学科建设要突出领航，这是基于马克思主义理论学科的特殊地位提出来的。众所周知，"坚持以马克思主义为指导，是当代中国哲学社会科学区别于其他哲学社会科学的根本标志"。马克思主义为当代中国哲学社会科学的发展提供了根本的世界观和方法论,引领着当代中国哲学社会科学的发展方向。马克思主义理论学科作为对马克思主义开展整体性研究的学科,理应高擎马克思主义指导思想的伟大旗帜,担负领航当代中国哲学社会科学发展的重要使命。之所以强调学科建设要彰显特色,这是基于马克思主义理论学科的独立性与独特性而提出来的。马克思主义理论学科,作为一门学科它和别的学科一样有其不可或缺的科学性,但另一方面它又具有鲜明的意识形态属性,是科学性与意识形态性的高度统一,兼具两个方面的属性。也正因为这一点,马克思主义理论学科是一门具有鲜明中国特色的学科,推进马克思主义理论学科建设无疑要彰显这一特色。任何离开学科鲜明的中国特色简单谋求学科国际接轨的行为,无疑都是脱离学科实际的"异想天开",非但无助于推进学科的建设与发展,还会误导学科建设的方向和未来。

(三)抓好马克思主义理论学科建设的根本要务

要务问题,是工作的关键与重点之所在,也是工作的根本与要害之所系。笔者以为,推进马克思主义理论学科建设,重要而根本的是要坚守学科属性,夯实事关学科"本来"的理论基石,推进事关学科"未来"的创新发展,培育事关学科"根本"的人才队伍。

第一,不忘本来夯实学科的理论基石。马克思主义理论学科之所以不同于别的哲学社会科学学科,之所以区别于其他研究马克思主义的学科,在于它对马克思主义开展整体性研究。"整体性是马克思主义理论学科的重要特征和学科规定性"。推进马克思主义理论学科建设,要切实凸显学科最鲜明的整体性特征,这要求马克思主义理论学科的任何一个二级学科都要以对马克思主义的整体性把握为前提开展学科建设与发展,都要从对马克思主义的整体性研究中汲取学科营养。在一定意义上可以讲,整体性的马克思主义是马克思主义理论各二级学科共有的学科理论基石,构成马克思主义理论学科大厦的学理地基。这必然意味着,推进马克思主义理论学科建设,要不忘本来,做好"固本培元"的工作,重视对马克思主义的整体性研究和把握。具体来讲,一要把握马克思主义的"源"与"流"。学科建设要回归马克思主义的"经典"与"原典",考察马克思主义的"本来"与"后来",突出对马克思主义研究与把握的整体性,并以此为基础构建学理体系、推进学科发展。切不可把对马克思主义的整体性把握作为部分二级学科的使命要求,或者是认为某些二级学科可以离开马克思主义的整体性开展研究,谋划建设,推进发展。这意味着理论研究要深入经典,人才培养要阅读经典,教育教学要运用经典,理论宣讲要阐释经典,要从经典中挖掘资源,从整体中各取所需。二要注重运用马克思主义世界观和方法论。对于马克思主义理论学科的各二级学科而言,无论侧重对马克思主义基本原理的研究,还是侧重对马克思主义历史的考察,或是侧重对马克思主义发展流派的研究,抑或是侧重对马克思主义具体运用的研究,都需要在学科建设中运用马克思主义的世界观和方法论,坚持马克思主义的立场、观点和方法。马克思主义的世界观和方法论"是一块整钢",在哪个二级学科中都一样,不应区别对待或有所不同。在学科建设中,任何一个二级学科一旦离开马克思主义的世界观和方法论开展研究和建设,那必然意味着已背离或偏离了马克思主义理论学科的根本要求。三是注重研究马克思主义与运用马克思主义的统一。推进马克思主义理论学科建设,注重从整体上把握马克思主义,还必然要求坚持马克思主义的理论研究与实践应用的高度统一,不能割裂二者之间的有机联系和辩证统一。各二级学科都既应研究马克思主义的整体学理,也应关注马克思主义的实践应用,不能因偏重学理而忽视应用,也不能因偏重应用而轻视学理。

第二,面向未来推进学科的创新发展。马克思主义理论学科研究和实践马克思主义,既要回到老祖宗,不忘本来,也要与时俱进,开辟未来。在当代中国,建设好马克思主义理论学科,一个重要的使命要求就是研究阐释好21世纪的马克思主义,推进马克思主义在当代中国的创新发展,以马克思主义在当代中国发展的最新成果丰富马克思主义的理论宝库,以马克思主义在当代中国的崭新实践引领学科的建设与发展,赋予马克思主义理论学科以鲜活的时代气息和蓬勃的生机活力。比如,党的十九大提出,伴随着中国特色社会主义进入新时代,经过长期的努力探索,当代中国形成了习近平新时代中国特色社会主义思想。这一成果坚持辩证唯物主义和历史唯物主义,紧密结合新的时代条件和实践要求,以全新的视野深化对共产党执政规律、社会主义建设规律、人类社会发展规律的认识,围绕新时代坚持和发展什么样的中国特色社会主义、怎样坚持和发展中国特色社会主义这一根本问题,系统回答了包括新时代坚持和发展中国特色社会主义的总目标、总任务、总体布局、战略布局和发展方向、发展方式、发展动力、战略步骤、外部条件、政治保证等基本问题,是马克思主义中国化的最新理论成果。马克思主义理论学科理应以高度的理论自觉研究这一划时代的创新理论成果,也应以高度的实践自觉开展好对这一创新理论成果的学习领会和宣传普及工作。总之一句话,各二级学科应以扎扎实实的建设举措致力于习近平新时代中国特色社会主义思想的研究和阐释工作,担负起马克思主义理论学科应担负的时代使命,切实推进马克思主义中国化、时代化、大众化发展,开辟马克思主义在当代中国发展的新境界;而绝不能把研究和阐释习近平新时代中国特色社会主义思想单单看作马克思主义中国化研究学科的使命担当。在某种程度上可以说,马克思主义理论学科只有以直面时代的使命担当和开辟未来的理论勇气谋划学科的建设与发展,学科才能实现创新发展,才能体现自身独特的学科价值,也才能体现学科科学性与意识形态高度统一的鲜明特点。

第三,抓住根本培育学科的人才队伍。马克思主义理论学科建设能不能搞好,关键在人。能不能建设一支功底扎实、业务精湛、素质精良、结构合理的学科队伍,直接关系学科未来发展。有什么样的学科队伍,就会有什么样的学科建设与发展。这里想特别指出的是,人才培养,尤其是博士生培养是马克思主义理论学科队伍建设的基础工程,十分重要,特别关键。然而在现实中,马克思主义理论学科的博士生培养却出现了一些令人忧虑的状况,中国人民大学陈先达教授撰文指出,马克思主义理论学科博士生毕业论文选题存在"重视文本,轻视现实;重视'西马'(西方马克思主义或国外马克思主义),轻视'中马'(中国化马克思主义);重视'外来',轻视'本来'和'未来';追求学术性,回避政治性"等"逃离马克思主义的倾向",提出博士生培养要克服这种倾向。无疑,马克思主义理论学科人才培养应该重视文本,但不能单独回归文本;应该研究"西马",但不能热衷于"西马"而轻视"中马";应该重视"外来",但不能忘记"本来"和"未来";应该重视学术性,但不能无视学科的意识形态性。人才培养中"逃离马克思主义的倾向"应引起高度重视,因为它对于培育高素质学科人才不仅有害,而且相当危险。那如何才能抓好马克思主义理论学科的人才培养和队伍建设呢?个人以为以下几个方面最为重要。一是夯实理论功底。马克思主义理论学科培养出的人才应当"姓马"且"信马",应当有深厚的马克思主义理论素养,务必重视夯实理论基础,扎实理论功底,练就理论内功。这要求在人才培养中要重视

"读原著、学原文、悟原理",吃透马克思主义的基本原理和科学体系,不要让"逃离马克思主义"成为学科人才培养的"致命伤"。二是加强实践锻炼。马克思主义从来就不是纯粹书斋中的学问,而是源自于火热的革命斗争实践。逃避现实,退守书斋,从来就不可能获得真正的马克思主义学问。这要求马克思主义学科的人才培养要注重实践导向,引导人们参与革命、建设和改革的生动实践,立足实践研究马克思主义,面向实践运用马克思主义。三是锤炼学科品格。马克思主义理论不是一般的理论学说,而是为绝大多数人谋幸福、为广大老百姓谋解放的学说,它有鲜明的价值取向和阶级立场。马克思主义特殊的理论品格决定了马克思主义理论学科的人才队伍不能简单地把马克思主义作为一种理论学说来研究,而是要作为崇高理想信仰来追求,这必然要求人才培养要注重学科品格的锤炼,做到对马克思主义的真学、真懂、真信、真行。唯有如此,才能真正培养研究、实践、捍卫马克思主义的学科人才队伍,才能真正把学科建设发展好。

(本部分的核心观点原刊于《中国教育报》2017 年 5 月 12 日,作者:白显良)

三、思想政治教育学科建设坚持
马克思主义的原则要求

思想政治教育是中国共产党政治优势和优良传统学科化的表现。作为马克思主义理论一级学科中的一门二级学科，在学科建设中坚持马克思主义，这是不言而喻、毋庸置疑的。然而，现在却在一定程度上出现了某些令人忧心的问题。即是，在某些学者的思想中，对于思想政治教育的学科属性和学科归属一直有些思想疑虑，或认为思想政治教育学科归属于马克思主义理论学科，学科建设受制于意识形态控制，必然干扰学科建设；或提出在马克思主义理论学科视野中建设思想政治教育，无法实现学科建设的国际接轨；或希望摆脱马克思主义理论学科的"束缚"另起炉灶，谋划把思想政治教育独立于马克思主义理论学科以外。在某些单位思想政治教育学科建设实践中，实际上也不同程度地存在着悖离、偏离、游离马克思主义，或坚持马克思主义不力的情况，表现为学科建设中不重视马克思主义理论基础的夯实，或离开马克思主义理论相关学科的支撑谋划学科发展，或以盲目搬用西方相关学科的概念术语和理论成果为潮流与时尚，把概念术语的翻新借用、相关理论的简单移植等同学科理论的创新发展，甚至把发出一些有违马克思主义学科属性的杂音、噪音视为创新之举，等等。无疑，这些观点和做法都是错误的，对于思想政治教育学科建设是极为不利的。如何在思想政治教育学科建设中坚持马克思主义，推进学科走过而立之年后的新发展，笔者以为以下几个方面需要予以特别强调。

（一）坚持马克思主义的整体性特征

马克思主义是一套科学而严整的理论体系，具有整体性，用列宁的话说，它

"完备而严密"，是"一块整钢"。列宁曾深刻指出："马克思学说具有无限力量，就是因为它正确。它完备而严密，它给人们提供了决不同任何迷信、任何反动势力、任何为资产阶级压迫所做辩护相妥协的完整的世界观。"①"马克思主义的全部精神，它的整个体系，要求人们对每一个原理只是（α）历史地，（β）只是同其他原理联系起来，（λ）只是同具体的历史经验联系起来加以考察。"②整体性是马克思主义作为科学体系的一个重要而基本的特征，它也是马克思主义理论学科得以设立的一个根本性学理基础。设立马克思主义理论学科最为强调的一点就是要从整体上研究马克思主义。国务院学位委员会和教育部学位〔2005〕64号文件附件2指出：马克思主义理论学科"既应该从哲学、政治经济学、科学社会主义等方面进行分门别类的研究，更应该进行整体性研究，完整地把握马克思主义的科学体系"。强调马克思主义理论"就是一门从整体上研究马克思主义基本原理和科学体系的学科"。换言之，正如有学者所指出的："整体性是马克思主义理论学科的重要特征和学科规定性。"

强调整体性并不反对进行分门别类的分科研究。实际上，对于每一门科学来讲，都有分析与综合，都存在分门别类的研究和整体性的研究，对于马克思主义作为一门科学的研究无疑也应如此。长期以来，我们主要是从三个主要组成部分对马克思主义进行分门别类的研究，这样的研究既十分必要，也很有意义，为新时期设立马克思主义理论学科奠定了坚实基础。但另一方面也要看到，无论对马克思主义进行什么样的分门别类研究，都不能替代整体性的研究和把握。设立马克思主义理论学科，其中一个基本考虑就是要弥补长期以来对马克思主义整体性研究的不足，凸显马克思主义的整体性精神。这无疑要求马克思主义理论学科中包括思想政治教育在内的各二级学科，在学科建设中都要凸显马克思主义的整体性特征。马克思主义理论学科设立几年过去了，今天之所以要再次强调思想政治教育学科建设要坚持马克思主义整体性特征，是因为近年来一些学者对这个问题存在认识和实践偏误，需要努力加以克服。

第一，避免以马克思主义的部分原理替代理论整体。由于长期以来对马克

---

① 《列宁全集》第23卷，人民出版社2017年版，第41页。
② 《列宁全集》第47卷，人民出版社1990年版，第464页。

思主义开展分门别类研究的思维惯性和研究习惯,一些学者总以为基于自己所研究、所把握的马克思主义就是整体的马克思主义,以部分研究的惯性思维替代整体性研究,犯"盲人摸象"的错误。持这种观点的学者在学科建设中一如既往地从事着多年来所进行的分门别类的研究,重复着马克思主义哲学、政治经济学、科学社会主义等学科多年来所做的事情,重复着多年来前人的建设。正如经济建设不能搞重复建设一样,学科建设同样也不能搞重复建设。思想政治教育学科建设坚持马克思主义,需要从整体上研究和把握马克思主义,用马克思主义的整体性精神引领学科发展,用从整体性研究中得出的基本原理指导学科建设。但在学科建设实践中,却客观存在着以局部替代整体、忽视整体性把握的情况。比如,一些学科点在人才培养的课程设置上并没基于整体性把握马克思主义的需要开设课程,而是简单化地依据现有师资"就汤下面";在马克思主义理论教学授课中一些教师不是着眼于马克思主义的整体性把握,而是依据自己的理论专长进行选择性讲授;在理论研究中一些学者撇开马克思主义的理论整体,从马克思主义中但取所需,以致误读马克思主义等,都是鲜明的例证。这些情况表现各异,根源都在于缺乏对马克思主义的系统把握,忽略其整体性特征。

第二,避免把马克思主义发展的阶段性与连续性对立起来。马克思主义不是僵死不变的教条,而是不断发展的科学理论。马克思主义的发展是阶段性与连续性的统一。把握马克思主义,要用历史的眼光把马克思主义发展的各个阶段看作是接力探索的过程,而不能把马克思主义历史前后的发展割裂开来、对立起来。长期以来国外一些人不顾马克思主义发展的阶段性与连续性相统一的特点,用马克思主义发展的一个时期去否定另一个时期,搞"对立论"、"冲突论"、"背叛论"、"抛弃论",抛出什么早年马克思与晚年马克思是两个马克思、晚年恩格斯背叛了早年恩格斯等观点。国内也有人受其影响持这种见解,其表现是把马克思列宁主义与毛泽东思想对立起来,把毛泽东思想与中国特色社会主义理论体系对立起来。这些错误观点和思想方法反映到思想政治教育学科建设中,给党的指导思想教育、社会主义主流意识形态建设、社会主义核心价值体系教育等造成混乱,有的影响恶劣,需高度重视。

第三,避免肢解、分解马克思主义的逻辑整体性。马克思主义是一个逻辑严密的整体,它绝不是其主要组成部分的简单相加,它的整体性体现在其世界观和方法论的高度统一中,也体现在其立场、观点和方法的逻辑整体中。坚持马克思主义的整体性,就是要认识到马克思主义是十分彻底、完备而严密的理论体系,它的各组成部分之间相互联系、相互贯通、相互渗透,构成了一个不可分割的逻辑整体。正如有学者所指出的,它"无论在理论内容上,还是在逻辑思维形式上彼此都不能分割",严整性是马克思主义的内在规定性。近些年来,一些学者单方面承认马克思主义的世界观或方法论意义,忘记马克思主义整个理论既是世界观又是方法论;片面强调马克思主义唯物辩证法的根本方法,忽视其根本立场和观点,割裂马克思主义立场、观点方法的整体统一性,肢解马克思主义的逻辑整体性。这些观点反映到思想政治教育学科建设中,往往形成一些孤立、片面、歪曲的观点,在实践中顾此失彼,影响思想政治教育学科的健康发展。

第四,避免割裂思想政治教育与马克思主义理论学科的整体关联性。思想政治教育作为马克思主义理论学科中的一门二级学科,它尽管研究的侧重点不是马克思主义本身,而是对马克思主义的教育问题,但它无疑也是面对整体的马克思主义,需要在学科建设中确立整体意识。既对马克思主义及其教育开展整体性研究,也在马克思主义理论的学科整体中谋划学科建设与发展,还要整体地把握马克思主义的真精神,真正以马克思主义为指导推进学科建设。然而在现实中,有的在推进思想政治教育学科建设中"单兵独进"、"一枝独秀",片面强调本学科的发展,忽略思想政治教育学科建设一方面需要马克思主义为其提供理论基础,另一方面需要其他二级学科的支撑,在学科依托与良好的学科生态关系中实现发展。这些现象的存在都有违马克思主义的整体性特征,无助于从整体上建设好马克思主义理论学科。

（二）把握马克思主义的精髓与活的灵魂

众所周知,马克思主义的精髓是实事求是,活的灵魂是具体问题具体分析,在学科建设中坚持马克思主义,最为根本的就在于要坚持马克思主义的精髓与活的灵魂。胡锦涛曾指出,繁荣发展哲学社会科学,"坚持以马克思主义为指导,绝不是教条式地搬用,或者脱离实际地从马克思主义一般原理去作抽象推论,或者用它的个别结论去代替具体的科学研究,而是要深刻领会它的精神实质,善于运用它的立场、观点、方法去指导具体的社会科学研究及其学科建设"①。这即是说,推进在哲学社会科学学科建设中坚持马克思主义,根本在于深刻理解马克思主义的精神实质,掌握马克思主义的世界观、方法论,学会运用马克思主义的基本原理去分析、研究和解决学科建设中的具体问题。以这一精神比照当前思想政治教育的学科建设,可以发现学科建设中的一些做法和现象有违坚持马克思主义的精髓与活的灵魂的要求,需要特别加以克服和纠正。

第一,力戒形式化、口号化、标签化地对待马克思主义。所谓形式化、口号化、标签化对待马克思主义,主要是指这样一种情况:不在领会马克思主义精神实质上下功夫,而把坚持马克思主义作为一个口号随时挂在嘴边,作为一个标签随时准备向需要的地方粘贴。至于是否真的始终如一地坚持了马克思主义则不在考虑之列,但出版研究成果时怎么也不会忘记写上自己的成果是坚持马克思主义的结果,还往往在最醒目的位置标明自己始终坚持以马克思主义为指导。而实际上只不过是一个口号和标签而已。这在马克思主义发展史上不乏类似的情况。1890年8月5日恩格斯在致康·施米特的信中讲:"对德国的许多青年著作家来说,'唯物主义'这个词大体上只是一个套语,他们把这个套语当作标签贴到各种事物上去,再不作进一步的研究,也就是说,他们一把这个标签贴上去,就以为问题已经解决了。但是我们的历史观首先是进行研究工作的指南,并不是按照黑格尔学派的方式构造体系的杠杆。"②恩格斯在这里批评的简单对待他们的唯物主义的一些做法与今天某些人犯的形式化、标签化毛病何其相似!当时为克服这种错误,恩格斯强调必须重新研究全部历史,必须详细研究各种社会形态存在的条件,然后设法从这些条件中得出观点和结论。这些论断令人警醒,值得我们认真领会。

第二,力戒教条主义、本本主义地对待马克思主义。在理论研究和学科建设中,"沿着马克思的理论的道路前进,我们将愈来愈接近客观真理(但决不会穷尽它);而沿着任何其他的道路前进,除了混乱和谬误之外,我们什么也得不到"③。这是因为马克思主义是科学。这也是思想政治教育学科建设必须坚持马克思主义的根本原因所在。但坚持马克思主义,绝不意味着要固守马克思主

---

① 《胡锦涛文选》第1卷,人民出版社2016年版,第380页。
② 《马克思恩格斯选集》第4卷,人民出版社2012年版,第599页。
③ 《列宁全集》第18卷,人民出版社2017年版,第145页。

义的具体论述与个别论断,以本本主义的态度对待马克思主义。毛泽东曾深刻地指出:"本本主义的社会科学研究法也同样是最危险的,甚至可能走上反革命的道路,中国有许多专门从书本上讨生活的从事社会科学研究的共产党员,不是一批一批地成了反革命吗,就是明显的证据。"①他强调说:"我们说马克思主义是对的,决不是因为马克思这个人是什么'先哲',而是因为他的理论,在我们的实践中,在我们的斗争中,证明了是对的。"②在思想政治教育学科建设中坚持马克思主义,更要高度重视这个问题。坚持马克思主义,要着力掌握马克思主义的立场、观点和方法,并运用它去分析和解决思想政治教育的具体问题。阅读与学习马克思主义的"本本"是必要的,但不能搞本本主义。

第三,力戒望文生义、断章取义地对待马克思主义。在思想政治教育科学研究中经常可以看到这样的情况:一些研究者为了用经典作家的论述支撑自己的观点,在引经据典时往往不顾具体论述的时代背景、具体针对性与上下文语境,只根据自己论证的需要随意加以抽取、剪裁,竭力使经典作家的话语在字面上符合他个人的论述,与他个人的语言相契合。也有些研究者论述问题时把字面上与之相似、相近的非马克思主义的观点乃至反马克思主义的观点也引进来,当作马克思主义的论断,且丝毫不加区分和辨别。这样的做法一方面犯了望文生义、断章取义的错误,另一方面容易上假马克思主义、反马克思主义的当。列宁1917年在《给同志们的信》一文中曾深刻地告诫人们:"马克思主义是非常深刻的和多方面的学说。因此,在那些背弃马克思主义的人提出的'理由'中,随时可以看到引自马克思著作的只言片语(特别是引证得不对头的时候),这是不足为奇的。"③近些年来国内的一些民主社会主义者、新自由主义者、历史虚无主义者,在撰文表达自己非马克思主义甚至反马克思主义观点时,往往借引用与摘录马克思主义经典文献,做出一副忠实于马克思主义的样子。因此,如果我们不纠正望文生义、断章取义地对待马克思主义的错误,就不能同他们划清思想界限。

第四,力戒感情用事,以错误而非科学的态度对待马克思主义。陈奎元曾在谈到坚持马克思主义时指出:"有的理论工作者没有掌握好马克思主义的基本理论,听到社会上对马克思主义有一些非议,想用一点附加的东西、时髦的语言

---

① 《毛泽东选集》第1卷,人民出版社1991年版,第111页。
② 《毛泽东选集》第1卷,人民出版社1991年版,第111页。
③ 《列宁全集》第32卷,人民出版社1985年版,第407页。

给马克思主义挣面子,这是不可取的。"①这种情况在思想政治教育理论研究与学科建设中也是存在的。出现这种情况,在于并不真正懂得马克思主义。马克思主义是科学、是真理,它不怕别人批评、批驳和非议,用不着以附加的东西和时髦的语言来给它挣面子;相反,如果不是用马克思主义的真理去说服人,而是对马克思主义进行盲目维护,附加给马克思主义一些观点,还会使马克思主义陷入尴尬和难堪。马克思主义不是靠情感和良心去赢得群众,而是靠真理的力量去征服群众。马克思说:"……理论只要彻底,就能说服人[adhominem]。所谓彻底,就是抓住事物的根本。"②要知道,只有透彻地把握马克思主义的精神实质,真正懂得马克思主义,才能在学科建设中坚持而不背离马克思主义,才能在理论研究与实际工作中划清马克思主义与反马克思主义、非马克思主义的界限,分清哪些是必须长期坚持的马克思主义基本原理,哪些是需要结合新的实际加以丰富发展的理论判断,哪些是必须清除的对马克思主义的教条式理解,哪些是必须澄清的附加在马克思主义名下的错误观点。凭感情用事不是正确对待马克思主义的态度。

(三)坚持马克思主义与时俱进的理论品质

马克思主义具有与时俱进的理论品质。所谓与时俱进,就是体现时代性,把握规律性,富有创造性。即它总是随着时代、实践的发展进步而不断发展,从不故步自封、僵化保守。思想政治教育学科建设坚持马克思主义,必须坚持其与时俱进的理论品质,否则就不是真正坚持马克思主义。这就要求,思想政治教育的理论研究、教育教学及人才培养等,要贴近时代、贴近实践、贴近学科实际,与时俱进地推进发展,而不能固守书斋、局限书本、远离实践、脱离实际。

第一,务必对马克思主义发展的最新成果保持高度的理论自觉。思想政治教育学科建设坚持马克思主义与时俱进的理论品质,必然意味着学科建设与发展要以高度的敏锐性和行动自觉关注马克思主义的最新发展及其理论成果,及

---

① 陈奎元:《信仰马克思主义　做坚定的马克思主义者》,《光明日报》2011 年 6 月 13 日。
② 《马克思恩格斯文集》第 1 卷,人民出版社 2009 年版,第 11 页。

时地把它引入学科中,用以指导学科发展,开展理论研究,推进实践创新。然而在现实中,还存在缺乏这种敏锐性的情况,主要体现在三个层面:一是不怎么关注马克思主义的最新发展,理论研究满足于思想政治教育学科的传统话语方式与学科理论话题;二是给予一定的关注,但止于泛泛学习,不能把马克思主义最新理论发展与本学科实际联系起来;三是研究得不够系统深入,联系学科实际运用不够。比如,党的十八大报告中有大量创新内容与观点,我们的研究就存在上述三种情形,必须注意加以克服。

第二,务必对马克思主义指导下的理论创新有深刻理解和把握。思想政治教育学科同一切哲学社会科学一样,"理论创新必须以坚持马克思主义基本原理为前提,否则就会迷失方向,就会走上歧途,而坚持马克思主义又要以根据实践的发展不断推进理论创新为条件,否则马克思主义就会丧失活力,就不能很好地坚持下去"①。根据这个要求,在思想政治教育的理论创新中,不能热衷于搞概念、术语、花样等的翻新。不能仅从概念到概念、从术语到术语,使理论研究愈来愈玄、愈来愈繁,远离人们熟悉的生动实践。更不能标新立异、哗众取宠,把一些与马克思主义格格不入的理论、学说,引入思想政治教育理论领域,给思想政治教育嫁接上一些西方相关学科的术语范畴和思维方法。而应重视活生生的社会现实的要求。正如有学者指出的:"绝不能把这种理论创新当作一种文字游戏,当作一种名词新花样,当作一种术语新演绎。如果只是文字、名词、术语在那里绕来绕去,那是没有意义、没有价值的。真正有价值的创新理论,一定能够回答实践和时代提出的新的问题。"②

第三,务必对服务于高校思想政治理论课和大学生思想政治教育的使命担当有清晰认识。思想政治教育学科自设立以来,一直与高校思想政治理论课教育教学、大学生思想政治教育实践创新之间保持着紧密的内在关联。从一定意义上说,二者始终同呼吸、共发展。长期以来,学科为高校思想政治理论课教育教学、大学生思想政治教育的加强与改进提供着重要的学理支撑、理论支持和师资保障。相应地,高校思想政治理论课教学改革、大学生思想政治教育的加强与改进,也为学科发展提供了实践场域和现实推动力。2005年,设立马克思主义

---

① 《十六大以来重要文献选编》上,中央文献出版社2005年版,第365页。
② 张国祚:《关于理论创新的几点思考》,《马克思主义研究》2012年第2期。

理论一级学科的一个重要背景就是要进一步加强和改进大学生思想政治教育，推动高校思想政治理论课教育教学的发展。这就意味着，思想政治教育学科的建设与发展，要服务于新时期高校思想政治理论课教学和大学生思想政治教育加强和改进的实践需要，为其提供可靠的学科支撑。但在现实中，一些高校在学科建设中，无视高校思想政治理论课教学和大学生思想政治教育的最新发展，不去关注其中面临的重大理论问题和重要的实践经验。甚至有的研究者没有兴趣、也没有从事过高校思想政治理论课教学，也没有开展过大学生日常思想政治教育。在这些高校，思想政治教育的理论研究、学科发展，与高校思想政治理论课教学和大学生思想政治教育是两张皮。这是有违学科使命担当的。

第四，务必对马克思主义理论教育的实践发展保持高度的学科自觉。中国共产党领导下的当代中国的思想政治教育不是一般的思想政治教育，而是马克思主义的思想政治教育。思想政治教育学科理应把马克思主义理论教育置于理论关注的核心地位。然而在思想政治教育学科理论发展的现实中，一些学者不重视马克思主义理论教育研究或者说对马克思主义理论教育研究重视不够的情况仍是一个突出问题。比如，把思想政治教育学科等同于一般教育学学科，照搬教育学的框架和范畴体系，模糊思想政治教育学科的边界，甚至把某外国的教育学当作我们的思想政治教育学科加以重点建设，这不仅是"荒了自己的田，种了别人的地"，而且是取消了我们学科的意识形态性。笔者以为，思想政治教育一定要以高度的学科自觉关注马克思主义理论教育的实践发展。要深刻地认识到"思想政治教育学科，本身既以马克思主义理论为指导，又以马克思主义理论为教育内容，这既是党的思想政治教育的优良传统，也是思想政治教育学科的本质特性。如果不以马克思主义理论说服人、教育人，就不是真正的思想政治教育"。思想政治教育理论研究如果离开马克思主义的理论指导，离开对马克思主义教育的理论关注，便偏离了思想政治教育的学科要义，缺失了本质灵魂。

（本部分依据《思想政治教育学科建设坚持马克思主义的原则要求》改写而成，原文刊于《思想理论教育导刊》2013 年第 5 期，作者：白显良）

四、思想政治理论课教学应筑牢
抵御西方错误思潮的防线

思想政治理论课作为社会主义大学的本质体现，一个重要的功能就是坚持面向青年大学生开展马克思主义理论教育教学，在意识形态领域发挥战斗堡垒作用。这种教学绝不是单纯灌输马克思主义理论，而是联系实际，在思想领域释疑解惑。联系实际的表现之一，是积极应对西方社会思潮的影响。改革开放以来，西方各种社会思潮涌入高校，良莠不齐的思想学说对于人生经验和政治经验皆不足而思想又非常活跃的青年大学生来说影响较大。如何引导学生正确应对思潮的影响，成为思想政治理论课的重要任务。分析改革开放以来思想政治理论课应对西方社会思潮的历程，总结其经验教训，对于我们今天在思想政治理论课教学中始终坚持马克思主义的指导地位，在高校推动马克思主义大众化，有着较为深刻的启示。

（一）改革开放以来思想政治理论课应对
西方社会思潮的历程回顾

思想政治理论课应对西方社会思潮的历程，深受社会历史发展及党和国家的相关方针、政策等的影响，呈现出阶段性特征，大体可以分为以下四个阶段。

1. 改革开放初期，全面介绍西方社会思潮

伴随着改革开放的逐步扩大，西方各种社会思潮随之涌入，大学生对这些外来思想表现出较为浓厚的兴趣，热衷于诸如民主、人性等问题的探讨。如何引导

他们正确对待外来思潮的影响成为思想政治教育的重要内容。为此,邓小平曾多次谈到加强思想政治工作的重要性。他在 1979 年党的理论工作务虚会上针对一些人权问题、民主问题的非马克思主义论调进行了批判,并强调指出:"我们一定要向人民和青年着重讲清楚民主问题。社会主义道路、无产阶级专政、共产党的领导、马列主义毛泽东思想,都同民主问题有关。什么是中国人民今天所需要的民主呢? 中国人民今天所需要的民主,只能是社会主义民主或称人民民主,而不是资产阶级的个人主义的民主。"①邓小平的讲话为思想政治理论课应对西方社会思潮指明了道路,说明抵制错误思潮的关键是用马列主义毛泽东思想去教育人民,向人民讲清楚如何认识社会主义中国的民主问题。1984 年 9 月,中宣部、教育部下发的《关于加强和改进高等院校马列主义理论教育的若干规定》中专门指出:"为了提高学生的思想素质,增强鉴别能力,高等院校应逐步开设西方现代哲学思潮、经济思潮、政治思潮、文艺思潮的评论讲座。"这是改革开放以来较早出现的以正式文件的方式把应对西方社会思潮作为思想政治理论课的重要内容。该《规定》还指出了在应对方式上主要以讲座为主,在内容上要全面介绍对现代影响力较大的思潮,以引导大学生正确认识西方社会思潮。中共中央于 1985 年 8 月下发了《关于改革学校思想品德和政治理论课程教学的通知》(简称"85 方案")。这是改革开放以来,第一个专门就学生思想政治教育主渠道建设,以中共中央名义下发的文件,充分表明了党和国家非常重视作为社会主义接班人的青少年的思想政治素质。该《通知》将大学的思想政治理论课教学的主要内容总结为五条,第三条是应对社会思潮的教育,并要求:"有分析有比较地介绍当代其他各种社会思潮,对错误的思潮要有分析地进行充分说理的批评,培养学生运用马克思主义对这些思潮进行鉴别和分析的能力"。

2. 20 世纪 80 年代中后期,反对资产阶级自由化思潮

1986 年 12 月下旬,在资产阶级自由化思潮一度泛滥的背景下,一些高校的少数学生出于各种缘由上街游行,极少数别有用心的人从中进行反党、反社会主

---

① 《毛泽东邓小平江泽民论青少年和青少年工作》,中国青年出版社、中央文献出版社 2003 年版,第 175 页。

义的煽动,造成一些社会事件,其教训深刻。邓小平强调说:"我们特别强调坚持四项基本原则,反对资产阶级自由化,同时提出加强思想政治工作、说服教育工作,同社会不良风气包括特权思想进行斗争。"①说明加强思想政治工作对于抵制错误思潮的重要性。思想政治理论课本身就是思想政治工作的重要一环。1987年3月5日的《国家教育委员会关于在高等学校马克思主义理论课(公共课)教学中旗帜鲜明地坚持四项基本原则反对资产阶级自由化的通知》开篇就指出:"中共中央〔1987年〕1、2、3、4、6号文件指明了反对资产阶级自由化斗争的重要性和长期性,为高等学校思想政治工作指明了方向。"接着,对马克思主义理论课教学提出了要求,要求按照各门课自身的特点,在保证科学性的前提下,与当前这场斗争正确地结合起来。如何做好呢? 该《通知》从教师和教学两个方面进行了说明:任课教师要加强马克思主义理论的学习,统一思想,提高认识;要加强教学的针对性,深入了解资产阶级自由化思潮在学生中的影响,深入分析其实质,揭露其对学生的危害。

面对学潮,相关部门也在反思思想政治理论课如何应对才是有效的。同年5月,《中共中央关于改进和加强高等学校思想政治工作的决定》指出了在改革开放的条件下,不可能把青年学生封闭在"温室"里,他们不可能不接触腐朽的丑恶的东西,这就增加了思想政治教育的复杂性和艰巨性。思想政治理论课要针对此改革教学内容和方法,认真研究我国社会主义建设和改革中的重大问题,研究当代世界经济、政治的发展,分析批评错误思潮,以正确地有说服力地解答学生提出的问题。在教学方法上,要采用启发式教学,开展课堂讨论,引导学生解决思想认识问题。在应对社会思潮的影响方面,教育行政部门还关注到学历层次更高的学生。同年6月,国家教育委员会颁布的《关于高等学校研究生马克思主义理论课(公共课)教学的若干规定》,指出了研究生马克思主义理论课的重要任务就是要帮助研究生树立马克思主义世界观,并用以观察社会问题,分析社会思潮以及指导科学研究。该《规定》还确立了在文科博士研究生中开设"马克思主义与当代社会思潮"课程。国家教育委员会在1991年8月3日下发的《关于加强和改进高等学校马克思主义理论教育的意见》中特别提到,除了反对资产阶级自由化思潮外,还要反对民主社会主义思潮,要同这两种思潮的理论

---

① 《邓小平文选》第3卷,人民出版社1993年版,第205页。

观点划清界限,以坚持马克思主义理论的纯洁性。以中国人民大学为代表的高校根据党的十三届四中全会以来党中央的有关指示精神,在国家教委的领导下专门开展了清理资产阶级自由化思潮对各个学科的影响的工作,使高校的学科建设得以健康发展,也促进了思想政治理论课抵制错误思潮的教学科研工作。

3. 20 世纪 90 年代,应对市场经济不完善情况下的错误思潮

1992 年,我国正式确定建立社会主义市场经济体制,随之而来的经济、政治和文化体制改革以及由此带来的人们思想观念上的重大变化,都深刻地影响着思想政治理论课的教学工作。为了适应新形势的要求,中共中央组织部、宣传部、国家教育委员会于 1993 年 8 月联合下发的《关于新形势下加强和改进高等学校党的建设和思想政治工作的若干意见》专门提到了反对三种社会思潮,这就是拜金主义、享乐主义和极端个人主义。为此,马克思主义理论课和思想政治教育课的教学要特别重视社会主义市场经济条件下的理想、信念和人生观、价值观的教育。党和国家领导人也非常重视相关工作对于帮助大学生抵制错误思潮的作用。江泽民指出:"加强理论教育、思想教育和政治工作的目的,就是要为引导和帮助青年学生树立正确的世界观、人生观、价值观打下科学理论的基础,确立为建设有中国特色社会主义而奋斗的政治方向。这样才能增强青少年抵制错误思潮和拜金主义、享乐主义、极端个人主义等腐朽思想侵蚀的能力。"①国家教委于 1995 年 10 月下发了《关于高校马克思主义理论课和思想品德课教学改革的若干意见》,进一步明确了"两课"的根本目标就是要引导和帮助学生树立马克思主义的世界观、人生观、价值观,增强抵制拜金主义、享乐主义、极端个人主义等错误思潮和腐朽思想侵蚀的能力。两年多以后,"98 方案"出台,该方案侧重加强了邓小平理论进教材、进课堂和进学生头脑的工作,指出要以邓小平理论为中心内容,比较系统地进行马克思主义基本原理和爱国主义、集体主义、社会主义的教育,目的之一就是要教给大学生批判、分析西方社会思潮的理论武器。

4. 21 世纪初,深入研究社会思潮和逐步向学科化发展

2005 年实施的《中共中央宣传部、教育部关于进一步加强和改进高等学

---

① 《江泽民文选》第 1 卷,人民出版社 2006 年版,第 372 页。

校思想政治理论课的意见》明确提出了揭露西方敌对势力加紧对我实施西化、分化的政治图谋，教育大学生正确认识当今世界错综复杂的形势，引导大学生正确认识肩负的历史使命等，是思想政治理论课程需认真研究解决的重大而紧迫的课题。该《意见》强调了学马列要精、要管用的原则。为了解决这些课题，高等学校思想政治理论课程体系作出了新的调整。中宣部和教育部负责教学大纲和教材的编写工作，专门组织专家编写教材，并对教学方式方法及教师队伍建设都进行了相应的改革和调整。从 2006 年开始，全国统编教材陆续出版，同时大规模、分层次、多形式的教师培训工作全面展开。在国家一级学科的培训中，几乎都专门安排了以西方社会思潮为主要内容的课程，通过该领域专家的讲授、参与培训教师的研讨，在较大程度上提高了思想政治理论课教师在教学中应对西方社会思潮影响的能力。但关乎社会思潮为主要内容的培训课程由于各方面的限制，还不能在全国各层次的培训中全面展开，这在一定程度上也影响到思想政治理论课整体应对西方社会思潮影响的效果。

2005 年，国务院学位委员会和教育部颁布了《关于调整增设马克思主义理论一级学科及所属二级学科的通知》，马克思主义理论被增设为一级学科，在二级学科中专门增设了国外马克思主义研究。该文件指出，国外对马克思主义的研究中，有些学说和思潮尽管并不科学，但它毕竟是复杂多变的时代的客观反映，并在实际生活中曾经或者还在产生较大的影响，甚至对马克思主义理论构成严峻挑战。研究当代国外马克思主义，有利于我们应对挑战，深化对马克思主义的认识。在增设思想政治教育二级学科中，课程设置上专门有一门课，就是"当代西方思潮及其影响研究"。一些有条件的高校在思想政治教育专业下又专门设立了社会思潮与思想政治教育的研究方向，并招收这一方向的研究生。从表面上看，似乎并没有涉及思想政治理论课的问题，但由于增设的马克思主义理论一级学科和相关二级学科的重要功能之一就是为思想政治理论课提供学科支撑和培养专门的教学科研人才，因此，这实际上是从根源上解决思想政治理论课应对社会思潮的教学能力问题。

（二）在思想政治理论课应对西方社会思潮
影响的教学实践中获取有益启示

思想政治理论课应对西方社会思潮对大学生的影响，最终是通过教学实践来实现的。反思改革开放 40 余年的思想政治理论课应对西方社会思潮教学实践的历程，给我们留下了如下一些启示。

1. 全面、深入了解大学生的思想动向是应对的前提

综观改革开放 40 年，西方社会思潮对于大学生的影响是深入而广泛的。20世纪八九十年代，在大学生中一度兴起西方哲学热，叔本华、尼采、弗洛伊德等成为学生津津乐道的哲学家，他们的思想深刻地影响到一部分学生的人生价值取向。发展至今，这种影响虽有所减弱但并未消除，而新的关乎意识形态领域激烈竞争的思潮，比如新自由主义、民主社会主义、意识形态终结论等的影响又此起彼伏。如果不正确面对，任其发展，将会产生严重的后果，在这方面我们曾经有过深刻的教训。大学生"'渴望振兴''渴望成才'，对自己面临的历史机遇，有强烈的时代责任感，这是当代青年思想的主流。但是对振兴中华的中国特色社会主义道路，对成才就业生活中如何处理自我价值与社会价值的关系，又存在诸多困惑"①。因此，全面了解大学生在各个时期的思想动向是应对的前提。《中共中央国务院关于进一步加强和改进大学生思想政治教育的意见》就是在全面调查和分析了学生的思想动向的基础上去研究怎样开展思想政治教育的，并对思想政治理论课提出了相关要求。该文件指出，国际敌对势力与我们争夺下一代的斗争更加尖锐，大学生面临着大量西方文化思潮和价值观念的冲击，某些腐朽没落的生活方式对大学生的影响不可低估。为此，思想政治教育要坚持以人为本，贴近实际、贴近生活、贴近学生，要充分发挥课堂教学在大学生思想政治教育中的主导作用。

---

① 钟志凌：《改革开放以来思想政治理论课应对西方社会思潮的历程与启示》，《探索》2011年第 3 期。

应对社会思潮的影响,就是要在课程教学中善于做到理论联系实际,这个实际主要是学生的思想实际、思潮影响的实际。要了解这两个实际,可以通过至少三个途径。一是网络,网络思潮正在成为影响大学生的一种非常重要的新型思潮,许多大学生已经形成一种思维定式。二是课堂讨论,采取设置主题、方式灵活的课堂讨论,可以真实了解思潮影响学生思想的状况。三是学生作业,设置学生感兴趣的主题,引导他们写出自己对于学习、生活、社会等的真实想法,也可以了解学生的真实思想动向。总之,只有联系实际应对,才不会流于空谈,才会有实际的效果,才会对大学生树立正确的世界观、人生观、价值观产生重要的积极影响,也一定会受到多数学生的欢迎。

2. 教师的教学态度是应对的关键

党和国家通过制定政策、下发文件等方式强调了在思想政治理论课教学中重视应对社会思潮,但是在长期的教学实践中,教师对待应对社会思潮的教学态度却有很大的差异,一般表现为四种。第一种是积极应对,科学对待,即在教学中,根据教学内容,适时穿插介绍对社会影响较大、学生关注较多的社会思潮,并善于运用马克思主义的立场、观点和方法去分析这些思潮,引导学生正确认识和面对思潮的影响。第二种是鄙视性介绍,全盘否定,教师在教学中带着鄙视性的态度介绍各种社会思潮,给予全盘否定,少有客观、辩证的分析,在教学中缺乏说服力。第三种是欣赏性介绍,充分肯定。教师在教学中以欣赏的态度介绍西方社会思潮,缺乏公正的评价,打着马克思主义理论课程的旗号却淡化马克思主义理论教学的内容,使马克思主义理论被边缘化,甚至隐性否定了马克思主义,误导了学生。第四种是消极应对,逃避分析。由于教材内容本身的繁重,或教师本人的理论功底不够,对待社会思潮的兴趣不足,在教学中几乎不涉及或极少涉及社会思潮。这样做就脱离了学生关心的思想理论界的热点,无法回答学生心中受思潮影响而留下的疑问,这在较大程度上削弱了马克思主义理论的感染力和说服力。《中共中央宣传部、教育部关于进一步加强高等学校思想政治理论课教师队伍建设的意见》强调要进一步加强思想政治理论课教师队伍建设,提高教学水平,用中国特色社会主义理论体系武装大学生,用社会主义核心价值体系引领各种社会思潮。说明积极应对社会思潮对大学生的影响,善于通过社会主义核心价值体系的教育培养大学生应对社会思潮的正确立场、方法是思想政治理论课教师的重要职责。要做好这些,教师自身对待社会思潮的教学态度是关键。应充分认识到,面对意识形态领域的激烈竞争,维护马克思主义一元指导思想地位是思想政治理论课教师不可推卸的责任,在教学中对待西方社会思潮的态度应是敢于介绍、善于分析、适时引导,使思想政治理论课课堂成为学生正确面对社会思潮影响的主战场。

3. 具备操作性强的措施是应对的重要环节

改革开放以来,面对社会思潮对大学生思想的冲击和学习生活的影响,党和国家非常重视思想政治理论课的作用,相关部门出台了许多文件。但深入分析可以发现,整个应对措施呈现出出台的文件多与可操作性的措施少,学院式的批判多与落到教学实处少的矛盾局面。相关部门出台的文件更多的是总体上强调应对错误思潮的重要性和必要性,有时也指出思想政治理论课在应对中存在的问题和不足,也谈到要改进教学方法,但具体应该怎么操作却较少涉及。在课程设置和教材编写上,思想政治理论课中极少有专门针对引导大学生正确应对社会思潮的内容。对这一领域进行研究的学者也比较多,但多是经院式的批判,其研究成果真正能为思想政治理论课提供操作性的对策和方法的却很少,关注思想政治理论课应对社会思潮的教学研究远远跟不上教学实践的需求。科研成果难以转化为改造主观世界的"现实生产力",无法为提高思想政治理论课的教学实效性发挥作用。因此,找寻操作性强的措施是思想政治理论课正确应对西方社会思潮的重要环节,应从课程设置、教材建设和教学实践等方面实施改革。在课程设置方面,不一定要专开一门社会思潮,但可以在相关课程中加入思潮的内容以实现主动应对,比如,"马克思主义基本原理概论"课可以介绍和评析西方马克思主义思潮,"毛泽东思想和中国特色社会主义理论"课可以利用马克思主义中国化的理论成果以及改革开放所取得的成就去批判当今在中国流行的民主社会主义、新自由主义思潮等,"思想道德修养与法律基础"课可以从伦理学和法学的角度分析思潮,"近现代史纲要"可以从历史的角度对曾影响中国的思潮作出评析和批判,引导大学生从理论、历史和现实的角度去分辨社会思潮的良莠,正确看待社会思潮的传播和影响。在具体的教学中,有两点结合非常重要,这就是教师的个人研究与集体备课相结合,学生的课堂讨论与教师有说服力的正确引导相结合。通过个人研究与集体备课可以提高教师应对思潮的理论功底和教学能力,通过学生讨论可以理清学生的真实思想,有的放矢地开展应对的教学工作。在研究和教学中分析社会思潮,还要注重方法的问题,阶级分析的方法和辩证分析的方法是最为重要的。江泽民在 2000 年 6 月 28 日召开的中央思想政治工作会议上,重新强调了阶级分析的方法在今天仍然是分析各种复杂的社会现象的一把钥匙。通过阶级分析的方法,我们可以更好地帮助学生认清社会思潮的本质。坚持辩证分析的方法是因为"出现在西方的社会思潮,并不是都赞成资本主义和霸权主义的,更不一定都是反共反华的。有些思潮是市场经济社会中必然出现的。某些西方的社会思潮,就是对西方资本主义社会的绝望而引发的,我们要实事求是地进行研究"①。只有这样,才能增强说服力,也才能让学生从理论层面感受马克思主义的魅力,并能在潜移默化中将马克思主义转化为自己认识世界和改造世界的思想武器。

(三)当前高校思想政治理论课要
特别警惕历史虚无主义思潮

近年来,历史虚无主义在我国大肆传播,其对大学生的影响不可小觑。"人民论坛"问卷调查中心 2010—2015 年的调查显示,历史虚无主义始终是国内关注度、活跃度和影响力最高的十大社会思潮之一。近年来,历史虚无主义在所谓"重评历史"、"还原历史真相"的幌子下,通过网络、书刊、讲座、学术会议与论坛等途径大肆传播、歪曲中国历史,特别是中国革命史和社会主义建设史,抹黑中国共产党领导人和革命英雄形象,危及我国意识形态安全。高校是历史虚无主义传播的重要场所,大学生是历史虚无主义影响的重点对象。思想政治理论课是对大学生实施思想政治教育的主渠道,但长期以来,思想政治理论课教师在教学中注重理论教育、正面教育,对如何引导学生运用马克思主义理论去分析社会现实问题、历史问题,鉴别诸如历史虚无主义等思潮的性质等,做得还不够到位。为此,思想政治理论课教师应努力提升马克思主义理论教育质量,探寻应对历史

---

① 钟志凌:《开革开放以来思想政治理论课应对西方社会思潮的历程与启示》,《探索》2011年第 3 期。

虚无主义的策略。

1. 探寻历史虚无主义传播规律，有的放矢、科学应对

历史虚无主义的传播有规律可循，探寻其产生的缘由、传播的目的和采用的路径等，可以为在思想政治理论课教学中应对其影响提供经验材料，增强教学的针对性和科学性。

历史虚无主义以否定和歪曲历史为主要特点，在历史发展的各个时期、在许多国家和民族之中都有存在，因获得适宜的土壤而"沉渣泛起"、改头换面。从国际环境来看，当前在我国传播的历史虚无主义，其产生深受全球化背景下社会主义和资本主义两大阵营力量对比的影响。苏东剧变导致国际共产主义运动走向低潮，当前的发达国家都是资本主义国家，社会主义的国际势力弱于资本主义。历史虚无主义者不去揭示资本主义发展的历史代价，看不到许多发达资本主义国家发展的"血腥历史"，只从表面上对比当前社会主义国家与资本主义国家之间的实力，由此得出马克思主义"过时论"、社会主义建设"失败论"、资本主义制度"终结历史论"等，从否定苏联和东欧国家社会主义建设所取得的成果及其历史价值，迁延到对中国共产党领导的革命、建设和改革，否定其历史成绩和当代意义。从国内环境来看，在我国传播历史虚无主义的有文化界人士、艺术界明星、大学教师等，青年大学生对这些群体比较关注和信任，历史虚无主义者凭借自己的职业和社会地位"发声"，必然会给学生造成较大的影响。

历史虚无主义的产生有深刻的认识论根源，它以唯心史观为哲学基础，对历史作碎片化的理解，否认历史唯物主义所揭示的社会发展规律；夸大人的自由意志对社会历史发展的作用，以此来否定物质生产方式是社会发展的根本动力，否认革命对社会发展的积极作用。历史虚无主义企图推翻中国共产党领导人民革命和走社会主义道路的哲学依据，消解中国坚持马克思主义的理论自信。

"欲要亡其国，必先灭其史"，历史虚无主义传播的政治目的性十分明显，这从其有选择性的"虚无"可见一斑。其矛头指向主要是中国近现代革命历史、中国共产党及领导人的形象、社会主义建设和改革等，目的就是去除中国共产党执政和中国走社会主义道路的历史依据。从历史虚无主义传播路径和采用的交流手段来看，其早已跨越了单纯学术研究的藩篱，向文学、艺术和影视作品渗透，借助网络和移动通信技术，产生出小说、人物传记、电视剧、论坛讨论与评论、网络

段子等新形式。在一些小说、人物传记及电视剧里,为打动观者,出现了程式化的描述方式,把历史上一些本来存在问题和错误的人物描述得近乎完美;把一些历史人物的错误描述成不得已而为之,为其犯错作合理性辩护;等等。这些不切实际、忽视人物复杂性的"高大上"描述方式,与对为民族和国家作出巨大历史贡献的人物采取抹黑、质疑的方式,同样危害巨大。

历史虚无主义传播对伴随网络成长、热爱网络交往与交流的青年大学生的负面影响不容小觑,"如果认识不到意识形态领域各种有害信息对'四项基本原则'的否定、对中国特色社会主义理想信念的冲击、对涉世不深和荒于历史学习的青年的误导,认识不到历史虚无主义对中国共产党领导地位的否定,认识不到民族虚无主义对国家认同和爱国主义的消解……那么,未来高校难免会培养出令人担忧的一代"[1]。思想政治理论课教师应有强烈的阵地意识,充分利用好思想政治教育主渠道,为抵御历史虚无主义对大学生的负面影响守土尽责。

2.把握各门课程应对的着力点,系统应对、形成合力

对于如何指导大学生树立正确的历史观,以抵御历史虚无主义的影响,毛泽东给我们提供了基本的思路。他指出:"我们必须尊重自己的历史,决不能割断历史。但是这种尊重,是给历史以一定的科学的地位,是尊重历史的辩证法的发展,而不是颂古非今。"[2]他进一步指出:"对于人民群众和青年学生,主要地不是要引导他们向后看,而是要引导他们向前看。"[3]当代历史虚无主义者采用的主要伎俩就是颂古非今、褒西贬中,对此,我们应根据思想政治理论课各门课程的教学特点,找准各门课程的着力点,有针对性地批判历史虚无主义,并形成合力,开展正确的历史观教育。

(1)在"马克思主义基本原理概论"课中注重唯物史观和历史主义方法教育

"马克思主义基本原理概论"课是一门对大学生实施系统的马克思主义基本立场、基本观点和基本方法教育的课程。任何历史研究都是基于一定的世界观和方法论,站在一定的立场上展开的。对历史虚无主义,不仅要分析其基本观点,更要分析其蕴含的立场和方法。相信谁、为了谁和依靠谁,是否坚持人民的

---

① 张国祚:《怎样看待意识形态问题》,《红旗文稿》2015 年第 8 期。

② 《毛泽东同志论青年和青年工作》,中国青年出版社 1960 年版,第 31 页。

③ 《毛泽东邓小平江泽民论社会主义道德建设》,学习出版社 2001 年版,第 56 页。

立场,是否以符合最广大人民的根本利益为出发点,是区分唯物史观和唯心史观的分水岭,是鉴别历史虚无主义的主要评判标准,因此,帮助大学生系统学习历史唯物主义理论,树立唯物史观,可为从根本上抵御历史虚无主义提供哲学根基。

当前传播的各种历史虚无主义论调大多以唯心史观为方法论,如"告别革命论"、"革命祸华论""改良更优论"等,皆否定革命对历史的推动作用。这涉及对社会发展动力的认识问题。对此,要向学生讲清楚,革命是推动社会发展的重要动力,任何革命的发生都有历史必然性。在阶级矛盾激化的情况下,对于广大受压迫的阶级来说,革命是解放自己的手段。正如列宁所说:"革命是被压迫者和被剥削者的盛大节日。人民群众在任何时候都不能象在革命时期这样以新社会制度的积极创造者的身份出现。"①历史虚无主义者看不到革命对于解放广大劳动人民的重要价值,没有站在人民的立场上去评价革命。只有深入立场层面,才能为批判贬低革命的论调找到突破口。

抹黑中国共产党领导人,给一些已钉在历史耻辱柱上的反面人物搞所谓的平反,是历史虚无主义者常常采用的伎俩,这主要是对历史人物的评价采取了"为我所用,以我为尺度"的主观主义和实用主义方法论。在"马克思主义基本原理概论"课教学中,引导学生采用历史唯物主义的方法正确认识个人在社会历史中的作用,引导学生认识到历史人物的产生有历史必然性与偶然性,对历史人物的评价一定要尊重历史,从当时的历史环境中去认识其动机和行为的缘由,探寻其历史影响的性质,进而评价其历史价值。

(2)在"思想道德修养与法律基础"课中注重"史信"和"史德"教育

在"思想道德修养与法律基础"课教学中,针对历史虚无主义贬低革命、抹黑历史人物、对历史事件作不实传播的不道德行为,应教育引导学生认识到,学习历史、研究历史和评价历史事件与历史人物都应有"史信"和"史德",讲求诚信对待历史,坚持实事求是原则,敢于同一切歪曲历史的言论和行为作斗争。可以用党的领导人对待历史的态度为典范来教育学生。中国共产党在评价历史人物方面秉持唯物史观,采用历史主义的方法,尊重历史,看重历史人物的历史功绩,拥有良好的"史德"传统。毛泽东在评价孙中山时,对他领导人民推翻帝制、

---

① 《列宁全集》第 11 卷,人民出版社 1987 年版,第 96 页。

建立共和国的丰功伟绩给予高度赞扬,对其缺点也作出辩证分析。毛泽东指出:"像很多站在正面指导时代潮流的伟大历史人物大都有他们的缺点一样,孙先生也有他的缺点方面。这是要从历史条件加以说明,使人理解,不可以苛求于前人的。"①继承这一优良传统,在对毛泽东的评价问题上,邓小平等老一辈领导人也树立了"史德"典范。邓小平指出:"毛泽东同志同任何别人一样,也有他的缺点和错误。但是,在他的伟大的一生中的这些错误,怎么能够同他对人民的不朽贡献相比呢? 在分析他的缺点和错误的时候,我们当然要承认个人的责任,但是更重要的是要分析历史的复杂的背景。"②邓小平认为这才是公正地、科学地,也就是马克思主义地对待历史和历史人物的态度。

"思想道德修养与法律基础"课教师要在教学中扩展视域,用中外比较的方式讲清楚历史虚无主义者缺乏"史德"对国家的危害。苏联解体有着非常复杂的原因,其中历史虚无主义的影响不可小觑。自赫鲁晓夫否定斯大林开始,历史虚无主义者通过抹黑和否定前任领导人的方式,也否定了苏联社会主义建设的伟大成就,最终使苏联人民对苏联共产党丧失信心,苏联难逃亡党亡国的命运。美国历史上的多位总统也曾经犯下错误,给美国社会带来巨大损失,但美国对犯错的总统采取了包容的态度,维护了每一位总统良好的形象,并把他们的画像挂在白宫供人们瞻仰。"美国资产阶级懂得,是否尊重总统不仅关系到国家的形象,而且关系到资本主义制度的稳定性。"借鉴历史经验和教训,维护好党和国家领导人的形象,是我们每一个中国人的职责,因为那关乎国家形象、民族凝聚力、意识形态安全和社会稳定。

(3)在"中国近现代史纲要"课中注重史实和史评教育

历史虚无主义的惯用手段是随意篡改历史、断章取义割裂历史,以所谓揭秘的方式用野史否定正史。针对这些伎俩,在"中国近现代史纲要"课教学中,要注重把中国共产党创立、发展和壮大的过程,以及中国共产党领导人民进行革命、建设和改革的过程,看作是一个连续发展的历史过程,紧紧抓住历史发展主线,引导学生用历史发展的眼光去认识历史发展过程中的人和事,坚持历史主义的科学态度。要让学生们认识到,中国近现代史的主流是中国人民在中国共产

---

① 《毛泽东文集》第 7 卷,人民出版社 1999 年版,第 157 页。
② 《邓小平文选》第 2 卷,人民出版社 1994 年版,第 172 页。

党领导下,进行艰苦卓绝的斗争,经历新民主主义革命、创建新中国,赢得民族独立和人民解放的奋斗史。百年巨变得出的结论是只有中国共产党才能领导中国人民取得民族独立、人民解放和社会主义事业的胜利。在课程教学中,应通过百年中国变化史和社会发展史,让大学生从历史发展的必然性和人民的选择性的辩证关系中去深刻领会,为什么中国必须经历新旧民主主义革命,为什么必须走中国特色社会主义道路。

针对历史虚无主义者对革命与现代化建设的关系的种种谬论,应给学生讲清楚,只有通过革命,推翻半殖民地半封建制度,争取民族独立,才能为现代化建设赢得一个和平稳定的环境,用史实让学生理解革命的必要性和历史进步性。针对历史虚无主义者提出的"侵略有功论",要用中国遭遇侵略后,民族危机、国格丧失、社会混乱和人民群众生存条件恶劣等史实,去揭露这种论调的荒谬,戳穿其为了逃脱历史谴责和道德责任而"粉饰"侵略的动机。

(4)在"毛泽东思想和中国特色社会主义理论体系概论"课中注重四个自信教育

学理化形态的历史虚无主义,对于青年大学生具有很大的迷惑性,历史虚无主义者以学术研究的名义,按照自己的政治喜好反思历史和重评历史,他们"通过所谓'研究范式'的转换,制造伪命题,设置'理论陷阱',以实现其政治诉求"。他们推销"马克思主义过时论",质疑中国特色社会主义理论的学理性,否定中国特色社会主义道路的科学性。对此,在"毛泽东思想和中国特色社会主义理论体系概论"课教学中,要理论联系实际,教育帮助大学生系统掌握中国化马克思主义的形成发展过程、主要内容和精神实质,要及时将马克思主义理论最新成果,如"四个全面"战略布局、五大发展理念等,及时贯彻到课堂教学中,用发展着的马克思主义中国化理论成果构筑起抵御历史虚无主义负面影响的"理论长城",培养大学生的道路自信、理论自信、制度自信和文化自信。

针对历史虚无主义者对新民主主义理论的攻击和对社会主义改造实践的质疑,我们要引导学生从当时的历史背景去分析。在半殖民地半封建社会,人民处于水深火热之中,为救亡图存,中国各阶级各阶层的仁人志士都选择了革命,充分说明了革命是当时社会的主旋律,符合社会发展潮流,体现了合规律性与合目的性的统一。农民革命和资产阶级革命的失败,源于阶级局限,没有科学理论作指导,难以找到正确的救国救民之路。十月革命一声炮响给中国送来了马克思主义,毛泽东等老一辈革命家和领导人结合中国实际探索马克思主义的中国化,创立了新民主主义革命理论,为中国革命的最终成功和中国社会的发展方向提供了正确的理论指导,理论也最终被革命实践证明了是科学的。针对质疑社会主义改造的言论,要向学生们讲清楚,人类历史是一个不断发展的连续过程,每一个历史发展阶段都是这个过程中必不可少的一环,都有其自身发生的理由。中国共产党领导人民革命的根本目的就是要建立社会主义国家,如果不进行社会主义改造,我们就无法完成建立社会主义制度的任务。正是经历了社会主义改造,社会主义公有制才成为我国社会的经济基础,我国才能够建立起社会主义基本经济制度。历史证明,在社会主义改造完成之后,我国经济发展突飞猛进,1957 年全国工业总产值比 1952 年增长了 128.3%,一大批旧中国没有的基础工业得以建立,为我国社会主义工业化奠定了基础。除此之外,社会主义改造作为一个复杂而深刻的社会变革,对我国阶级关系结构的调整、社会主义各项制度的建立,都有着非常重要的历史价值。

对于恶意炒作"反右斗争"、"大跃进"、三年自然灾害和"文化大革命"等历史,把新中国前 30 年说成是工人、农民和知识分子的受难史,用后 30 年否定前 30 年的做法,我们要坚决反对。对于改革开放后,针对我国出现的贫富差距扩大、贪污腐败、分配不公等问题,把社会主义市场经济体制改革说成是戴着社会主义帽子发展资本主义,用前 30 年否定后 30 年的做法,我们要运用习近平总书记关于如何评价两个 30 年的讲话作为思想武器予以批驳。因为这两个时期在本质上都是我们党领导人民进行社会主义建设的实践探索。要引导大学生认识"两个一百年"梦想的实现要经历曲折,但只有坚持走好中国特色社会主义道路,树立起社会主义共同理想信念,自信满满为之奋斗,才是中国最好的发展前景。

3. 遵循马克思主义认识论原则,建构应对的纵深路径

思想政治理论课具有鲜明的意识形态特征,不仅重视理论知识教育,更重视思想教育、政治教育和道德教育,在教学中强调理论联系实际,为大学生释疑解惑、解决思想认识问题,以帮助他们树立正确的世界观、人生观和价值观。历史虚无主义者在中国历史问题上借助多样化路径传播不实言论,混淆视听,给大学生正确认识中国近现代史造成了负面影响。要通过思想政治理论课教学释疑解

惑,矫正视听,需要遵循人的思想认识形成规律,建构起教育教学的纵深路径。这一路径的建构,需要遵循马克思主义认识论关于人的认识生成规律,以增强教育教学的科学性。列宁指出:"从生动的直观到抽象的思维,并从抽象的思维到实践,这就是认识真理、认识客观实在的辩证途径。"①遵循这一认识规律,为应对历史虚无主义影响,应从四个环节建构思想政治理论课教育教学的纵深路径。

展现历史真实史料,增强学生的感性认识。历史虚无主义者在篡改历史时,常常采用的伎俩就是挖掘一些野史,用所谓的"史实"改变人们的认识,使人们对历史的真实产生怀疑,进一步达到改变人的历史观、价值观和政治观的目的。对此,我们应充分利用好校内校外两个课堂,在课堂教学中,针对历史虚无主义者的歪曲言论,思想政治理论课教师可以采集反映历史的真实史料,做成图片、视频等,借助现代传播技术,将历史真实的一面展现给学生,增强学生的感性认识;就课外而言,可借助实践教学,或实地考察,或引导学生上网查询历史资料,或推荐相关阅读书籍等方式,鼓励学生发挥主观能动性,探寻历史真实,获取直接经验。在增强学生的感性认识方面,还要注重以情动人,善于宣传典型历史人物以及他们的优秀事迹,利用中国精神的典范,如长征精神、红岩精神、"两弹一星"精神和奥运精神等,培养学生的民族自豪感、对中国共产党的信任感和中国走社会主义道路的自信心。

求真说理,深化学生的理性认识。邓小平指出:"每个党,每个国家都有自己的历史,只有采取客观的实事求是的态度来分析和总结,才有好处。"②这要求我们在历史教育中,尊重历史的真实性,抓好求真务实的说理教育。要帮助大学生不被历史虚无主义所蒙蔽,从根本上说,需要上升到理性认识的层面。思想政治理论课教师应帮助学生在概括整理历史虚无主义传播的各种材料的基础上,引导他们认识历史虚无主义传播的本质和规律,借助这一时机培养他们对待历史"求真"的态度。李大钊认为史学对人生影响极大,它可以培养"认真的习性",他指出:"凡学都所以求真,而历史为尤然。这种求真的态度,薰陶渐渍,深入于人的心性,则可造成一种认真的习性,凡事都要脚踏实地去作,不驰于空想,不骛于虚声,而惟以求真的态度作踏实的工夫。"③培养学生这种求真的态度,除

---

① 《列宁全集》第 38 卷,人民出版社 1959 年版,第 181 页。
② 《邓小平文选》第 3 卷,人民出版社 1993 年版,第 272 页。
③ 《李大钊文集》第 4 卷,人民出版社 1999 年版,第 423 页。

了探索真史,还要注意史评。对关于历史研究和表述的种种言论,既不乱扣帽子,也不夸赞推崇,而是要引导学生深化理性认识,坚持以马克思主义唯物史观为方法论,尊重客观事实,查找其基本观点,探寻其推理方法,透过现象深究其动机和目的。在如何评价党在历史上曾犯过的错误和经历的曲折这方面,应讲清楚,因党所领导的革命、建设和改革,是开创性的事业,有错难免,我们不回避错误,不掩盖问题,但要看历史主流,看到党善于自我反省和自我批评的崇高品质和极强的纠错能力,以此深化学生的理性认识。

价值引领,扶正学生的政治观念。历史虚无主义的传播与我国社会价值取向多样化、主流价值观影响力削弱有关。虽然我们在大力宣传社会主义主流价值观,对善与恶、荣与辱都有明确的道德规范和价值判断准则,但价值相对主义、价值虚无主义和后现代主义等在社会思想观念领域蔓延,这些主张多元、多变和怀疑的思想观念为历史虚无主义的传播起到了推波助澜的作用。美国学者阿普尔比曾分析后现代主义对人们思想观念的影响:"它的兴起,使人们对进步的信念、历史时代划分的方法、个人能知能行的观念,都产生了疑问。"因此,从根本上抵御历史虚无主义对青年大学生的侵袭,需要从价值观教育入手,要在解决学生的历史事实认识、历史主义的世界观和方法论的基础上,用社会主义核心价值观教育学生,使他们知荣辱、辨善恶,引导他们从善如流,自觉将个人价值追求与中国梦的实现有机结合起来。

历史虚无主义披着文化的外衣,吸引眼球,以达到否定中国共产党执政、否定中国特色社会主义道路、否定四项基本原则的政治目的。青年大学生人生经验和社会经验不足,在政治社会化的过程中,容易受到错误言论的影响。对此,在思想政治理论课教育教学中,要帮助他们扶正自己的政治观念,培养他们坚定的理想信念,不为错误言论所迷惑,自觉同历史虚无主义作坚决的斗争。

联系实际,提升学生的应对能力。历史虚无主义传播渠道多元,花样翻新,其通过网络论坛、移动通信、电影电视以及学校人际交往等路径,几乎涉及大学生学习生活的方方面面。蕴含历史虚无主义观点的学术论文常常以学理性和逻辑性提升其在学生中的学术影响力;网传段子、历史"真相"揭秘等采用嬉戏性的表达方式吸引学生。面对种种迷惑,在这样的境遇下提升青年大学生自觉抵御历史虚无主义影响的应对能力,应成为思想政治理论课教育教学的重要任务。针对历史虚无主义传播和影响的特点,青年大学生应对的能力主要包括分析能力、鉴别能力和批判能力。思想政治理论课教师应在教学中,采取问题导向和课堂讨论的方式,引导学生透过纷繁复杂的表象去分析种种关于历史的言论,探究其立场、动机、观点和方法,在此基础上鉴别良莠,最后落脚到提升学生自觉批判历史虚无主义错误的能力上。

总之,将应对历史虚无主义影响融入思想政治理论课教学,对于巩固马克思主义在意识形态领域的指导地位,维护高校意识形态安全,培养青年大学生懂历史、知荣辱、讲正气、促和谐的良好思想政治素质,具有重要意义。思想政治理论课教师应有敢于向历史虚无主义"亮剑",提升利用三尺讲台抵御历史虚无主义负面影响的自信力,为引导青年大学生坚定社会主义理想信念作出应有的贡献。

(本部分依据以下文章改写而成:①《改革开放以来思想政治理论课应对西方社会思潮的历程与启示》,原文刊于《探索》2011 年第 3 期,作者:钟志凌;②《思想政治理论课教学应对历史虚无主义影响的策略研究》,原文刊于《思想理论教育》2016 年第 12 期;作者:钟志凌)

后　记

西南大学的思想政治教育学科发展历史悠久、积淀深厚,形成了一支较为优秀的学科队伍。长期以来,在思想政治教育学科建设与发展中,一直期望立足本学科比较好的学科基础,借助西南大学教育学科的优势力量,打造一支研究高校思想政治理论课教育教学的专门力量。前些年,在学科负责人黄蓉生教授的倡导、鼓励和推动下,不少学科研究人员聚焦高校思想政治理论课教育教学开展研究,撰写发表了不少关于思想政治理论课教育教学的文章,编撰出版过一些思想政治理论课教辅读本,把研究高校思想政治理论课教育教学的设想变成了一种行动。

2017 年,在新一轮学位授权点申报审核中,西南大学马克思主义理论学科申报一级学科博士学位授权点,在凝练学科方向时,我们遵照国务院学位委员会的有关文件精神和通知要求,在凝练出最基本的四个学科方向的基础上,把"高校思想政治理论课教育教学研究"作为西南大学马克思主义理论学科的一个特色方向出现在学位点申报材料中。2018 年,我们如愿以偿获准一级学科博士学位授权点,当前正在推进一级学科建设的规划制定。经研究和论证,我们拟在思想政治教育学科中设立"高校思想政治理论课教育教学研究"的研究方向,推进高校思想政治理论课教育教学规律研究,以服务于马克思主义理论学科建设支撑高校思想政治理论课教学的现实需要。

正是立足前期的一些设想和规划,基于推进马克思主义理论一级学科建设的需要,我们拟就前些年探讨高校思想政治理论课教育教学的研究成果进行一番梳理,以更好地"重整行装再出发"。呈现在读者面前的这本《高校思想政治理论课教学改革创新研究》,就是我们对前些年研究成果的一次集中梳理,以"专题文集"的形式出现,书中每一个专题的绝大部分内容都曾以单篇文章予以发表，收入本书时又进行了适度的改写，以突出高校思想政治理论课教育教学的主题。需要特别说明的是，收入书中的主要是白显良、邹绍清、李强、吴艳东等同志的有关研究文章，同时又不限于这些同志的研究成果，依据专题的需要同时还收入了学科点其他人员的研究文章，对于每一篇文稿曾经发表出版的情况，我们在每一篇文稿的文尾都予以了标注，在此一并说明。

高校思想政治理论课教育教学是大学生思想政治教育的重要实践场域，蕴含着深刻的思想政治教育规律性，需要基于教学实践以学科为支撑予以深入研究。另外，伴随着高校思想政治理论课教学改革不断推进，其实践规律性研究也常研常新，需要在研究深化中与时俱进。限于前期研究积淀和个人研究水平的局限，我们的研究仅仅是个尝试性的开始，还很不充分，迫切需要予以深化和推进，请学界同仁不吝赐教，多多批评指正！

白显良
2018 年 9 月 10 日

责任编辑：崔继新
封面设计：石笑梦
版式设计：东昌文化

图书在版编目（CIP）数据

高校思想政治理论课教学改革创新研究/白显良等 著.—北京：
  人民出版社,2023.8
ISBN 978－7－01－020661－5

Ⅰ.①高…　Ⅱ.①白…　Ⅲ.①高等学校-思想政治教育-教学
改革-研究-中国　Ⅳ.①G641

中国版本图书馆 CIP 数据核字（2019）第 066491 号

高校思想政治理论课教学改革创新研究
GAOXIAO SIXIANG ZHENGZHI LILUNKE JIAOXUE GAIGE CHUANGXIN YANJIU

白显良　邹绍清　李强　吴艳东 等　著

人民出版社 出版发行
（100706　北京市东城区隆福寺街 99 号）

北京九州迅驰传媒文化有限公司印刷　新华书店经销

2023 年 8 月第 1 版　2023 年 8 月北京第 1 次印刷
开本：710 毫米×1000 毫米 1/16　印张：17.5
字数：285 千字

ISBN 978－7－01－020661－5　定价：88.00 元

邮购地址 100706　北京市东城区隆福寺街 99 号
人民东方图书销售中心　电话 （010）65250042　65289539